Rita Cannert

Spår av Då
Historien om Kumla By på Svartsjölandet

Förlag: BoD - Books on Demand, Stockholm, Sverige
Tryck: BoD - Books on Demand, Norderstedt, Tyskland
ISBN; 978-91-8057-816-5

Innehållsförteckning

Förord

Mitt intresse för släktforskning startade i och med min första dotters födelse år 1979. På den tiden fanns inga datorer utan man åkte till Riksarkivet på Kungsholmen i Stockholm för att där, i läsesalen, beställa fram forskningsmaterial. Tidsödande! Småbarnsåren omöjliggjorde ett sådant intresseprojekt och först ca 20 år senare kunde arbetet återupptas. Nu bekvämt framför datorn i mitt nya hem, Mellangården i Kumla By, med beteckningen Kumla 3:2. Kumla By ligger i Skå som finns på Färingsö, även kallat Svartsjölandet, och tillhörande Ekerö kommun väster om Stockholm.

Då uppdagades något häpnadsväckande. Min farfars farfars farfar hade på 1780-talet varit Vaktkarl på Svartsjö Slott, bara ca 2 km från den nya bostaden. Dessutom hade flera av hans släktingar, långt in på 1800-talet, bott på minst tre av torpen som legat under Svartsjö. Det närmaste torpet låg endast 1 km fågelvägen från min nya bostad. P.g.a. en, på den tiden inte så välsedd händelse, finns också avlägsna släktingar boendes runt om i Ekerö kommun.

Med köpet av fastigheten följde också spännande historier om gården som skulle bli mitt nya hem. T.ex. kunde boningshuset vara från 1600-talet och dessutom vara Drottning Kristinas jaktstuga. Nyfikenheten var väckt och började med upprättandet av en ägarlängd, vilken resulterade i att hela byn blev involverad.

Från att ha varit ett "nyfikenhetsprojekt" om Mellangården i Kumla By växte projektet till ett "vill-veta-allt-projekt" om Kumla By på den tiden. Tanken blev att skapa en beskrivning över Kumla By i historien, men också att vara något av en "uppslagsbok" med fakta om vilka som har levt, inte bara i Mellangården, utan i hela Kumla By. Största svårigheten har varit att sluta. Man stöter oupphörligen på ny information som man "måste" dela med sig av.

Mycket lite har tagits upp om 1900-talet då jag anser att det finns nu levande personer som kan redogöra så mycket bättre om vad som hänt i byn sedan deras anfäder flyttade hit runt sekelskiftet runt 1800-1900.

Den allra största delen av forskningsarbetet har skett digitalt, där Riksarkivets hemsida, och Lantmäteriets historiska kartor varit basen. Därutöver har sökningar på nätet, tryckt litteratur och samtal med "gamla" bybor givit "kött på benen" för att ge liv åt byn.

Känslan är magisk att idag kunna ge namn åt, och också föreställa sig alla de människor som i 100-tals år färdats på samma vägar, brukat samma jord, trampat samma golv, och eldat i samma eldstad som mig. Att fundera på alla deras sorger och svårigheter. Så mycket enklare min tid har varit med mer eller mindre självgående redskap och maskiner. Trots alla svordomar när traktorn inte startar, när bulten på höpressen gått av, vattnet har frusit och djuren rymt från hagen.

Det är verkligen en ynnest att få vara en länk i tidens kedja, att förvalta dessa människors slit för sin överlevnad, och lämna över till kommande generationer med förhoppningen om att de som tar över förstår vikten av att bevara historien, ta hand om nutiden och ge framtiden de bästa förutsättningar.

Mellangården kallas idag för Orchis Mellangård. Döpt efter det vackra och artrika orkidésläktet Orchis. Min bakgrund som biolog har fastslagit gårdens självklara paroll: **Mellangårdens Mångfald**.

Med dagens snabba utveckling och mänsklighetens oförstånd om vad det kan leda till, är det min högsta önskan att Kumla By får leva kvar som levande landsbygd med all den kunskap som krävs om livets grundförutsättningar.

Jag vill tacka alla dem i byn som svarat på frågor, delat minnen och visat dokumentation från äldre tider. Tack också till min familj som ibland tycker att jag ödslar för mycket tid på "det som varit".

Jag vill också speciellt tacka Kulturgeografen Birgitta Roeck Hansen, som orkat läsa, kommentera och ge goda råd om mitt försök till by-historia.

Kumla By 2024
Rita Cannert

8

I Begynnelsen

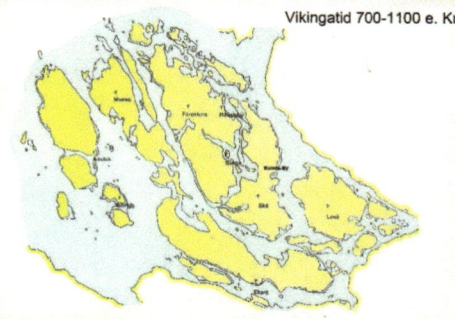

Vikingatid 700-1100 e. Kr

Kumla By reste sig ur havet framförallt under senare delen av vikingatiden, vilken anses sträcka sig från år 700 till år 1100 efter Kr.

Den omgivande insjön Mälaren är ungefär lika gammal som Kumla By. Tidigare var Mälaren inte en insjö, utan en havsvik av Östersjön, och Mälaröarna var ett skärgårdslandskap.

Under Vikingatiden befann sig vattenytan, enligt Gunnar Hallströms beräkningar, ca 5 m över nuvarande strandlinje, och landet hade då stigit med ca 5 meter sedan Kristi födelse, då vattnet låg ca 10 m över dagens strandlinje. Landhöjningen är alltså ca 0,5 m/100 år. (GH1 1969)

I nutid varierar byns höjd över havet mellan 1 m och ca 40 m, vilket uppnås på Orrberget, söder om landsvägen som leder mot Svartsjö, och på Kumlaberget, norr om Bostället.

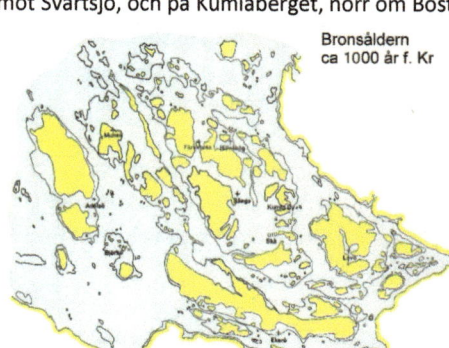

Bronsåldern ca 1000 år f. Kr

På toppen av Orrberget finns också byns äldsta bevis för mänsklig aktivitet. Ett röse och en stensättning som kan dateras till bronsåldern för ca 3000 år sedan. Vattnet nådde då ca 15 m över nuvarande strand, och eftersom byns centrala delar, där huvuddelen av bebyggelsen är lokaliserad, idag ligger på mellan ca 15 och 20 m höjd över havet, låg då största delen av byn under vatten. Fortfarande under vikingatiden var alltså Kumla By till viss del ett skärgårdslandskap och den sammanhållna byn är inte äldre än några hundra år. Stora delar av "Svartsjörakan" och "Kohagen" ligger idag lägre än 5 m över havet. Det hela kompliceras dock av dagens reglering av Mälaren, och Mälarens medelvattenyta ligger nu på knappt metern över havet. Byns tillblivelse har alltså varit en långsam och succesiv process som ännu inte avstannat, eftersom landhöjningen fortskrider.

Byn är begåvad med en runristning vilken är från 1000-talet e. Kr. Det finns också flera runor på närliggande avstånd från byn, som också är daterade till Vikingatid och alltså är ungefär samtida med "vår" runristning. Vår runhäll torde legat nära strandkanten när den ristades, ty idag ligger den endast ca 5 m över havet.

Texten lyder: "Forkunn och Fulluge läto rista runorna efter Illuge, sin fader. Krist hjälpe. Ärenfast ristade".

Runristningen, som ligger i södra delen av det vi kallar Gullhagen, har i backen norr om sig ett gravfält från yngre järnåldern. (SB 2001) Tyvärr är dock backen förstörd av den militära verksamhet som skedde under andra världskriget, och kanske ändå mer när skyttegravarna från den tiden fylldes igen.

I dungen norr om Gullhagen, som kallas "Annas backe" finns ett ännu äldre gravfält. Från äldre järnåldern. Dessa gravar är tomma eftersom det är brandgravar. De stora stenarna vittnar dock om att det rör sig om äldre järnåldern. På samma plats finns också kistgravar från yngre järnåldern. (SB 2001) Dessa har en grop som bildats då kistan förmultnat.

Det är mycket troligt att de här gravfälten eller kanske ändå mer troligt, Orrbergets gravröse, är ursprunget till namnet Kumla, som är ett vanligt namn särskilt i Mälarlandskapen (BRH 2024). Namnet kommer från ordet kummel. Den allmänna betydelsen av ordet anses vara stenröse.

Svenska Akademiens Ordbok beskriver ordet som: "*arkeol*. Av (kuller)stenar bestående gravröse utan jordbetäckning; förr äv. allmännare, om gravhög, från forntiden, hällkista o.d."

Vi kan alltså konstatera att byn hade innevånare redan under Bronsåldern, som i Norden räknas från ca 1800 f. Kristus fram till 500 f. Kr. Kumla var då ett skärgårdslandskap och bosättningarna kan bara ha funnits på de högsta landområdena. Så långt man kan följa, har Kumla By tillhört Skå socken. Historiskt har det förekommit två olika sockenbegrepp. Kyrksocknen och Jordebokssocknen.

Kyrksocknarna uppstod troligtvis på 1000-1100-talet i samband med inrättandet av tionden. Tionden var en skatt som innebar att 1/10 av jordbrukets produktion skulle betalas till kyrkan. I kyrksocknarna var det sockenstämman som var bestämmande ända till den 1 januari 1863, då denna ersattes av de två förvaltningsorganen församlingen och kommunen.

Jordebokssocknarna bildades som underlag för Gustav Vasas nya beskattningsreformer som skedde på 1500-talet. Dessa ersattes 1 juli 1936 av jordregistersocknar. I större samhällen fördes inte jordregister utan istället fastighetsregister, och båda dessa har sedan den senaste fastighetsdatareformen på 1970- till 1990-talet, övergått till att kommunerna blivit registerområden.

Båda dessa sockenbegrepp hade ungefär samma gränser, men kunde ibland ha något skilda gränser. Detta reglerades år 1882 med hjälp av **oregelbundenhetskommittén**, och kyrkans sockengränser blev oftast de som kom att gälla.

Redan på 1200-talets början finns Skå omnämnt i **Vårfruberga klosters jordebok**: *"in parrochia Schawm"*, där parrochia närmast kan översättas med församling. Klosterruinen ligger ca 1 mil nordväst om Strängnäs i Södermanland.

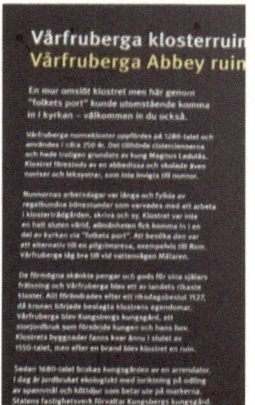

I nedan nämnda Karl VIII jordebok behandlas Kumla under namnet Skabo attung. Attung betyder åttondel och användes under medeltiden (1050-1520 e.Kr) som ett mått på brukbar åkerjord. Förmodligen var en attung den arealstorlek om ca 6 ha som på den tiden kunde försörja en familj. (FHO 2023) Under 1300-talet användes också stavningen Ska och Skaa.

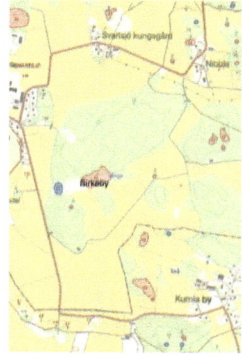

Skriften **Attundaland**, som beskrivs nedan, anger att Skå socken historiskt alltid haft samma omfattning som i senare tider, trots att det också anges att den numera försvunna byn **Birkeby** (markerat med rött på kartan till vänster) tillhörde Skå under medeltiden. Birkebys bytomt tros ha legat ca 1200-1500 m sydost om Svartsjö slott, och skulle i så fall, gott och väl funnits inom det område som nu tillhör Sånga socken.

**FMIS
(Fornminnesinformationssystemet)**
har beskrivit området 1992, och
anger att området som är markerat
med rött på deras karta, är en trolig
lämning efter Birkeby som avhysts
1510-1540.

Gustav Vasa lät inrätta ett myntverk på Svartsjö mellan åren 1540 -
1550. Samtidigt började det stenhus som då fanns på Svartsjö
byggas om till en borg. Borgen anses vara färdigbyggd runt 1580 på
uppdrag av Gustav Vasas son Johan III, och den byggnad som fanns
på platsen innan detta torde inte ha kallats för slott.
Kartan till höger är av okänt årtal, men troligtvis efter 1580,
eftersom beteckningen är just Swartsiöö Slott.
Det intressanta med kartan är att den inritade sockengränsen ligger
söder om Kumbla. I så fall skulle Kumla legat i Sånga socken.
Det finns alltså tecken på att Skå socken inte alltid haft samma
omfattning.

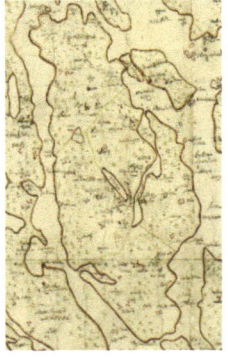

Kumla By 2024

Oavsett sockengränserna kan vi ändå med hjälp av den geometriska avmätningen av Kumla
från år 1630 (sid 15) samt ovanstående karta över Kumla By från nutid, se att formen på
Kumlas gränser sett ungefär likadan ut genom tiderna. Med Snabel! Här ovan ser man också
höjdskillnader och fornminnesplaceringarna. Man kan nästan föreställa sig ö-landskapet.

Det finns en fantastisk vetenskaplig bokserie vid namn **"Det medeltida Sverige (DMS)"**, vars tillblivelse ursprungligen år 1980 beslöts av, och till att börja med, också utgavs av Kungliga Vitterhets Historie och Antikvitetsakademien. Därefter har projektet efter Riksdagsbeslut år 1982 överförts till Riksantikvarieämbetet.

Serien behandlar landets medeltida befolkning och bebyggelse. Hur stora var byarna, gårdarna, godsen och städerna? Hur mycket mark odlades, vem ägde gårdarna och från vilken samhällsklass kom ägarna? Här finns också kartor, beskrivningar och diverse belysande tabeller. Med hjälp av bl.a. medeltida skriftliga källor och landskapshandlingar har annars svårfunna fakta om landets befolkning insamlats, bearbetats och sammanställts till nytta för forskare och samhällsplanerare. I serien ingår skriften **Attundaland** (FJR 1992) som bl.a. behandlar Färingsö och Adelsö.

Vi får vänta ända in på 1500-talet innan vi hittar några mer omfattande beskrivningar av innevånarna i Kumla, men i Attundaland, finns Kumla nämnt redan 1310. "In villa Kumblum", "I lantgodset Kumla", har ärkebiskop Nils (Kettilsson) m.fl. anvisat en liten bit mark, 2 örtugland minus 1 penningland, som säkerhet för Ragnvald Ingessons testamentsgåvor. Dessa mått är egentligen inte arealer utan ytenheter för taxeringen, baserade på hur stor avkastning marken gav.

Ett örtugland motsvarar idag ca 1/3 tunnland = 1646 m², och ett penningland en åttondels örtugland, d.v.s. 206 m² (UKF 2014). Alltså var den avsatta säkerhetsmarken drygt 3 000 m². Vidare går att läsa i Attundaland att år 1342 omnämns Jöns och Olof i Kumla som vittnen vid Tinget.

Samma skrift upplyser också om att: "1452-54(?) har skattebonden Sivid i Kumla 15½ öresland som han brukar och skattar för. Han brukar också 1 örtugland "småjord" i Berga som ger halv avrad, 1 spann korn, till kronan".

Denna upplysning kommer ursprungligen ifrån **Karl VIII Jordebok** över Färingsö som också kallas **Färingsöjordeboken** (BO 1977). En skrift som man inte med säkerhet vet när den är skriven, och inte heller vem som skrivit den eller för vems räkning. Den redovisar dock hur mycket skatt och avrad (arrende) som betalats och/eller borde betalats av bönderna.

Man tror att handskriften är upprättad på 1450-talet för Karl Knutsson Bondes räkning. Han kallas också Karl VIII, var kung av Sverige under flera perioder i mitten på 1400-talet, och hade fått Svartsjö och kronans egendom på Färingsö och Lovö som förläning (överlåtande av nyttjanderätten) på 1440-talet.

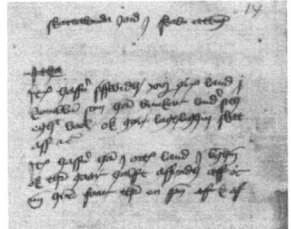

"Skattebönders jord i Skå attung"

Likväl har Sivid (siffwidh) 15½ öresland i Kumla (cumblum) som han brukar under sitt eget bruk och lagligen skattar för

Likväl har han 1 örtug land i Berga (berghom) och där halva avraden går bort och min herre får en spann korn

Det är svårt att jämföra dåtidens öresland med dagens arealmått, men förmodligen är 1 öresland ungefär 1,5 ha, och då skulle alltså Sivids gård varit ca 23 ha.

Kanske har en del sidor försvunnit ur den gamla skriften, ty Kumla borde ha haft ytterligare minst en gård till redan då, och dessutom saknas en del av Färingsös byar helt i den så kallade Färingsöjordeboken.

När Gustaf Vasa införde sin jordebok på 1500-talet, ca 100 år senare, har skattebonden i Kumla försvunnit. Nu finns här istället 4 st lika stora kronogårdar, d.v.s. ägda av kronan, om vardera ca 7 öresland, vilket blir ca 42 ha tillsammans. Sivids gård var alltså nästan hälften så stor som hela Kumla, och måste ändå ha varit en förhållandevis stor gård, som förmodligen Gustav Vasa förvandlat till kronoegendom, med eller mot gårdsägarens vilja.

Byns marker

Under 1600-talet grundades Lantmäteriverket och lantmätare började utbildas (RHB 2024). Det resulterade i att den första detaljerade kartan över Kumla By som vi känner till, är en geometrisk avmätning från 1630. Kumla By var då en by med 4 st lika stora gårdar.

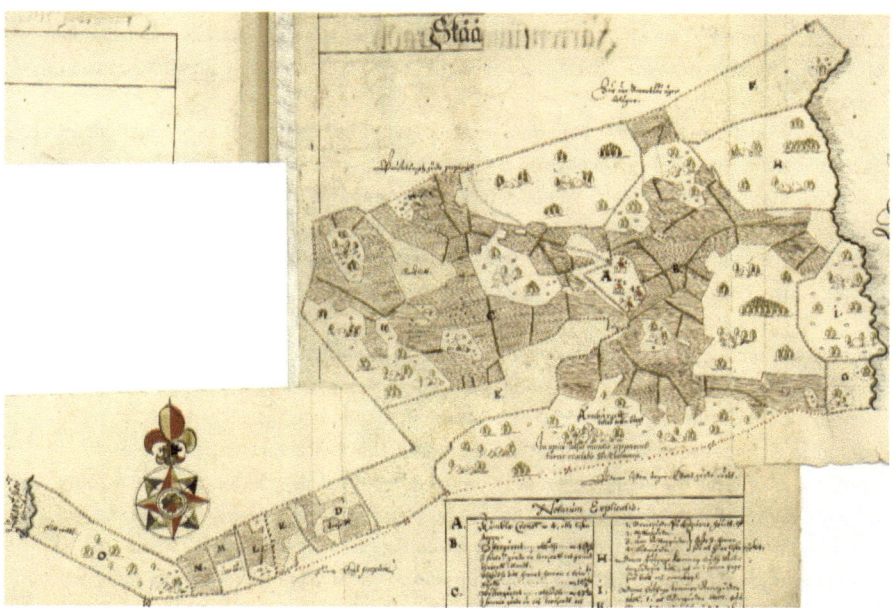

Gårdarnas byggnader låg då samlade på en gemensam gårdstomt, betecknad med A på kartan. Gårdstomten var inhägnad för att skydda tomten, framförallt från den egna boskapen, men också från vilda djur. På andra sidan stängslet låg utmarken som brukades mer eller mindre gemensamt av bönderna. På denna första karta ser man dessutom att förutom gårdstomten med byns byggnader, så var också stora delar av övriga byn inhägnad.

I den här delen av Sverige, och under den här perioden, kallades utmarken för **utgärde** (uthgierde) när inga byggnader fanns på utmarken.

Tegskifte

Med ordet **skifte** eller **ägoskifte** menas fördelningen av mark mellan brukarna i byn.

Den skiftesform som från år 1296, då Upplandslagen stadfästes, gällde i Mellansverige fram till mitten av 1700-talet kallades **Solskifte**. En form av **tegskifte**.
Byns alla åkrar delades då upp i tegar, vilket är långsmala åkerremsor vars bredd motsvarade gårdens storlek av den totala byn. Varje gårds tegar var oftast placerade i samma geografiska ordning som gårdarna sinsemellan (BRH 2024), vilket kan ses på den färglagda kartan på sid 19.

Markens uppdelning i smala tegar hade som grund i att fördela byns marker rättvist mellan brukarna, eftersom markerna hade olika bördighet och alla skulle ha varsin bit av de olika marktyperna.
Storleken på skiftena avgjordes i **byamål**, som var en juridisk måttenhet som användes vid beräkning av hur stor del av hela byn som varje gård utgjorde. Detta avgjorde också hur stor del av byns gemensamma skatt, arbetskraft och avkastning som tillföll varje gård (FHO 2023).
Förutom dessa tegar fanns också utmarker som var allmänningar och som brukades gemensamt.

Tegskiftet innebar stora svårigheter vid brukandet av jorden. Det var svårt att passera de andra gårdarnas tegar för att kunna nå till sin egen gårds teg, och alla måste göra samma sak mer eller mindre samtidigt. Man måste så samtidigt, man måste skörda samtidigt m.m.
Dessutom tillämpades två- eller treskifte, vilket innebar att varje bit mark behövde vila ibland för att inte bli utarmad. Vid tvåskifte, eller som det också kallades, **tvåsäde** odlades varje bit mark vartannat år och låg i träda vartannat år. Vid treskifte, eller **tresäde**, delade man åkermarken i tre gärden, där årligen ett gärde låg i träda och de andra två odlades på. Gärdena turades sedan om att ligga i träda. Brukarna måste alltså även anpassa sig till vilket år man skulle så vilket utsäde på vilken teg.

På kartan över den geometriska avmätningen av Kumbla, som utförts av Landmätaren Sven Månsson år 1630, finns inga tegar utmärkta. Det kan tyda på att Kumla var en by som hade med byamål reglerat tegskifte, där lantmätaren inte behövde mäta tegarna, utan bara den totala byjorden, för att därefter dela med antalet gårdar.
Kanske var inte heller Kumla uppdelat i tegar. Beskrivningen av kartan från 1630 antyder att kanske all mark användes gemensamt.

Kartan från 1630 visar Kumla By indelad i ett antal inhägnade områden. De två största åkermarkerna, Öster- och Wästergärdena, uppges båda vara utgärden, d.v.s. de ligger utanför den inhägnade bytomten. Båda dessa områden omfattade inte bara åkermark, utan inneslöt även mark som inte kunde brukas, såsom berg och backar.
Östergärdet (B) uppges vara 42 2/4 tunnland, vilket ger att var och en av de fyra gårdarna brukade 10 5/8 tunnland (drygt 5 ha) av Östergärdet, som bestod av **lerjord** och grund **örjord**, som är en grusblandad jord.

16

Wästergärdet (C) bestod också av lergjord och örjord och var ungefär lika stor som Östergärdet, 43 tunnland. Till Wästergärdet lades också en **wret** (liten inhägnad åker) vilken skulle om ca 170 år hysa torpet **Törneberg (D)**. Denna vret bestod av lerjord, och var på 2 3/4 tunnland, som skulle sås samma år som Wästergärdet, och där alla grannarna skulle dela lika. Tillsammans blev det 11 5/16 tunnland, att brukas av varje gård. Så här långt brukade alltså varje gård knappt 22 tunnland eller ca 11 ha åker.

Förutom denna åkermark fanns 4 st intill varandra liggande, men med stängsel avgränsade vretar **(K, L, M, N)**, som hörde till var sin gård. Dessa var ungefär lika stora. Närmast nyss nämnda vret låg en vret om 1 ¾ tunnland som skulle sås med Östergärdet och som användes av **Norrgården**. Därefter låg en vret om 2 ½ tunnland använd av **Södergården**, som också skulle sås med Östergärdet. Nästa vret, 1 ¾ tunnland stor, skulle sås samma år till gård nr 2. Den sista vreten om 2 tunnland skulle också sås samma år till gård nr 3. Dessa 5 vretar låg på rad och gränsade alla till varandra längst med den "snabel" som sträcker sig från byns centrala delar till Svartsjöviken. Ett stycke mark som idag ser underlig ut, men som byns innevånare med säkerhet kämpade hårt för, när byns gränser en gång skulle bestämmas. Tillgång till vatten har alltid varit av stor betydelse för människans livskvalitet.

Efter vretarna på "snabeln" följde den så kallade **Kohagen (O)**, som fortfarande kallas så. Den använde grannarna "tillhopa", och längst ut närmast **Swartsiööwijken** fanns en **slättvall**. En slutlig kommentar i kartbeskrivningen är att: "Till denna by är intet mera skog än såsom här finns". Antecknas också om gott fiske.

Ängsmarken mättes inte i ytstorlek, utan man angav hur mycket som kunde skördas på marken. Kumlas ängsmark bestod av **Storängen (E)** och **Wretsängen (F)**, som båda utgjordes av **hårdvall**, (torr och fast mark) samt också **Edsängen (G)**. På dessa tre ängar togs gemensamt 72 lass hö, varav de fyra gårdarna skulle ha 18 lass var. Ett sommarlass hö har uppgetts väga 25 skålpund, d.v.s. 213 kilo, medan ett vinterlass kunde väga dubbelt så mycket. (LK 1883)

Här kan tilläggas att boken Attundaland anger att år 1566, drygt 60 år tidigare, hade vardera gården utsäde till 20 spann och äng till 15 lass hö. D.v.s. man fick nu 12 lass hö mer än för 60 år sedan.

Byn hade två hästhagar **(H och I)** som båda hade strand utmed Lambarfjärden i Mälaren. Den norra hagen användes av gårdarna 2 och 3, som båda då kallades Mellangården. I den fanns också björk och granskog. Den södra hästhagen nyttjades av gård nummer 1, Norrgården och gård nummer 4, Södergården.

På den geometriska avmätningskartan från 1630 noterades endast åkermarkens storlek, och därmed är det svårt att exakt fastställa byns totala areal. I Jordeboken för 1640 är dock uppgivet att varje gård var 9½ öresland stor, Något mindre än vad som senare kommer att uppmätas. Men något mer än vad som uppgetts i Landskapshandlingarna på 1500-talet.

Storskifte

Efter tegskiftet tillämpades **Storskiftet**, som i Kumla Bys fall fastställdes år 1788 (Bilaga1).Det
blev med tiden allt svårare att bruka marken, bl.a. därför att tegarna blev fler och fler, och
mindre och mindre, t.ex. vid arv, då flera söner skulle överta sin faders gård. Därför kom år
1757 en förordning kallad Storskiftet. Denna infördes för att underlätta brukandet av jorden.
Man ville sammanföra tegarna till större sammanhängande jordstycken, och därigenom
minska antalet skiften. Syftet var också att dela upp den mark som tidigare hade varit
gemensam. En nyhet handlade om vem som kunde bestämma när skifte skulle ske. Tidigare
gällde, att om någon brukare i byn inte gick med på att skifta (omfördela) marken, så kunde
inte marken skiftas. Vid Storskiftet ändrades detta till att om någon brukare ville skifta
jorden, så var de övriga tvungna att gå med på det. Målet var högst 4 skiften åker och högst
4 skiften äng per gård, vilket oftast inte kunde uppnås.
Från 1783 kunde också en gård ansöka om total separation från de övriga gårdarna, och
därmed många gånger behöva flyttas från byn. Detta ledde så småningom till det s.k.
Enskiftet, då en gårds all jord sammanfördes, och gårdens byggnader ofta fick flyttas eller
nybyggas. Ett sådant skifte ledde till byns upplösning och splittring.
Som underlag för Storskifte i Kumla användes den karta som upprättats år 1771 av Gabriel
Boding, och som justerats år 1787 av Anton Ulric Berndes.
Inte förrän år 1788 fastställdes dock Storskiftet i Kumla, och resultatet blev att varje gård
tilldelades ca 30 olika skiften.

År

1787 hade Kumla följande brukare:		Ägare	Brukare
A. 5/8 Mtl	Nuvarande Kumla nr 1:	Eric Janssons hustru	Bonden Eric Jansson
B. 5/8 Mtl	Nuvarande Kumla nr 2:	Kronan	Landtjägare Hinr. Gråå
C. 5/16 Mtl	Nuvarande Kumla nr 3:	Häradsdomaren	
		Eric Jansson i Eneby	Bonden Jan Pehrsson
D. 5/16 Mtl	Nuvarande Kumla nr 3:	Nämdemannen	
		Jan Jansson i Nibbla	Bonden Anders Staffansson
E. 5/8 Mtl	Nuvarande Kumla nr 4:	Bonden Jan Jansson	Bonden Jan Jansson

Kumla nr 3 har nu alltså två ägare, som var och en har hälften av Mellangården. Dock har Mellangården fortfarande totalt samma storlek som de övriga gårdarna. De fyra ursprungliga gårdarna bestod nu var och en av totalt 10⅙ öresland, d.v.s. något större än i Jordeboken för 1640.

1 öresland bestod av 3 tunnland, och ett tunnland motsvarar storleken på den åkeryta som besåddes med en tunna utsäde, vilket är ca ett halvt hektar (5 000 m²). Alltså var arean på varje gård drygt 15 och ett halvt ha. (FHO 2016)

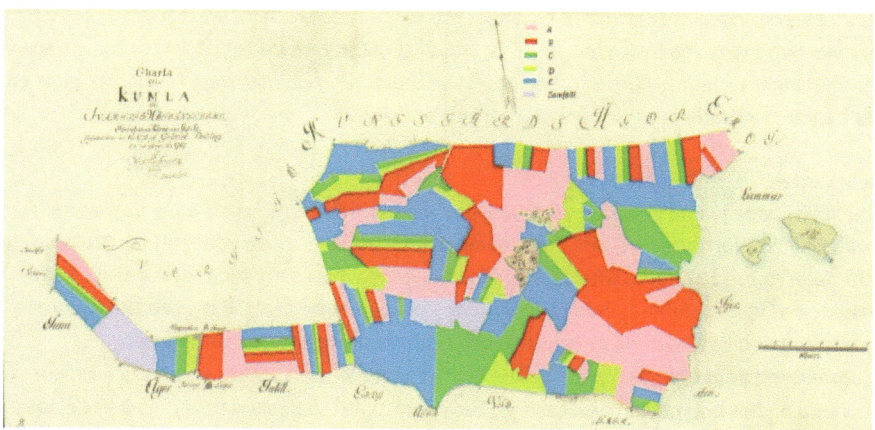

Vid en första anblick av kartan från 1787 som beskriver Kumlas Storskifte, har man svårt att föreställa sig att tegar har slagits samman sedan 1630. Har det verkligen varit möjligt att bruka mark som är ännu mindre än de på kartan utmärkta? Men vi vet ju inte om och hur många tegar som fanns före Storskiftet, så kanske var de verkligen ännu mindre.

Man kan istället konstatera, att tvärtom, har en del områden delats upp ännu mer än vid den geometriska avmätningen år 1630. T.ex. är de tre ängarna som tidigare tycks ha brukats av gårdarna tillsammans, nu uppdelade och även det stycke längst ut på "snabeln" som mynnar i Svartsjöviken har delats i remsor hörande till vardera gården. Likaså är **Orrbärget** samt **Hagställsbacken**, **Gullhagsbacken** och **Kohlmilsbacken** uppdelade.

Endast de s.k. **Ängsåkrarna,** som ligger norr om Orrberget, skall brukas utan delning och även den återstående delen av Kohagen är för gemensamt bruk.

Vad beträffar **Törnvreten** är även denna uppdelad, och skall delas med kedjor utan geometrisk utmätning, varför nu detta gjordes? Men klart uttrycktes att man måste lämna plats för vägen, som är utritad på kartan, men inte tycks ha fortsättning in mot byn. 10 alnars bredd, ca 6 m, skulle lämnas oskiftad. Denna vret är platsen för det kommande torpet **Törneberg** som senast år 1800, 13 år senare, kom att finnas på den här marken. Detta borde betyda att byns alla gårdar lämnade mark till torpet.

Stora och **Lilla holmen** utanför Kumla i Lambarfjärden, är inte nämnda i beskrivningen av kartan från 1630, men nu bestäms att Stora holmen skall brukas samfällt av Litt. A, B och E, medan Lilla holmen samfällt skall brukas av Litt. C och D, d.v.s. nuvarande Mellangården. Vid upprättandet av Storskiftet gjorde man också, tillsammans med grannbyarna Edeby, Tuna och Svartsjö, en ordentlig genomgång av **Rågångarna**, d.v.s. gränserna, mellan grannbyarna. Man kontrollerade, och vid behov, åtgärdade gränsmärkena, vilka bestod av såväl **gärdsgårdshörn** som **pålar, visare** och **5-stenarör**. En visare är en avlång större sten vänd i gränsens riktning, eller en större sten med två omgivande mindre stenar som visar riktningen på gränsen. Ett 5-stenarör var en större sten, kallad **hjärtsten**, omgiven av 4 mindre stenar (SAOL 1924). Rör är ett annat ord för stenröse, och 5-stenarör användes där gränsen bytte riktning. Dessa femstenarör är tydligt markerade redan på kartan från 1630. Sammantaget tycks inte Storskiftet ha uppfyllt sitt ursprungliga mål, men kanske klargjort en del frågetecken vad beträffar byns gränser och brukande.

Laga Skifte

Storskiftet hade ju inte gett så mycket resultat vad beträffar sammanslagning av markskiften. Jordbruket var fortfarande ganska orationellt och för att förbättra jordbrukets produktion utfärdade staten **1827 års skifteslag**. Den var tvingande men det var bönderna själva som ansökte om skifte. När en bonde i byn ansökte om Laga Skifte utsåg staten en lantmätare som utförde en kartläggning av byns marker. Lantmätaren gjorde en **refning** och **ägogradering** av gårdarnas mark. Refning är ett annat namn på mätning, och graderingen var ett värde på hur bra marken ansågs vara. Det upprättades skifteskartor där marken delades upp i små numrerade bitar som noga mättes upp och åsattes ett värde beroende på dess beskaffenhet. Därefter sammanförde lantmätaren marken så rättvist som möjligt till varje gård.

Vid Laga Skiftet fick inte förekomma fler än tre skiften på varje gård, och lantmätarna delade oftast upp marken rationellt med raka streck. Ville man klaga gjordes det vid den nyinrättade **Ägodelningsrätten**. Till skifteskartan hörde ett protokoll där, för varje gård, de ingående numrerade markbitarna preciserades.

I Kumla förrättades Laga Skiftet av Lantmätare M O W Christiernin år 1835 (Bilaga 2), och gårdarnas ägarförhållanden hade förändrats sedan Storskiftet.

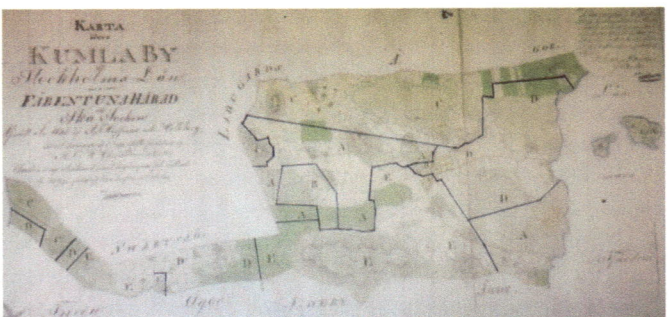

				Ägare	Brukare
A.	30/56	Mtl	Nuvarande Kumla nr 1:	Catharina Mose	Erik Johansson/Jansson
B.	5/56	Mtl	Nuvarande Kumla nr 1:	Lindmans arvingar	Eric Johansson/Jansson
C.	5/8	Mtl	Nuvarande Kumla nr 2:	Kronan	Anders Elg
D.	5/8	Mtl	Nuvarande Kumla nr 3:	Lieutnant G R Lagus	Anders Berggren
E.	135/192	Mtl	Nuvarande Kumla nr 4:	Nämdemannen Carl Zetterberg	
E.	70/392	Mtl	Nuvarande Kumla nr 4:	Eric Johansson/Jansson i Uppgården	
E.	10/392	Mtl	Nuvarande Kumla nr 4:	Jan Eric Nessling	Jan Eric Nessling
E.	60/392	Mtl	Nuvarande Kumla nr 4:	Jan Ersson	
E.	20/392	Mtl	Nuvarande Kumla nr 4:	Carl Lennartssons arvingar Fredrik Ersson	

Kumla nr 4 är ju ett bra exempel på hur gårdarna splittrades i mindre bitar, men alla gårdarna bestod fortfarande av vardera 5/8 mantal, totalt 2½ mantal för hela byn.

Resultatet av Laga Skiftet i Kumla blev väldigt mycket mer rationellt än Storskiftet. Det var verkligen raka gränser som gällde, och skiftena blev också högst 3 st på varje gård. Utöver beslut om ägostyckena togs också andra beslut. T.ex. om hur man skulle göra med kommande sådd, och hur göra med var och ens ståndskog. Vad beträffar stängslen ville man fördela underhållet av dessa mellan sig själva, utom de som gränsade mot grannbyarna. Skötseln av dessa skulle ske som förut.

Det kommer också fram intressanta upplysningar om var det fanns grindar.
Uppgården skulle sköta grinden vid Storängen och vid Stora Landsvägen. Bostället sköter grinden mellan Östra Gärdet och Storängen samt vid **Gråwreten**. Mellangården vid egen tomt och vid **Sjöhagen** samt Nedergården sköter grinden vid linjen mellan Nedergården och Uppgården i Storängen och vid egen tomt.
Trots denna tämligen välbeskrivna information är det ändå svårt att avgöra var dessa grindar fanns. Här är också en plats nämnd som ännu har okänd placering. Nämligen Gråwreten.

Fiskevattnet skulle fortsätta att vara gemensamt och brunnen underhållas två år i taget med början av Bostället. Därefter var det i tur och ordning Uppgården, Mellangården och Nedergårdens tur att sköta brunnen under två års tid.
Bostället fick köra vatten från sjön och ta väg norr om Mellangårdens trädgård, om det skulle behövas.
Byggnaderna på Nedergården fick stå kvar under närvarande ägares livstid men om någon ville bygga nytt hus måste detta sättas på det nya tomtskiftet.

Eric Johansson/Jansson, Litt A Uppgården, "Väckte talan" mot det av M O W Christiernin upprättade Protokollet, och saken togs upp igen. Eric anförde att Christiernin på inte mindre än 26 ställen räknat fel vid uträkningen av taxeringsbeloppet, och inte heller hade han lämnat någon karta över Laga Skiftet.

Denna gång var det Commissions Landtmätaren Bowallius som fick uppdraget att gå igenom protokollet och utföra behövliga justeringar. Ägodelningsrätten beslutade att Christiernin blev ersättningsskyldig till samtliga personer som varit inblandade i skiftet, inklusive de närvarande gode männen, samt överenskoms också om smärre utbyten av ägofigurer mellan ägarna.

Den 8:e november 1839 blev så det Laga Skiftet i Kumla By slutligen fastställt.

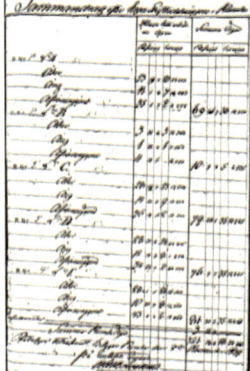

Afrösningsjord var den jord som inte var åker, äng eller odlingsmark. Oftast skog eller vid Laga Skiftet även impediment.
Refning betyder storleken vid mätningen.
Taxeringen är värdet efter graderingskorrigeringen.

Man konstaterar också att Carl Lennartssons arvingars del av Kumla nr 4 (Litt E), nu var inköpt av Carl Zetterberg. Kumla nr 4 är för övrigt samägt och därför redovisas Kumla nummer 4 som en enhet. Man kan tänka sig vilka problem det måste ha varit med detta samägande. Efter fastställandet var det fortfarande 4 ägare som var tvungna att samsas både om byggnaderna, skötseln och uppdelningen av marken på gården.

Det måste ha varit en enorm omställning för brukarna att vänja sig vid sina nya marker. Förmodligen kunde man sina gamla marker utan och innan. Var varje sten låg. Nu måste man lära om och vänja sig vid nya gränser och jordmåner.

Byns innevånare var ändå lyckligt lottade gentemot många andra byar. Man kunde tills vidare ha kvar sina byggnader utan att behöva flytta dem.

Gränserna för Laga skiftet i Kumla By är i princip fortfarande de som gäller. Markerna har sedan dess bytts, delats upp och styckats av från de ursprungliga gårdarna, men gränserna mellan gårdarna är ungefär desamma.

De flesta marker som nämns i de gamla handlingarna har gått att identifiera, se sid 130, men det finns ett par markbitar

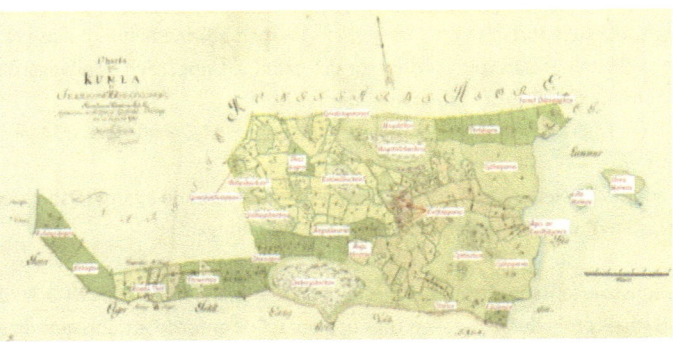

vars lokalisering inte med säkerhet har kunnat fastställas. Nämligen Kohlmilsbacken och Gråwreten.

Byns kommunikationer

Enligt kartan från 1630 fanns bara en väg i byn. Den gick från Kumlas inhägnade bytomt mot nordväst, rundade **Kumlaberget** på dess västra sida, och mynnade vid det som på 1800-talet kom att kallas **Grindstugan** vid Kumlas yttre gräns.

Idag finns där en igenvuxen väg/stig som förmodligen följer denna gamla led tämligen exakt.

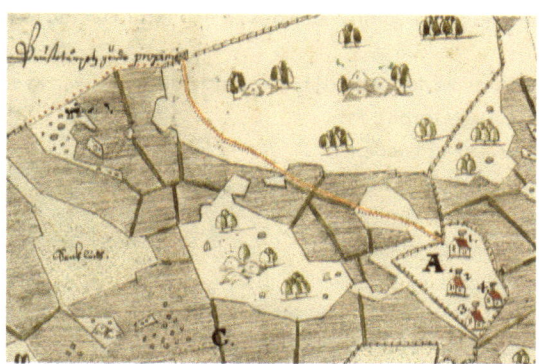

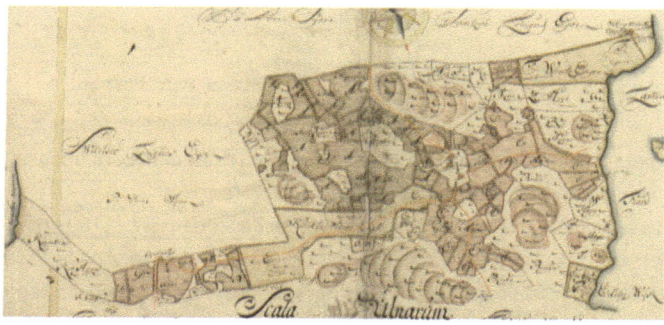

Sextio år senare runt år 1690, har vägarna utökats till fyra stycken. Förutom den gamla vägen norröver, finns nu en sydlig väg som går från byn mot **Edeby**. En västlig väg passerar genom början på Kumlas "snabel" och mynnar vid den ursprungliga landsvägen mellan **Skå kyrka** och **Svartsjö**. Den landsväg som kapades vid bygget av **Skå Flygfält** i början av 1940-talet.

Slutligen en ostlig väg som landar i Anders Ersons och Erick Anderssons kohage vid "**Lamare Fjärd**", d.v.s. Lambarfjärdens strand, men vägen går inte ända fram till stranden.

Redan på kartan från ca 1690 kan man i det nordöstra hörnet av Kumla notera att där ligger, på Svartsjös mark, "Skoug Wactar Torp", också noterat som "Färjekarls Torp till Loföhn". Den tillhörande wreten ligger på Kumlas mark och är betecknad som Färjekarlens wret. Det borde alltså finnas färjeförbindelse nära Kumla redan år 1690. Går man tillbaka i mantalslängderna hittar man också att det troligtvis gått färja härifrån åtminstone sedan 1670-talet.

1678 bodde färjekarlen **Jöran Tommasson** på **Prästtorpet**, vilket är den närmaste grannen till Färjetorpet. Jöran hade varit på den "**Stora färgan**" sedan 1676.

Det visar sig dock att 1681 finns bara ferjekarlsEnkan kvar på Prästtorpet, men på

Hästbryggetorpet, den blivande **Färjestaden**, är noterat att år 1682, är **Mårtens son** färjekarl vid den norra färjeleden. Här har tidigare ingen färjkarl funnits i böckerna.
1683 återfinns dock en ferjekarl, **Mårten Pedersson**, på Skougvaktartorpet. Om det är samma Mårten är ju svårt att avgöra, men Skougvaktartorpet är

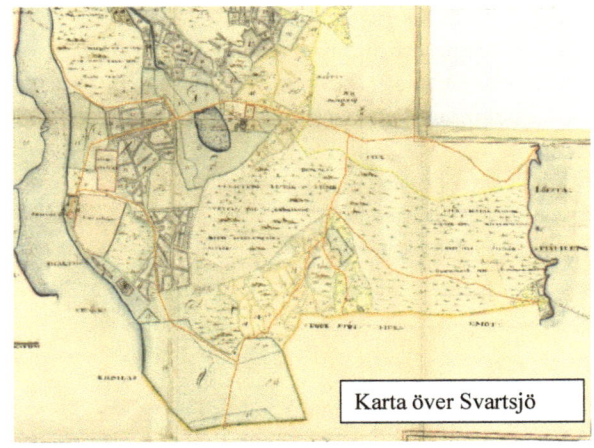

Karta över Svartsjö

detsamma som färjetorpet, så Kumlas närbelägna färja är nog åter i drift, men bara under ett år, ty därefter finns aldrig mer någon färjekarl varken på Prästtorpet eller Skougvaktartorpet. Kanske flyttar Mårten till Hästbryggan och blir kvar där till år 1700 men han får aldrig något efternamn, så vi vet inte om det är samma Mårten. Fortfarande år 1709, på den geometriska kartan över Suartsiö Ladugård, finns dock färjelinjen från Kumla inritad, trots att färjan till Lovön förmodligen slutade gå redan på 1680-talet. Det har heller inte gått att utröna vart på Lovön färjan landade. Närmast till hands är att tro att det var på Lambarudd.

Märkligt är också att man i Jordeboken från 1696 ända till 1718 kan läsa: "Åtnjuta bönderna i Kumbla Ferielöhn. Giärde höö och halm med Byggning och Saltpetterhielpen."
Både Nibbla och Löfstad, som båda tillhörde Sånga, hade också samma privilegium.
Färjestaden i Nibbla kom ju att bli avgångsort för färjan från Svartsjölandet, och målet var då Löfstad som ligger på Hässelbysidan på fastlandet och idag heter Lövsta.
Det finns heller inget spår av "Kumla-färjan" på kartan från 1723. Färjetorpet betecknas nu **Ödesmarken** på kartan och Hästbryggan/Färjestaden har blivit det nya färjestället.

Norr om Svartsjö Slott fanns också "**Lilla färgan**" som ledde västerut, och landade på andra sidan Hillersjöviken i Brölot (nu Bredlöt). Även detta färjeläge var flyttat år 1723. Nu låg färjeleden ungefär på den plats där Svartsjöbron ligger idag.
Dessa färjeställen var förmodligen de dåtida Kumlabornas viktigaste färdleder. Vattenvägen var fortfarande ett självklart val.

Kyrkobesök var viktiga på den tiden, och antingen gick man genom skogen, eller så var landsvägen mellan Svartsjö Slott och Skå kyrka alternativet för att komma från Kumla By till kyrkan. För att ta sig till landsvägen var man tvungen att passera genom första delen av Kumlas "snabel" fram till Ängsvaktartorpet, som låg på gränsen mellan Svartsjö och Kumla, men periodvis verkar vägen mellan Ängsvaktartorp och Kumla Bys "centrum" inte vara framkomlig.

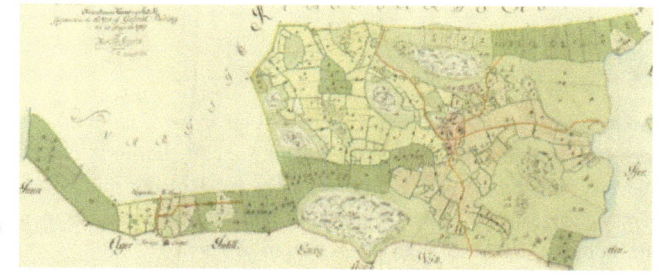

På Bodings karta från 1771-1787, har förvånansvärt lite förändrats sedan 1600-talet. Den ursprungliga nordliga vägen ut ur byn har samma sträckning.

Bostället har dock på kartan brutits ut från gårdstomten, men förmodligen är detta endast en förbättring och precisering av rittekniken. Bostället byggnader har nog redan tidigare legat en bit norr om övriga gårdars. Om några byggnader flyttats, så borde detta ha noterats i beskrivningen av Storskiftet som skedde några år efter kartans tillblivelse. I beskrivningen står att läsa: "Hvad Gårdstomterna beträffa, tages LandtJägare Bostället gårdstomt och Trädgård til grund".

Vägen till Bostället ser ut att gå tätt öster om Mellangårdens byggnader. Resterna av den vägen skulle kunna vara den "stig" som idag börjar med en stentrappa

upp från Kumla Byväg, och som sedan fortsätter med en murliknande stensättning på höger sida, ända upp till Mellangårdens gårdsplan. Alternativ till den raka stenläggningen skulle kunna vara en husgrund, men ingen av de gamla kartorna visar en lång byggnad som är placerad här i nord-sydlig riktning.

Den ostliga vägen, som går söder om Mellangården, har nu förlängts ända fram till strandkanten, men den förändring som är mest förvånande har skett med den västliga vägen. På den tidigare kartan från ca 1690 går den vägen från gårdstomten ända fram till landsvägen. Nu finns bara kvar en kort vägsnutt från landsvägen, genom **Törnvreten**, fram till **Storängen**, där den tar slut. Alltså ingen direktförbindelse mellan landsvägen och gårdstomterna. Är detta bara en felritning? Eller?

Nästa karta är från 1835-1839 och även den är baserad på Bodings karta från 1771. Den illustrerar det Laga skiftet med sina raka gränser mellan gårdarna. Framförallt finns inte längre den allra första vägen kvar, och den ovan beskrivna vägen till Bostället är nu borta.

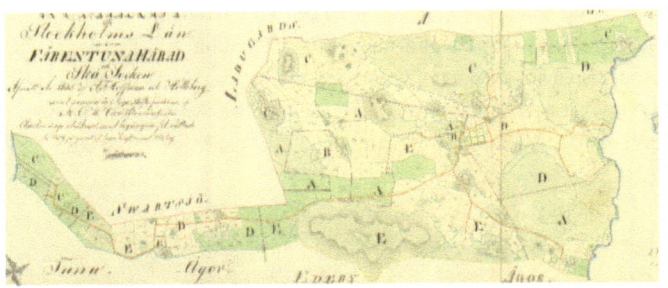

Två alternativ finns för att komma till Bostället. Antingen via vägen som går väster om Mellangårdens byggnader (utefter den nuvarande vägen förbi Mellangården) till Oppgårdens gårdsplan. Den vägen är nu förlängd norr om Mellangården och fortsätter in på vägen mot Vretängen. Som ett alternativ, och kanske en genväg för Bostället att komma till vattnet, har en ny väg tillkommit som förbinder vägen som går norr om Mellangården med den södra vägen som går ner mot Mälaren. Den nya vägen är förmodligen den nuvarande vägen genom Kumla nr 5.

På den här kartan är det intressant att lägga märke till att inga vägar är dragna ända ut ur byn utom den västliga vägen som möter landsvägen mot Svartsjö. Den här vägen är återigen markerad hela vägen från byn, och fortsätter också på andra sidan landsvägen mot Svartsjöviken. Vägen leder till ett hus. Det har inte gått att verifiera vad detta hus är. Är det en lada? Eller ett torp? Eller något annat? I närheten av husets placering på kartan, går idag att hitta gamla fruktträd.

Förmodligen är den västliga vägen, som ledde till landsvägen nu den naturliga och enda vägen ut från Byn. Den ursprungliga vägen norrut mot Svartsjö används inte längre och vattenvägen har minskat i betydelse sedan de tre broarna Tranebergsbron, Nockebybron och Drottningholmsbron, invigdes 1787. Det är nu enklare att ta sig till Stockholm landvägen. En nytillkommen väg går mot Kumlas sydöstra hörn.

1863 sker en hemmansklyvning av Kumla nr 4 där resultatet blir att en del av gårdens byggnader flyttas (Bilaga 3). Dessa byggnader, som tillhör C J Nessling, kommer att ligga mellan denna väg och den kommande vägen till Edeby. Den sistnämda kommer dock inte att byggas förrän på 1940-talet.

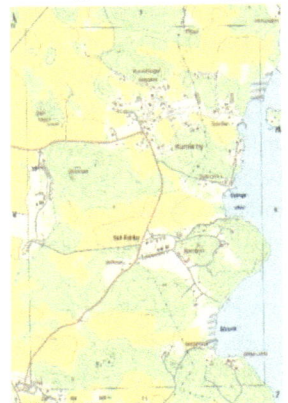

För de Kumlabor som var födda tidigare fanns ingen skolväg, utan de fick till att börja med gå igenom skogen för att komma till Skå skola vid kyrkan.

Idag ser Kumlas vägnät ut som här bredvid till höger. Kumlas enda in- och utfart ligger mitt i 90-graders kurvan som leder till Skå-Edeby och Skå kyrka, eller till Svartsjö, och vägarna inom byn är ungefär desamma som 1863. Beroende på byns utbyggnad har dock några vägar inom byn tillkommit.

Backstugor och Torp

Att skilja på torp och gård i gamla tider har inte varit så svårt eftersom gårdarna var mantalssatta och därmed skattepliktiga, medan torpen i de flesta fall var skattefria. Att skilja på torp och backstugor kan vara svårare.

Det har funnits olika typer av torp. De tidigare torpen från 1500- och 1600-talen uppodlades vanligen på allmänningar och var skattskyldiga, men blev inte mantalssatta, ty i så fall skulle de övergå från torp till gård. De torp som byggdes från och med 1600-talet, och blev vanliga under 1700- och 1800-talen blev huvudsakligen anlagda på enskild mark som ägdes först av adelsmän och därefter allt oftare av bönderna. Dessa upplät rätten att använda en bit mark inklusive bostadshus, till torparen. Markägaren kunde också hålla med en del byggmaterial, men ofta var det torparen som utförde bygget. Som ersättning för brukandet av torpet, fick torparen utföra dagsverken till bonden eller i vissa fall betala med produkter eller pengar. Dessa torp kallades **dagsverkstorp, jordtorp** eller **stattorp**.

Torpen kunde också benämnas **bördetorp**, vilka uppstod vid arvsskiften där någon eller några arvingar fick ett torp för att man skulle slippa att dela resten av fastigheten.

Undantagstorp uppkom då fastigheten överläts men den gamle ägaren behöll en mindre del, inklusive ett hus, där man kunde leva resten av sitt liv.

Förpantningstorp hade ett tidbegränsat avtal, oftast på 49 år, där torparen till att börja med fick betala en större engångssumma men därefter en mindre årsavgift. Kontrakten skrevs oftast så att det blev omöjligt för jordägaren att få tillbaka torpet.

Specialtorp var **soldattorp, ryttartorp** och **båtsmanstorp** som tillkom i slutet av 1600-talet, och bekostades av bönderna i den rote inom vilken soldaten tjänstgjorde (BoN 1990).

En rote var en bestämd del av ett samhälle som fördelade olika ansvarsområden mellan innevånarna. I detta fall ett antal gårdar som anskaffade och underhöll en soldat. En rote kunde också vara uttagen att ansvara för t.ex. fattigvården, husförhören eller posten.

Backstugan var en bostad utan, eller med bara en mycket liten bit jord. Det var alltså inte möjligt att försörja sig där, utan de boende måste tjäna hos andra, t.ex. traktens bönder. En del som bodde i backstugorna var hantverkare, såsom smeder och skomakare, som inte var så fattiga, men backstugorna var också bostäder till den allra fattigaste befolkningen. Åldringar och änkor som inte kunde arbeta, och som var beroende av andras välvilja eller socknens fattigvård för att överleva (BoN 1990).

År 1752 läser vi första gången om en backstuga i Kumla. I mantalslängden för Stockholms län står att i Backstugan bor **Eric Ersson** och hans hustru.

1754 står **Erik Pärsson** som boende i Backstugan, men det är markerat att det är en kvinna som bor där, så förmodligen är Erik Pärsson död och hustrun har övertagit backstugan. En anteckning upplyser om: "Mannen fri (skattebefriad) efter resolution". Först 1759 står i mantalslängden att det är Erik Pärssons hustru som bor i backstugan, och det står då också att hon är utfattig och sjuk.

Mantalslängder finns inte varje år för Kumla, men under de kommande åren finns längder för 1762, 63 och 65. I dessa är dock inte backstugan upptagen. Kanske bor ingen där under de åren. Först år 1771 återkommer mantalslängderna för Kumla och då bor **Jan Jansson** i Backstugan. Där bor också en pojke över 15 år och en flicka under 15 år. Någon backstuga finns dock tyvärr inte utmärkt på 1771 års karta.

10 år senare, år 1781, finns **Pär Pärsson** upptagen i Backstugan. Möjligtvis tillsammans med en flicka över 15 år.

Efter 1781 finns inte Backstugan nämnd någonstans, och den finns heller inte utmärkt på någon karta. Vad hände med Backstugan? Var låg den? Blev den riven eller övergick den till att bli ett torp? Är någon av följande bostäder den f.d. Backstugan?

Den 4 juni år 1771 upprättade Gabriel Boding en karta över Kumla By, som skulle ligga till grund för det under år 1749 beslutade Storskiftet.

I protokollet för Storskiftet kan man utläsa lite information om byns innevånare och dess bostäder, men därefter dröjer det ända till 1799, då de första bevarade kyrkoböckerna från Skå socken upptecknar sina innevånare, innan mer information om de boende går att hitta.

En "Geometrisch Delineation På Kumbla By Heman Belegne I Skåå Sokn och Ferntuna Härad" från ca 1690 finns gjord (se sid 23). Genom att studera texten till denna, tillsammans med beskrivningen över Storskiftet kan vi förutom att få namnen på brukarna, också lista ut flera av de gamla namnen på många av Kumlas marker.

T.ex. att Hagställena, och därmed också Hagställsbacken, numera kallad Kumlaberget, låg rakt norr om Landtjägarboställets tomt, på gränsen mot Svartsjö, och med Hagställsbacken mellan gårdstomten och Hagställena. Hagsställena kallas idag Asphålan.

I beskrivningen över Storskiftet står: "äfven tilkommer LandtjägareBostället den Västra och Opgården den Östra delen av Hagställsbacken med torpen och de til dem hörande täpporna, utom Hagställen hvilka delas uti 4 lika stora delar".

Alltså har det funnits flera torp i Kumla redan på 1700-talet, men det är oerhört svårt att få en klar bild över dem. Var det torp eller var något av dem backstugan som var upptagen i mantalslängden?

Ovanstående mening i Storskiftets beskrivning kan man tyda som att: Bostället fick den västra och Opgården den östra delen av Hagställsbacken, oavsett var torpen och täpporna fanns. Man kan också tyda den som att Opgården fick den östra delen av Hagställsbacken där torpen och täpporna fanns. Vi vet alltså bara på ett ungefär var dessa torp var belägna, och inte heller vet vi hur många de var.

Storskiftet fastställdes år 1787, och det enda Kumla-torp som då nämns vid namn är **Grindstugutorpet.** Var detta torp låg framgår av texten i beskrivningen, men det är inte utmärkt på kartan, till skillnad från två torp på grannmarkerna. **Ängsvaktartorpet** på Svartsjös mark, och **Norrängstorpet** på Tunas mark. De är båda väl utmärkta på kartan. Varför är inte Kumla-torpen markerade på kartan, som ändå var upprättad över just Kumla By?

Skulle det kunna bero på att Storskiftes kartan är gjord redan 1771 och att de i beskrivningen, som fastställdes 16 år senare, nämnda torpen i Kumla ännu inte var byggda? Eller var de bara backstugor, inte värda en egen markering eller ett eget namn? Eller kanske var det Grindstugan som var den nämnda backstugan?

Svartsjötorpen

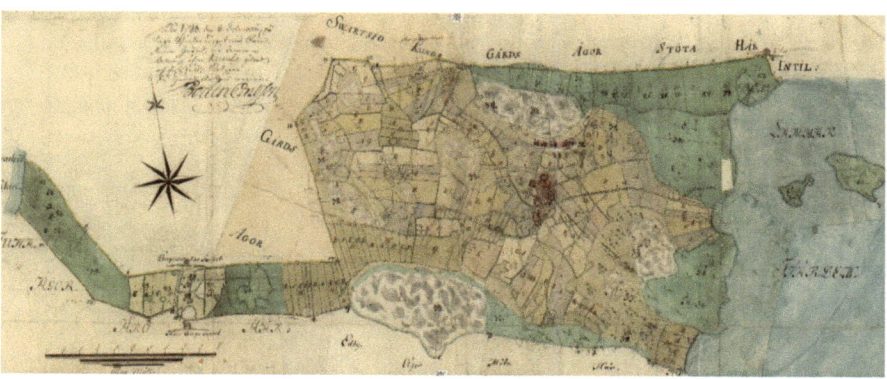

Från år 1788 finns en något justerad karta där ytterligare två torp finns utmärkta, **Stenhuggartorpet** och **Ödesmarken.** Båda på Svartsjös marker norr om Kumla, men fortfarande finns inget torp markerat på Kumlas marker.

Som en parentes, ty ovanstående torp hör till Svartsjö och inte till Kumla, behandlas dessa båda torp här eftersom nedanstående uppgifter skiljer sig ifrån de tidigare publicerade. Båda dessa torp har oklarheter vad beträffar både deras namn och placering, och med all respekt för **Sven Burell,** 2/8 1928 – 6/11 2021, Färingsös fantastiska hembygdsforskare, som sammanställt och givit ut flera skrifter om Färingsö i gamla tider, känner jag mig säker på ett par egna teorier om dessa torp. Dock skall tilläggas att jag själv inte har läst husesynprotokollet från 1766, som Sven utgått ifrån.

Om Stenhuggartorpet skriver Sven Burell i sin skrift "Torpen under Svartsjö", att det är självklart att en stenhuggare givit torpet sitt namn, men att det inte alltid bodde stenhuggare där. Detta verkar också helt korrekt.

År 1640 står **Prästetorpet** som nybygge i jordeboken för Stockholms län. I mantalslängden står torpet som nybygge från 1653, och redan då också kallat Stenhuggaretorpet. Då bor **Johan Larsson** där. Vi vet inte om han var stenhuggare, men med säkerhet vet vi att **Johan Johansson** som bodde där från åtminstone 1665 var stenhuggare. Han bodde där till sin död 1705. 40 år senare!

De senare åren stod han beskriven som gammal stenhuggare, sjuk och sängliggande. Så nog förtjänade torpet att kallas Stenhuggaretorpet, men i princip alla åren var beteckningen i mantalslängden Prästetorpet. Sven Burell skriver också om en notering i husesynsprotokollet från 1731 att torpet kallats Första torpet. Kanske är det en feltydning av Präste torpet.

Sven har istället placerat Prästtorpet i närheten av Torslunda, och på 1773 års karta över Rågångsåtgärder i Thorslunda, finns också Prästtorpet tydligt markerat på Skillinges marker. Det är dock inte nämnt någonstans i texten. Min teori är att detta torp är betydligt yngre och skulle kunna vara förväxlat med Klockarebostället som legat på ungefär samma ställe.

Inte förrän år 1810 kommer Prästetorpet, strax norr om Kumla-gränsen, att varje år kallas för Stenhuggartorpet i mantalslängden.

Vad beträffar torpet Ödesmarken nämner Sven Burell att namnet är något svårförklarligt. Enligt honom kallades området mellan detta torp och Filippi torpet, som låg en bit norrut, för Ödesmarken, och också på kartan från 1723 är området Ödesmarcken placerat ungefär där.

På kartan till höger, upprättad 1649 över "Swartsjölandet samt Munsön och Alnsön", är området istället placerat ganska långt norr om Kumlagränsen. Ett område som skulle kunna vara detsamma som den försvunna byn Birkeby. På denna karta är också Prästetårpet tydligt utsatt på Stenhuggartorpets plats, däremot finns inget torp på platsen för det kommande Ödesmarkstorpet. Det var förmodligen ännu inte byggt.

På 1690 års karta (se sid 23) finns torpet inritat men heter då **Skougwaktaretorp**, men också **Färjekarls Torp**.

Dock, det första året som torpet är noterat i mantalsländen, år 1654, är namnet Ödesmarken.

Inga mantalslängder finns för åren 1657 till 1665, men från 1665 benämns torpet åter Skougwaktaretorp. Detta namn används därefter i mantalslängden ända fram till 1814 då det byter namn till Ödesmarken.

Sven Burell hänvisar till Lars Salvius beskrivning över Uppland 1741, då han placerar Skogvaktartorp i **Oxhagen** norr om torpen **Holklöt** och **Norrskog** på Svartsjös marker.

Han tycks emellertid tveksam: "men skogvaktaren lydde tydligen inte under Kungsladugården utan direkt under kronan. Hans närmaste chef var Lantjägaren som bodde på Bostället i Kumla."

Torpets placering verkar ju då mycket rimlig eftersom Skogvaktartorpet delvis ligger på Boställets mark.

Skougwaktartorpet alias Färjekarls Torp låg alltså delvis på Kumlas marker, både skogvaktare och färjekarlar har också bott på torpet, och färjekarlen har under en period också bott på Prästetorp/Stenhuggartorp.

2001 fick Kumlaborna ett unikt tillfälle att följa med Sven Burell på en kulturvandring bland Svartsjös gamla torp. Bl.a. besökte vi de svårfunna resterna efter torpet Lugnet som låg en dryg kilometer nordväst om Kumlas Boställe. Sven hade tagit fram utdrag ur "Husesyn hållen å Svartsjö Kungsgård år 1766" (BS 2001)

Lugnet

Ett torp som bevisligen funnits på Kumlas marker. Men var?

Torpet dyker upp första gången i Sångas Mantalslängd för år 1758. Då bor **Jöran Jöransson** med familj där. Året därpå finns både Jöran Jöransson och **Pär Pärsson** skrivna där, men år 1760 är endast Pär Pärsson med familj skrivna på Lugnet.

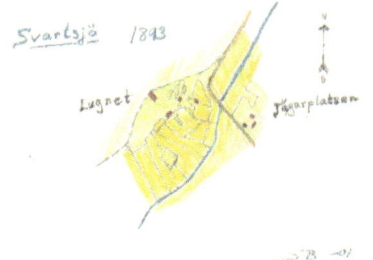

Torpet är 1766 nyligen anlagt och uppbyggt på Svartsjös ägor av **Landshövdingen och**

Utdrag ur Husesyn hållen å Svartsjö Kungsgård år 1766

Torp: Nybyggen

No 4

Lugnet

Har för 9 år sedan herr Landshövdingen och Riddaren Broman alldeles å nyo anlagt och uppbyggt på gårdens ägor, vilket nu bebos av torparen Pär Pärsson, som det i 8 års tid innehaft och består av följande, nemligen:

1. En stuga med förstuga och kammare, vilken herr Landshövdingen och Riddaren köpt och flyttat ifrån Kumla, tillhops av 18 alnars längd, 7 alnars bredd och 9 alnars höjd, under halmtak på stenfot. Till väggar, knutar, syllar, tak och stenfot i gott stånd. Allenast taket bättras med 3/4 tjog halm   6.24 (6daler, 24 öre)

Uti stugan är tak på bjälkar, 4 fönster i treruft, varuti 5 rutor böra nya insättas 8/   1.8

Och ett fönster till biyet lagas   2.

Spis med vindspjäll och bakugn, tarvar förbättring med 30 s t tegelstenar, som med kalk och arbetslön utföres till   9.

Golvet i övrigt behället, men tarvar endast en liten förbättring   1.16

Dörr på järngång.

Uti kammaren ett golv, dörr på gångjärn, utan brist, men fönstret tarvar förbättring för 2.

Och tak på ......

Förstugan är försedd med golv och dörr på järngång med lås.

2. Ett fähus, med loge och golv inrättat med rev och stolpar, under ett taklag av halm. Hela byggnaden 25 alnar lång, 8 alnar bred, samt fähuset och logen som äro timrade av nytt och gammalt timmer 13 varv högt, till väggar, knutar, syllar och tak, logbotten, dörr på trägång, samt inrede i fähuset utan andra bristfälligheter än att taket tarvar förbättring av ¼ tjog halm   6.24

Och flon i fähuset botas för   6.

Samt loggolvet till upplänkningens upphjälpande botas med 2 lass virke och arbetslön   12:-

Utsäde den ena årgången uti gårdens gärde 2 tunnland, och den andra till 1 ½ tunnland av gårdens åker, samt ¼ tunnland av å nyo upptagen linda.

Hö av Kungsgårdens äng, Albytegen kallad, till 6 / 7 sommarlass.

Gärdesgårdar
Enligt 50 famnar ogilda som bör bättras   å 8 (öre)   12.16

Diken
130 famnar behållna
150 D:o   medelmåttiga
35 D:o   odugliga som bör rinsas   å 6 (öre)   6.16

Kommentar: 1 daler = 32 öre. Värdet får man räkna ut av texten.

Obs! Vissa tomrum i texten beror på att jag inte har kunnat läsa vad där står.

Riddaren Carl Broman, f. 3 oktober 1703, som då arrenderar Svartsjö Kungsladugård. Stugbyggnaden, som verkar vara den enda av torpets byggnader som flyttats från Kumla, tycks vara i tämligen god kondition och eftersom alla Kumlas gårdar utom nr 2, nu är i privat ägo, så har han köpt byggnaden från någon av dessa gårdar eller så har han köpt från Kronan, och i så fall har stugan legat på marken tillhörande Kumla nr 2. Man hade velat veta.

Om man idag år 2023 promenerar på Kumla Bys marker kan man på många platser finna spår efter vad som kan vara gammal bebyggelse. Men kan något av dessa spår vara efter Kumlas backstuga eller torp?
Den mest utmärkande lämningen är vid "garaget" som idag finns i dungen söder om Pussängen. Detta hus är naturligtvis inte från den tiden, men där finns en mängd växter som skvallrar om gammal bebyggelse. Där finns både fruktträd och Malört, som är en gammal kulturväxt som använts för att hålla borta skadedjur, t.ex. klädesmal och parasiter. Den har också använts som läkeväxt mot bl.a. kolera, men kanske framförallt som kryddväxt vid brännvinstillverkning. Växten är dock giftig, så man bör inte överdosera den bittra smaken.

Inte långt från denna plats hittar vi också fler spår efter eventuella boplatser. T.ex. finns gamla fruktträd vid södra spetsen av dungen som rymmer ett gravfält från äldre järnåldern. Detta ligger nordväst om Pussängen, på gränsen mellan Boställets mark och Uppgårdens mark och kallas "Anna backe".
Fruktträden på marken runt Kumlas runhäll vittnar också om någon bosättning senare än på Vikingatiden.

Förflyttar vi oss till "Kohagen" har vi tidigare sett en väg som slutar vid ett hus som inte kunnat identifieras. Huset låg dock på Boställets mark, så kanske kan det ha varit en jaktstuga eller ett torp, eller en backstuga?
I den större dungen söder om denna plats finns också gamla fruktträd, men mest spännande är nog de spår som finns något närmare byn, men fortfarande i Kohagen.
 Den gamla brunnen som ligger precis på gränsen mellan tre olika fastigheter. Kumla nr 4, Kumla nr 5 (tidigare tillhörande nr 3) och Svartsjö. Troligtvis är den grävd för att enklare kunna vattna djuren som gick på bete där.
Lämningar av grindstolpar gjorda av sten finns där den gemensamma kohagen började. Med lite fantasi kan man också föreställa sig en stenmur. En hög med gamla timmerstockar och en lämning som närmast ser ut att ha varit en jordkällare, gör att man funderar på om det ändå kan ha funnits en boplats inom "Kohagens" område. Eller kanske var det bara en lada till djuren och en plats för förvaring av mjölken? Eller var det här Backstugan låg?

Grindstugan

Det enda torpet som med säkerhet fanns i Kumla år 1787 var alltså Grindstugutorpet.

Vi läser i Rågångsbeskrivningen i Storskifteshandlingarna följande: *"vidare går skillnaden efter gärdesgården som af Chartan sees kan til N͟o 17 et hörn på berörde gärdesgård och derifrån til N͟o 18 äfven gärdesgårdshörn N͟o 19 til N͟o 20 och 21 knän på ofta berörde gärdesgård, samt derifrån efter gärdesgården till grinden vid Grindstugu torpet vidare et stycke efter gärdesgården in emot Kumla så kallade hagställen".*
Grindstugan låg alltså vid gränsen till Svartsjös marker utefter byns första väg väster om nuvarande Kumlaberget.

I Skås första bevarade husförhörslängd för tiden 1799 – 1805 har **gamle drängen Eric Andersson** förhörts i Grindstugan den 4 mars år 1800. Även **änkan Törnqvist** finns upptagen under Grindstugan i denna bok. Tituleringen av dessa båda personer ger ett inryck mer av att Grindstugan är en backstuga snarare än ett torp. Knappast att någon av dem kunde bruka ett torp.
I nästa husförhörslängd för åren 1806-1813, finns en anteckning om att Grindstugan bytt namn till **Nybygget,** men här antyds också att Nybygget är f.d. Asphagen.
Grindstugan finns också med i mantalslängden för Stockholms län under perioden 1811-1815, och det gör att man kan jämföra mantalslängden med kyrkboken vilket klargör några frågetecken.

År 1811 nämns Grindstugan första gången i mantalslängden för Stockholms län. Då bor där arbetskarlen **Per Andersson** med hustru. Per är 60 år och hustrun 65 år och hustrun är därmed överårig för att betala skatt, och hon är, som då är vanligt, namngiven bara som hustru.
Om man då söker i Skås husförhörslängd för åren 1806-1813 återfinner man Per Andersson som inhyses i Nybygget. Han uppges vara 49 år, född 1761, vilket är felaktigt. Rätt skall med säkerhet vara 1751 och 59 år, vilket stämmer med mantalslängden. Hustrun heter **Sara Jacobsdotter** och är 65 år, född 1745, vilket även det stämmer med mantalslängden. De båda blir förhörda den 3 augusti 1809 och tar nattvarden den 4 februari 1810. I kyrkboken får vi också veta att Per dör 1811, vilket också stämmer med mantalsländen, då ingen man är markerad under Per Andersson för år 1811, utan endast en kvinna (utan namn). Tyvärr saknas år 1811 i Skå sockens dödbok, så vi vet inte vad han dog av.
Sara finns kvar på Nybygget till 1815 då hon skrivs på Kumla nummer 1, där tar hon nattvarden 1815 och 1816. Att Nybygget försvinner såväl från mantalslängden som från kyrkboken antyder att Grindstugan alias Nybygget inte bebos längre än 1815.

Om man följer den gamla vägen/stigen, som förmodligen var
Kumlas första och då enda väg in och ut ur byn, norrut på
Kumlabergets västra sida, stöter man på ett gammalt
äppelträd på höger sida ungefär där gränsen mellan Kumla och
Svartsjö ligger. Kan detta vara ett minne från Grindstugan?
Möjligtvis skulle det också kunna vara
en rest från Stenhuggartorpet som låg
på andra sidan gränsen mot Svartsjö.

I Sånga socken bodde Per Persson och Anna Olsdotter i **Kumla Grind** under perioden 1771-
1777. Man undrar ju var Kumla Grind låg! Kan det vara samma?

Asphagen
Grindstugan, **Asphagen** och **Törneberg** återfinns i Kumlas första förhörslängd som sträcker
sig över åren 1799 - 1805, men varken Asphagen eller Törneberg finns nämnda i Storskiftet
eller i annan tidigare dokumentation. Törneberg verkar ändå vara den enda av dem som
platsar under begreppet dagsverkstorp, medan de övriga två känns mer som backstugor.

I mantalslängden för Stockholms län är Asphagen omnämnt endast ett år, nämligen år 1810.
Inga boenden finns upptagna och med en enda anteckning: Finns ej 1811!
I Skå kyrkas förhörslängd, som börjar år 1799 är dock Asphagen upptagen som bostad under
hela perioden som sträcker sig t.o.m. 1806. Första händelsen i Asphagen är den 4 mars år
1800. Då förhörs änkan **Maria Jansdotter**, f. 1740, och hennes dotter **Stina Maja Ersdotter**,
f. 1776, som båda också förhörs den 27 februari 1801. Maria dör, okänt när, och dottern
flyttar till Stockholm år 1801. Det finns också en fosterson, men vad som händer med
fosterbarnet **Jan Fredrik**, f. 1799 framgår inte. Inte heller varifrån familjen kommer.
Statartorparen **Jan Olsson**, f. 1768 i Spånga, som kom till (Skå-) Edeby från Stockholm år
1800, blev efter tiden på Edeby skriven på Landtjägarbostället tillsammans med sin hustru
Maja Stina Larsdotter Fahlstedt, född i Stockholm. Paret blir dock förhört den 10 mars 1802
på Asphagen. Eftersom Asphagen kan ha legat på Landtjägarboställets mark, finns en
möjlighet att paret hela tiden bott på Asphagen men ändå blivit skrivna på
Landtjägarbostället till att börja med, och därefter blivit överförda även på papperet till
Asphagen.
Detsamma kan vara fallet för nästa familj, som också var skriven på Landtjägarbostället före
Asphagen. Den 2 oktober år 1800 tar paret skräddaren **Johan Enqvist**, f. 1775, och hans
hustru **Anna Greta Ersdotter**, f. 1766, nattvarden hos **Eric Jansson** (nr 1) i Kumla, men
därefter på Landtjägarbostället år 1802, för att nästa gång 1803 bli förhörda i Asphagen.
Paret kom år 1800 till Kumla från Wäsby i Skå. De hade en liten son, **Carl Erik**, f. 26 juni 1801
som dog i Kumla bara ett år gammal den 7 juli 1802. Dottern **Maria Catharina (Maja Caisa)**,
föds den 19 mars 1803 i Kumla, vilket förmodligen närmare bestämt är i Asphagen. Hustrun

Anna Greta Ersdotter har därefter blivit förhörd på Landtjägarbostället år 1804 innan familjen flyttar till Svartsjö Kungsladugård 1805.

Den 9 november 1803 förhörs på Asphagen också flickan **Gustafva**, f. 15 februari 1790. Hon är då 13 år och bodde tidigare hos Bonden **Olof Jansson** i Kumla tillsammans med sin mamma, Sundbergs hustru **Stina Carlsdotter** född på Munsö.

I nästa husförhörslängd för åren 1806-1813 står skräddare Enqvist med familj som boende på Asphagen/Nybygget men flyttade ju redan 1805 till Svartsjö Ladugård. Någon gång under tiden 1806-1813 stryks namnet Asphagen i husförhörslängden och ersätts med namnet Nybygget. Vad händer? Har Asphagen bytt namn till Nybygget eller har de som står som boende på Asphagens sida flyttat till Nybygget?

Tyder man utseendet på skriften i husförhörslängden kan en teori vara att familjen Enqvist rutinmässigt fördes över från förra längden för år 1799-1805, samt att man därefter insåg att familjen flyttat och att ingen annan bodde där, så istället användes sidan till Nybygget.

Det verkar inte troligt att namnet är bytt, ty det finns bevis på att Nybygget är detsamma som Grindstugan, men egentligen inte heller så troligt att Asphagen bara blir övergivet. I Storskiftet bara 18 år tidigare finns inte Asphagen nämnt och om det byggts efter detta borde det inte vara i så dåligt skick att man måste överge det. Märkligt är också att i Laga skiftet som skedde 1835 finns Asphagen nämnt som referenspunkt, men tyvärr inte markerat på kartan. Namnet skulle då ha levt kvar under 30 år efter det att torpet blivit övergivet.

På den rättade kartan från 1839 över Laga skiftet, finns en möjlig kandidat till torpet Asphagen. Öster om Kumlaberget på marken mellan graderingsnummer 122 och 33, i förlängningen av vägen som passerar Boställets bytomt, finns ett litet hus inritat. Kan detta vara Asphagen?

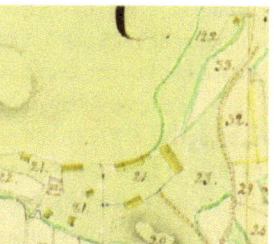

Idag, år 2023 finns, enligt Wille Olsson på Kumla nr 2, en bit mark på fastigheten som kallas Asphålan. Just området norr om Boställets tomtmark, på andra sidan backen där Hagställena låg. Kan det vara samma? Kan namnet ha levt kvar i något modifierad form, i över 200 år?

Nybygget

Genom att jämföra mantalslängden i Stockholms län med husförhörslängden för Skå socken, har vi konstaterat att Grindstugan och Nybygget är benämningar på samma bostad. Vi vet dessutom var Grindstugan var placerad.

I husförhörslängden för år 1799-1805 har Grindstugan och Asphagen varsin sida, och borde alltså vara två olika bostäder, men underligt är att Asphagen i husförhörslängden för år 1806-1813 ändrar namn till Nybygget, och vi vet ju inte heller vilket av dessa år det sker.

Det finns många frågetecken kring familjen som år 1806 kommer från Wäsby ägor i Skå.

I Wäsby står det uttryckligen att familjen flyttat till Asphagen under Kumla, och alltså så har inte namnet Asphagen bytts ut till Nybygget ännu år 1806. Familjen är **Dragonen Erik Ekberg**, f. 1774 med hustrun **Ulrika Henning** också född 1774. De har sonen **Carl Hinric** född 10 oktober 1805 i Wäsby. Men sonen återfinns inte i Asphagen och har förmodligen avlidit innan familjens ankomst dit, men hittas inte heller i dödboken.

Modern (det framgår inte om det var hans eller hennes, men förmodligen var det hans eftersom det annars borde stått svärmodern) den utfattiga **Stina Nilsdotter**, f. i Östra Ryd 1749, följer också med från Wäsby och avlider enligt husförhörsboken den 15 augusti 1808. Märkligt nog finns ingen Stina Nilsdotter i dödboken det året, bara **Lena Rosenberg** 59 år, vilken dog på Kumla ägor den 14 augusti 1808 av Gikt, men någon med det namnet går inte att finna i husförhörsboken varken i Kumla eller på Kumla ägor. Vi kommer dock att med säkerhet hitta minst ett annat exempel på en person, vars namn är olika på olika ställen i böckerna, så kanske är Stina Nilsson och Lena Rosenberg samma person.

Familjen Ekberg har också fosterdottern **Stina Caisa**, f. 1805 som avlider 2 år gammal av slag den 25 april 1807.

I husförhörslängden finns också en anteckning om att familjen flyttat till Kyrklund under Edby (=Edeby). Inte heller här kan vi finna dem. Ingen i familjen har heller förhörts i Kumla, så svårt att avgöra under vilken period de bodde i Asphagen. Ingen av dem är ändå kvar 1813.

Redan tidigare nämnde Pehr Andersson, f. 1751, är hälftenbrukare på Troxhammar nr 3 innan han kommer till Kumla. Hans hustru heter Sara Jacobsdotter, f. 1745, och paret har en son, **Anders** f. 1790, som flyttar till Eneby By år 1807. Familjen kommer ifrån Sånga till Troxhammar år 1805 och år 1808 flyttar Pehr och Sara till Kumla. Möjligtvis bodde de till att börja med hos Bonden **Olof Jansson** i Kumla, f. 1742, (oklart vilken gård han brukade) som dör 1808. Bonden Olof Janssons hustru står i husförhörsboken för Skå åren 1806-1813 som **Anna Ersdotter**, f. 1763, men hon heter **Anna Maria Åberg** vid sonen **Johans/Jans** födelse den 8 mars år 1802. Olof och Anna Maria har också fosterbarnen **Christina**, f. 1803, som dör i april 1810, och **Petronella**, f. 1804. Olof Jansson har även en äldre dotter, **Anna** f. 1767, från ett tidigare förhållande. Hon uppges vara "mycket enfaldig till förståndet" och avlider även hon i april 1810. Efter maken Olof Janssons död blir Anna Ersdotter/Anna Maria Åberg inhyses hos Pehr Andersson i Nybygget. Hon och sonen **Jan Olsson** blir kvar på Nybygget till 1815. Hon har då också haft fosterbarnet **Amalia Lisa Carlström**, f. 6 juni 1814 från Allmänna barnhuset, men hon dog redan den 16 december samma år. Vart fosterdottern **Petronella** tagit vägen framgår inte.

Den 10 december 1815 finns inhyses Anna Maria med sonen Jan, upptagen i Kumla under Landbonden (Kumla nr 2) **Anders Anderson**, f. 1771 i Hilleshög, och hustrun **Catharina Wibom**, f.1778 i Stockholm, vilka kom till Kumla från Sånga år 1810. Anna Maria uppges då ändå bo hos Per Erssons änka i Nybygget. Hon tar nattvarden här år 1818, men den 26 september 1819 finns hon och sonen skrivna under Törneberg som fattighjon. Hon går bort den 12 juli 1823 i diarré, och gossen Jan Olsson har då flyttat och förhörs 1820 bland **Erik Samuel Moses** folk på Kumla nr 1.

För att återgå till Sara Jacobsdotter så förhörs hon 1812 på Nybygget, tillsammans med sin dotter, Enkan **Sara Lisa Ersdotter**, f. 1778, samt barnbarnet, Sara Lisas dotter **Eva Lisa**, f. 24 september 1802 på Munsö. Sara Lisa har också ännu en dotter **Maja Sophia**, f. 1810 i Skå. Sara Lisa och hennes döttrar flyttar till Sånga 1814. Mamma Sara Jacobsdotter bor dock kvar på Nybygget till år 1815 då hon flyttar till Kumla nr 1 som nu brukas av **Lovisa Ulrika Ersdotter**, sedan hennes make **Carl Carlsson** lämnat henne. År 1815 övertar Kronolänsman Mose 5/32 mantal av gården, och där avlider Sara Jacobsdotter år 1819 av Ålderdom, 74 år gammal.

Sammantaget verkar det som om Nybygget fanns fram till 1815.

Törneberg

På vänster sida om vägen från Kumla mot Svartsjö, på ägorna till Kumla nr 3, växer en syrenbuske. Syrenerna vittnar om mänsklig aktivitet. Här har funnits ett torp. Man undrar när byggdes det? Och av vem?

Efter 30 års undringar har torpet nu i alla fall fått ett namn, men tyvärr inget datum och inget säkert namn på byggherren. Men det har äntligen dykt upp en familj som under många år varit dess innevånare.

Kartan över Laga Skiftet från år 1839 bevisar att här har funnits människor och bebyggelse.

Två byggnader finns på platsen. Enligt Sven Burell (BS 2002) fanns det stall, fähus och lada på alla torp, och eftersom man under 1800-talet börjat bygga ekonomibyggnaderna i en enda länga, så är den långa förmodligen uthuset. Ett streck som är ritat genom det långa huset tyder också på någon slags delning. Den kortare byggnaden var förmodligen själva torpstugan som kunde vara byggd som en **enkelstuga** med dörren i ena änden av långsidan, eller som en **sidokammarstuga** med dörren mitt på långsidan.

Första gången man möter namnet Törneberg är i Skås husförhörsbok för åren 1799 till 1805. Här bor **Mäst. Rosenlund** som genomgår förhör den 4 mars år 1800. Även **pigan Stina Lotta**, f. 1783 förhörs samma dag, men hans hustru **Greta Sophia Tillander**, f. 1774 förhörs inte förrän den 27 februari 1801, tillsammans med dottern **Greta Christina**. I nästa husförhörsbok, 1806-1813 framgår att Rosenlund är Snickarmästare.

När torpen byggdes på 1700-1800 talet var det vanligaste att jordägaren tillhandahöll marken och ibland också visst byggmaterial, men att brukaren stod för uppförandet av byggnaderna, så det är kanske Rosenlund, som vi senare får veta heter **Erik Gustaf**, som bygger? Vi vet ju inte när familjen kom hit och inte heller säkert varifrån, men dottern Greta är född 1 april 1795 på Tuna i Skå, så förmodligen har Rosenlunds flyttat hit från Tuna någon gång mellan 1795 och 1800. Vid dotterns födsel står att Rosenlund var Mjölnare.

Intressant i det här fallet är, att när torpet byggdes var marken enligt Storskiftet "delad med kedjor", och upplåten åt alla de fyra gårdarna. Det innebär att förmodligen måste samtliga gårdsägare i Kumla vara eniga om torpets tillblivelse och fortsatta förvaltning. Under torpets livstid kommer dock detta att ändras eftersom den här marken tilldelades **Lieutnant Lagus**, d.v.s. Mellangården, vid det Laga Skiftet på 1830-talet. När detta sker har Rosenlund avlidit och det är hans änka som brukar Törneberg.

Erik Gustaf Rosenlund var född den 15 januari 1768 i Gimo i Skäfthammar socken som nu ingår i Östhammars kommun. Hans föräldrar var **Murarmästare/Byggmästare Paul Rosenlund** född i Västerås 1730, död den 3 juli 1785 av diarré och hustrun **Elisabeth Hallin**, född 1729 och död den 5 december 1788 av Lungsot.
Han har minst två syskon, **Jean Paul**, f. 1761, som flyttar till Stockholm 1778, och **Carl Fredrik**, f. 1764.
Erik Gustaf flyttar till Tuna 1789, inte långt efter moderns död. I husförhörslängderna står normalt vilken socken personen har flyttat till, och i Erik Gustafs fall står det Tuna. Det finns en lång rad Tuna kyrkoarkiv, men inget av dem har någon Flyttbok så tidigt, och därmed är det svårt att avgöra vilket Tuna som menas, men kanske är det helt enkelt Tuna i Skå socken som syftas på, trots att detta bara är en liten by. Familjen Rosenlund bodde på Qvarnen i Gimo och i Tuna fanns också en kvarn, så inte alls otroligt att han kom som mjölnare till Tuna i Skå. Inte heller otroligt, med tanke på hans fars yrke, att han hade kunskap nog att bygga ett torp. Han har också på olika ställen benämnts både snickare och arbetskarl.
Törneberg var ett typiskt dagsverkstorp. Följande läser man under perioden 1806 – 1813 när Erik Gustaf är 38 - 45 år:
Öppen jord 2 tunnland. Gör 1 dag i veckan af 32 dagsvärken. Föder 4 Creatur.
Under följande 5-årsperiod byter han också "yrke" från Arbetskarl till Torpare. Pigan Stina Lotta som fanns på Törneberg år 1800 försvann snabbt, men nu har man återigen en piga, **Anna Stina Jerstedt**, f. 1787 som kom från Stockholm 1813 men lämnar efter bara ett år.
Man tycks också ha fosterbarn. Lille **Johan** född 1804 flyttar till Stockholm 1806 men ersätts av **Anna Lovisa Lundqvist** som 7 år gammal kommer ifrån Sånga 1806. Hon verkar inte heller bli kvar så länge. Kanske har det att göra med vad som går att läsa i Mantalslängderna från åren 1810 – 1820.
Redan 1811 läser man att Erik Gustafs Hustru Greta Lisa är sjuk på Lazarettet och befriad från mantalsskatt. 1812 när dottern är 17 år, är både hustru och dotter sjuka och sängliggande. 1815 står dottern Greta fortfarande som ofärdig och sängliggande och av tre personer är det bara en som betalar skatt. Det framgår också att Erik Gustaf, som ingår i klassen allmoge och arbetarklass, är "tobaksutnyttjande" och har ett fickur som inte är av guld. Man blir för övrigt förvånad över vad som ansågs viktigt vid mantalsskrivningen ty något år senare framgår också att någon familjemedlem nyttjar siden.
Hustrun står fortsatt som ofärdig och familjen utökas när dottern Greta, som kanske blivit frisk, den 6 december 1818 gifter sig med **Sockenskomakaren Johan Fredrik Bodman** i Säby.

Han är född på Wermdö år 1787. Paret bor kvar på Törneberg ett år innan de flyttar till Säby där Greta Stina får Mässling och dör den 18 oktober 1820. Bara 25 år.

På Törneberg har, som nämnts under Nybygget, istället från år 1819 tillkommit Fattighjonet och Änkan efter **Bonden Olof Jansson** i Kumla, **Anna Maria Ersdotter Åberg** f. 1763 och hennes son **Jan**, f. 1802. Dessa blev efter makens död 1808 först inhyses hos **Pehr Anderson i Nybygget** i Kumla, varefter de kom till Törneberg.

1821 dör Rosenlunds hustru Greta Sophia av den underliga sjukdomen Håll och Styng, vilket i verkligheten helt enkelt är Lunginflammation.

Samma år, 1821, kommer som inhyses en annan änka. Lars Wigrens änka **Mathilda Jansdotter**, f. 1778, med fosterdottern barnhemsbarn nr 562 från Allmänna barnhuset, **Sophia Wilhelmina Ek**, f. 23 augusti 1810. De har tidigare bott i Eneby.

Ett år senare, 1822 flyttar också en annan Kumlabo, pigan **Maja Cajsa Pehrsdotter Bergsten** in på Törneberg. Hon tjänstgjorde tidigare hos **Ulrika Lovisa Ersdotter** på Kumla nr 1.

Det torde nu vara ganska fullt på torpet, och inte heller hon stannar längre än ett år. Änkan Anna Maria dör den 12 juli 1823 och då flyttar sonen Jan till familjen Mose i Kumla, och plötsligt är Erik Gustaf Rosenlund helt ensam på Törneberg.

Eric Gustaf behöver sannolikt ändå en piga, så nästa piga som flyttar in 1823 blir änkan **Maria Hindriksdotter Engström**, f. i Nås 1786. Hon har med sig sonen **Carl Eric**, f. i Hilleshög år 1817, och hon stannar bra mycket längre och gifter sig också med Erik Gustaf Rosenlund den 21 januari 1825 och de får sonen **Johan Fredrik Wilhelm** den 23 januari 1826.

Under perioden 1824-29 anhåller Rosenlund också om något oläsligt, förmodligen att öppna mer jord, vilket resulterar i att han blir skattebefriad i 2 år.

Nu verkar livet på Törneberg vara lugnt under flera år. Familjen lever ensamma på torpet och inte förrän år 1831 sker någon egentlig förändring. Den 23 november, efter mer än 30 år på torpet, avlider Erik Gustaf Rosenlund av vattusot. Vattusot är en sjuklig vätskeansamling i kroppen, ofta beroende på hjärtsvikt.

Rosenlunds änka, Maria Hindriksdotter Engström, strävar på, och klarar att sköta torpet tillsammans med sina två söner. Hennes yngsta son, som då är 18 år, flyttar år 1844 till Stockholm och hennes äldsta son, Carl Erik gifter sig, 27 år gammal, den 26 december 1844 med pigan hos Gustaf Lagus på Kumla nr 3, **Carolina Nordström**, f. 1821 i Örebro, och deras son **Carl Gustaf** föds den 25 oktober 1845. 30 november 1847 föds också dottern **Carolina Wilhelmina** och den 27 september 1850 föds deras andra son **Frans Johan**.

Mer än 50 år efter Mäster Rosenlunds inflyttning på Törneberg, den 11 juni 1854 avlider hans änka nummer två, Maria Henriksdotter, 68 år gammal, och nästan ett år därefter, den 5 april 1855, flyttar så sonen Carl Erik med familj till Lovö. Kanske stod det i torparavtalet att Rosenlund och hans hustru fick bo där under hela sin livstid, men inte deras barn, eller så var kanske torpet i så dåligt skick att man inte ville bo kvar.

Ingen verkar därefter ha bott på Törneberg under tiden fram till 1858 då Kumla nr 3 byter ägare från familjen **Lagus** till Landtjägare **Bolin**, som också innehar Landtjägarbostället Kumla nr 2.

Men trots att ingen står som boende i kyrkoboken kan man ju inte vara helt säker på att platsen varit obebodd. Kanske bodde ingen där just vid tiden för skattskrivningen, eller kanske bodde någon där "i smyg" under kortare eller längre perioder.

Under 1858 befolkas torpet åter. Förre **Landtjägar änkan Maria Skoglund Elg** och hennes dotter **Johanna Elg**, vilka båda bott på Landtjägarbostället Kumla nr 2, flyttar till torpet. Änkan Marias son med familj flyttar också in från Bromma den 16 juni samma år, men blir bara kvar knappt ett halvår innan de flyttar vidare till Sånga den 4 november 1858.

Marias dotter Johanna och hennes son **Carl Gustaf** blir under 1859 skriven som personer utan bostad, och likaså blir hennes mor Maria Skoglund Elg skriven på socknen året därpå, 1860.

Under Änkan Elgs tid på torpet, finns under kortare perioder också ett par andra familjer på torpet, men år 1860 blir torpet åter tomt.

Dessa flyttdatum ska naturligtvis tas med en nypa salt. Det inskrivna datumet berodde säkert på sådant som t.ex. vid vilket datum flytten anmäldes till socknen där de tidigare bodde, när avgående socken anmälde till den nya bostadsorten och kanske också när någon hade tid och möjlighet att anteckna i flyttboken. I princip står aldrig samma datum i utflyttande sockens böcker som i den inflyttande socknens böcker. Vi kan nog ändå vara säkra på att årstiden stämmer, och kanske framförallt när det är på våren eftersom flytt vanligtvis skedde sista veckan i oktober. Sedan 1723 var den 24 oktober bestämd som flyttdag, också kallad **fardag**, och därefter hade man en vecka på sig, den s.k. **slankveckan**, eftersom man var utan lön den veckan.

I Stockholm som hade en stor befolkning, fanns också en flyttdag den 24 april (AM 2022). Inte förrän efter mer än tre år, den 17 mars 1864, tycks det bli liv i Törneberg igen, men under den kommande 10-årsperioden blir det fortsatt bara kortlivade besök på torpet, förutom den sista familjen som flyttar in i november 1869. **Arbetskarlen Lars Gustaf Nilsson**, f. 1833 i Brunn, Vänersborg och den nyblivna hustrun **Anna Lovisa Johansdotter Max**, f. 1841 i Åsheda, Kronoberg. Paret gifte sig så sent som den 23 juni 1869. Man kommer närmast från Sundby i Sånga och återvänder också till Sånga år 1875. Måhända blev de uppsagda av den nya ägaren till Kumla nr 3, **Jan Erik Sörlander** vars fastebrev är daterat 14 oktober 1875.

Familjen Nilsson-Max blir sist att bo i Torpet Törneberg, och tyvärr vet vi ju inte hur länge byggnaderna fick stå kvar. Enligt uppgift från nu levande personer i Kumla, har Törnebergs tomt under 1900-talet använts för att gräva ner sopor. Flera vackra ekar fick tyvärr under 2000-talet sågas ner i området p.g.a. underliga EU-regler, men idag betar Mellangårdens får på torpets marker. och bara vårens blommande syrener minner om Törneberg.

Byns skatter

Gustav Eriksson deltog i **slaget vid Brännkyka** utanför Stockholm år 1518. Där besegrades den danska kungen **Kristian II**, också kallad **Kristian Tyrann**, men därefter utropades Kristian II ändå till svensk kung redan i september 1520.

Det välkända **Stockholms Blodbad** skedde på order av Kristian II i november samma år, och Gustavs far, riddaren och riksrådet **Erik Johansson** var en av dem som avrättades. Gustav tog sig då till Dalarna där han år 1521 blev vald till Dalkarlarnas ledare, och startade samma år befrielsekriget mot Kristian II, som 1523 blev avsatt för gott och utdriven från Sverige. Detta ledde till att, vid en riksdag i Strängnäs den **6 juni 1523**, blev Gustav vald till kung över Sverige. Gustav I, **Gustav Vasa.**

Gustav Vasa hade enorma skulder efter kriget och behövde pengar. Kyrkan hade stora tillgångar och fick också inkomster via dåtidens **tionde**. En skatt som betalades av jordbrukarna och bestod av en tiondel av värdet på allt som producerades i jordbruket. Huvudsakligen betalades detta "in natura", d.v.s. med varor och tjänster.

Gustaf Trolle var katolsk ärkebiskop i Sverige vid tiden för Stockholms blodbad. Han var stödd av påven Leo X och lierad med Kristian II, och alltså inte välsedd av Gustav, som avvisade Trolle som landsförrädare. Gustav bröt också helt med den katolska kyrkan. och påbörjade den så kallade **Reformationen**, som så småningom resulterade i att Svenska Kyrkan blev en **evangelisk-luthersk kyrka**. Reformationen innebar också att kyrkan förlorade två tredjedelar av tiondet till staten. Dessutom plundrades kyrkorna på sina rikedomar, och hädanefter fick kyrkan betala samma avgifter för sin jord som kronobönderna.

Det blev också tuffa tider för de fattiga och sjuka eftersom kyrkan också förhindrades att hjälpa dessa, ty enligt den nya ordningen uppmuntrade allmosegivandet till dagdriveri, och påstods därför inte vara ett kristet synsätt.

För att få ordning och kontroll över statens ekonomi inrättade Gustav Vasa ett system som innebar att landet delades in i **fögderier**. I varje fögderi fanns en kungsgård där en fogde styrde, med uppgift att driva in skatterna från bönderna. Fogdarnas redovisningar genomgicks noga av kungen, så fogdarnas kontroll av bönderna var av den anledningen mycket hård och husesyner utfördes ofta på gårdarna för att säkra skötseln av jorden. De bönder som misskötte gården eller betalningen av skatter och avgifter, fick lämna sin gård. Gustav Vasa ansåg att han var den egentliga ägaren till jorden, och att alla brukare stod under hans kommando.

Jordeböcker blev hans lösning för att hålla ordning på jorden och räkenskaperna. I jordeböckerna förtecknades jorden och hur mycket som skulle betalas för den. Där upptogs skatten som **skattebonden**, som ägde sin jord, skulle betala, avraden (arrendet) som

kronobonden som brukade statens jord skulle betala, samt även skatten för den som brukade jord tillhörande adeln, **frälsebonden.** Alla avgifter till kronan kallades ränta. Redan på 1200-talet hade det införts en grundskatt, den s.k. **årliga räntan.**

Fogdarnas räkenskaper samlades landskapsvis. De har därför kommit att kallas **Landskapshandlingar,** och dessa finns idag bevarade på Kammararkivet i Riksarkivet. Den första bevarade Landskapshandlingen för Skå socken, är från 1537. Här stavas vår by: Cumbla.

Fyra män brukar 1537 var sin gård i vår by, som bestod av fyra lika stora kronohemman. Alltså ägda av kronan = staten.

Hans Michaelsson, Lasse Nielsson, Anders Lsson och **Anders Larsson.**

I litteraturen kan man läsa att fogdarna var dåliga på att uppdatera namnen på dem som brukade gårdarna, så det kunde dröja 10-tals år innan den nya brukaren infördes i räkenskaperna. Likaså saknades numrering av gårdarna, och därför blir det osäkert vilken gård som brukades av vem. Inte heller finns här några ledtrådar om brukarna. Inte deras ålder, inte var de kom ifrån, inte vart de tog vägen och inte om de hade någon familj eller tjänstefolk. Det enda intressanta var hur mycket de skulle betala.

Hans Michaelsson hade att betala följande:

Avradspenningar	11 öre
Hästandz	6 öre
Hjälpskatt	12 öre
Penningar för 2 pund avradskorn	6 mark
Avradskorn	1½ pund 3½ spann

Skatte höns	1 st
Skatte ägg	15 st
Skatte lamm	1 st
Skatte ved	6 lass

Här krävs en del förklaringar av dåtidens valutor och volymmått. Dock är det inte helt säkert vad som gäller. Framförallt volymmåtten var mycket lokala. T.ex. hade 1 tunna i en landsände inte samma volym som en tunna i en annan landsände. Det kunde också skilja på t.ex. strukna mått och rågade mått. Volymen kunde vidare variera med huruvida det gällde torra eller våta varor. Så följande om- och uträkningar kan inte ses som exakta (HD 1946).

1 pund var 8 spann
1 spann var ca 47 liter
1 mark var 8 öre

1 öre år 1537 motsvarar värdet av vad man kan köpa för 61:83 SEK år 2023.
Eller med annat räknesätt: betalning för lika lång arbetstid som motsvarar 1 337 SEK år 2023
(mätt med löneindex för manlig industriarbetare/hantlangare) (ERS 2011).

Skatten i 2023 års värde skulle sålunda bli: 4 761:-
729 liter korn
1 höna
15 ägg
1 lamm
6 lass ved.

Detta kan tyckas inte vara så mycket, men räknar man om penningarna i betalning för
arbetstimmar hamnar man på 102 949:-, vilket är en ansenlig summa.

Övriga förklaringar till texten:

Avradspenningar beräknades på gårdens storlek.
Hästandz var bondens skyldighet att skjutsa och föda de resande som hade speciella "pass"
utfärdade av kronan. Dessa resande var oftast statstjänstemän och officerare, och passen
var lätta att förfalska. Här är denna plikt omräknad i pengar.
Hjälpskatt utfärdades då Kronan behövde pengar för speciella ändamål. Oftast för att täcka
rikets militära utgifter.

Avgifterna för de övriga bönderna i byn var desamma med mycket små avvikelser.
Skatten förändras förvånansvärt lite med tiden, ty 84 år senare, år 1621, hade Pär i Cumbla
på sin 9½ öresland stora gård, följande åtagande:

Avradspenningar	9½ öre
Städzelpenningar	4 mark
Korn	12 tunnor 1½ spann
Lamm	½
Höns	1
Ägg	15
Linssegarn	1 mark
Wed	6 lass
Dagswerken	10
Årliga hästar	4
Fogde hästar	2
Kungshästar	2
Fodernöt	⅙

Städzelpenningar: en form av arrendeavgift

Årliga hästar, Fogdehästar, Kungshästar: plikten att hålla och föda hästar som ägs av kronan, fogden eller kungen.

Fodernöt: plikt att uppföda och utfodra ett nöt som ägs av kronan. (SAOB).

Penningskatten i 2023 års värde skulle då bli ca 673:- eller omräknat som betalning för lika lång arbetstid som ca 14 900:- år 2023, alltså betydligt mindre än för 84 år sedan. Framförallt omräknat i antalet arbetade timmar för att uppnå. (ERS 2011)
Däremot skulle mängden korn bli mer än dubbelt så mycket, ca 1600 l, beräknat på att en tunna vid den här tiden var ca 125 l.
Därutöver tillkommer 10 dagsverken samt plikten att fodra 8 hästar/år och föda upp en ko var 6:e år.
Antalet höns och ägg är desamma och lammet har minskat med en halva.

Från och med år 1640 kan man hitta Kumla i Jordeboken för Stockholms län.
Här namnges gårdsbrukarna mer frekvent, men fortfarande är det ofta osäkert vilken gård de brukar.
Skatteperzedlarna, d.v.s. vilka varor och tjänster som ingick i den årliga räntan var desamma, men nu sätts ett penningvärde på varje post. Skatten uppdelas i valörerna: Daler, ören och penningar.
Myntslagen har varit varierande och krångliga under åren, men på 1630-talet gällde att:
1 Daler silvermynt = 32 öre silvermynt, SM
1 öre SM = 24 penningar (ER 2017)

År 1640 skall brukarna i Kumbla betala 35 Daler 25 öre och 22% penningar.

Avradspenningar:	-- : 9 : 12
Städzelpenningar:	1 : -- : --
Fodernötspenningar:	-- : 24 : --
Spannmål 12¾ tunnor:	28: 22 : --
Lamm ½:	--: 6 : --
Höns 1:	--: 3 : --
Ägg 15:	--: 2 : 6
Lingarn	-- : 2 : --
Ved 6 lass:	-- : 24 : --
Dagsverken 10:	1 : 28 : --
Årliga hästar 6:	1 : 29 : 4%
Konungshästar 2:	-- : 4 : --
	35:25: 22%

Märkligt nog är summan densamma ända till och med år 1718. Åtminstone mellan åren 1696 och 1718 hade bönderna i Kumla nedsatt skatt p.g.a. färjelön till Lovön. Såväl vad beträffar hö och halm som byggnings- och salpeterhjälp.
1718 hade Svartsjö Län sedan 1665 ingått i Hedvig Eleonoras Livgeding. Hon var sedan februari 1660 änka efter Karl X Gustaf, och ingick i förmyndarregeringarna både för sonen Karl XI och sonsonen Karl XII. Hon avled 24 november 1715 och från och med 1719 ingår Kumlas jordebok åter i Stockholms län.

Jordeboksräntan kallades också **Ordinarie Räntan**, som med åren utökades med allt fler extra skatter. **Hjälpskatter** och **Bevillningar**, som t.ex. Boskapspenningar, byggningshjälp, salpetershjälp och skjutsfärdspenningar. Dessa var från början tillfälliga skatter som staten beslutade införa när kronans pengar inte räckte till. De benämndes **Extra Ordinarie Räntan**, och blev naturligtvis, icke oväntat, permanenta, och fick från 1719 benämningen **Mantalsränta**. (KB 2008)

I samband med skatteförändringen 1719, räknades både storleken och räntan om för gårdarna. Öreslandet var nu 10½ och räntan landade på 20:4:12 per gård. Varav Jordeboksräntan utgjorde 11:11:15 och Mantalsräntan 8:24:21. En del av dessa pengar utgjorde ju dagsverkspengar och boskapspengar, som utgick in natura, så räntan som skulle betalas i pengar av bonden var lite lägre. År 1723 blev det 12:15:15 för vardera gården, men redan 1726 hade den totala räntan stigit till 24:13:-- varav Kronan behållit 4:8:--, så nu var bönderna skyldiga 20:5:--.
Den 23 mars 1742 **Skatteköps** tre av Kumlas gårdar, vilket innebär att brukaren övergår till att bli ägare av gården, men även om det betalats en köpesumma kommer räntan ändå att bli densamma. D.v.s. följande för 1743:

Jordeboksränta

Penningar:	-- : 31 : 18⅗
Spannmål 4 Tunnor:	9: -- : --
Lamm ½:	-- : 6 : --
Höns 1:	-- : 3 : --
Ägg 15:	--: 2 : 6
Dagsverken 6:	1 : 4 : --
Årliga hästar 3:	--: 30 : 18⅗
Kungshästar 1:	<u>-- : 2 : --</u>
	12 : 15 : 15

Mantalsränta

Giärdan;	4 : 17 : 6
Byggningshjälp:	<u>1 : 13 : --</u>
	5 : 30 : 6

År 1753, som är den senaste jordeboken i Stockholms län, var jordeboksräntan densamma som 10 år tidigare medan mantalsräntan utökats:

Giärdan:	4 : 17 : 6
Byggningshjälp:	1 : 13 : --
Saltpeterhjälpen:	--: 30 : 15
Boskapspenning:	1 : 8 : --
	8 : 4 : 21

Mantalslängderna är föregångaren till folkbokföringen. De infördes år 1636 och upphörde så sent som 1990. Där går framförallt att hitta vilka som bodde på vilken gård, kön, vilken position man hade och om man var underårig. Under senare år blev det allt vanligare att namnen på framförallt tjänstefolket noterades.

Exempel på rubriker i Mantalslängder. Detta från Kumla år 1819. Här ingår bl.a. kortspel, kaffe, the, vin och utländska drycker.

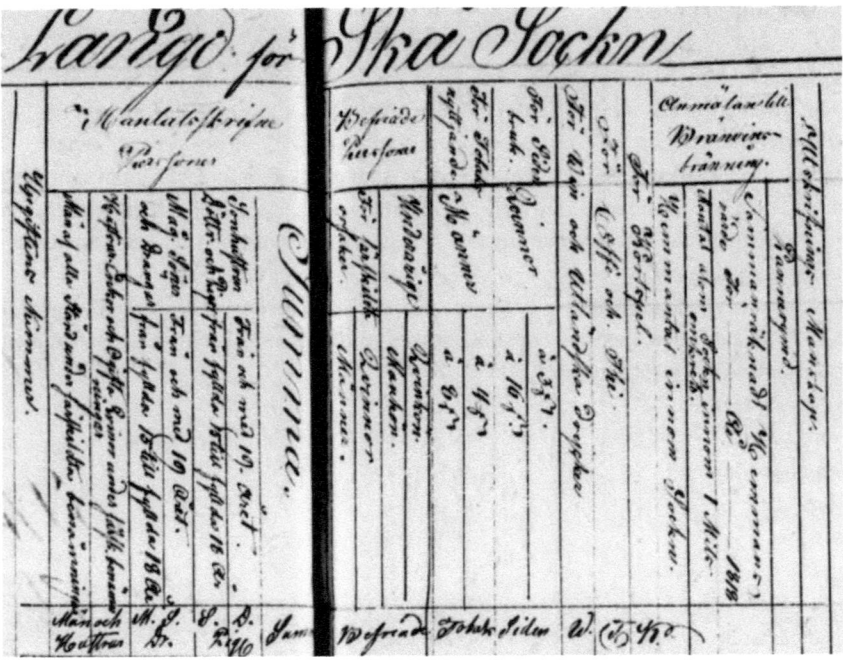

Mantalslängderna fördes ganska slarvigt till att börja med, men från 1766 skulle alla finnas med i längden och där börjar också andra uppgifter dyka upp, såsom huruvida man använder siden, nyttjar tobak eller tillverkar brännvin mm. I längderna finns inte heller den erlagda skatten upptagen, men i senare längder kan finnas vilken inkomst man uppburit och i vissa fall även vilken hyra man betalat.

Kumla nr 1 Oppgården

På vår äldsta karta från 1630 är gårdarna numrerade från 1 till 4, men i en ordning som vi inte känner igen. 1, 2 och 3 ligger i en rad från norr till söder, medan 4 ligger placerad öster om de övriga, och mellan 2 och 3.

Sett från dagens numrering vore det naturligare att kartans 1 vore nuvarande nr 2. Kartans 2 dagens nr 1. Kartans nr 3 nuvarande nr 4 och slutligen nr 4 på kartan är närmast dagens nr 3.

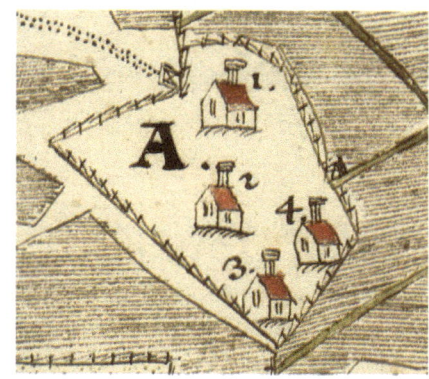

Gård nr 1 kallas år 1630 för Norrgården. Både 2 och 3 kallas Millangården och nr 4 Södergården. Alltså ännu en oklarhet eftersom nr 3, och inte nr 4, är den som är placerad längst söderut. Är gårdarna placerade på måfå på kartan, och numreringen bara en markering för att det var just 4 gårdar i byn? Eller har gårdarna bytt nummer under åren? Nog vill man väl ändå hellre kalla kartans nr 2 och 4 för Millangårdar?

Nästa karta, som är från ca 1690, kommer med nya besked. Nu är ordningen från norr till söder: 1, 3, 2, 4.

Gårdarna har inga namn men gårdsnumren hör ihop med var sin brukare.

1 **Anders Ersson**, 2 **Päär Mårtenson**, 3 **Erick Andersson** och 4 **Matz Jöransson**.

Fortfarande förvirrande. Är gårdarna placerade på måfå? Eller varför har de bytt plats? Eller varför ligger de inte i nummerordning?

Kumla hörde till Hedvig Eleonoras livgeding under perioden 1660 – 1719. I mantalslängden för hennes livgeding finns inga ledtrådar beträffande var vilken gård låg, men från 1691 står här Anders Ersson först av Kumlas brukare. Det kanske betyder att han brukade nr 1. Om man därefter följer längden kommer **Matts Andersson** att ta över gården år 1701, och enligt Stockholms läns Jordebok för 1723 har gården bytt brukare till **Lieutnant Faggot**, Två år senare, 1725, då gården verkligen är numrerad med nr 1, och inte bara står först av gårdarna, är **Johan Mehmer** brukare av nr 1.

Gustaf II Adolf	Axel Oxenstierna	Karl X Gustaf	Karl den XI	Karl den XII
1594-1632	1583-1654	1622-1660	1655-1697	1682-1718

Under 1600-talet utvecklades Sverige till ett Stormaktsvälde. Ett flertal svenska regenter, **Gustav II Adolf**, dottern **Kristina**, vars förmyndare **Axel Oxenstierna** i praktiken styrde under hennes uppväxt, hennes kusin **Karl den X Gustav**, dennes son **Karl den XI** och även hans son **Karl den XII**, erövrade stora delar av områdena runt Östersjön genom ett flertal framgångsrika krig. En period som i princip avslutades i och med Karl den XII:s död den 30 november 1718 i Norge. Ett av de sista krigen innan dess var Stora Nordiska kriget som utkämpades från och med år 1700 i norra och östra Europa och krävde stora resurser. Till viss del motiverade detta krig ett kungligt brev år 1701, i vilket stora delar av den svenska kronojorden utbjöds till försäljning. Detta benämndes skatteköp eftersom den tidigare avraden ersattes, i och med kronans försäljning, av en skatt av samma storlek som avraden. Kronan tjänade också på att dessutom erhålla en engångssumma som köpeskilling.

Priserna på kronojorden var till att börja med höga och en tredjedel av köpen gjordes av välbemedlade ståndspersoner, trots att kronobonden i princip hade "förköpsrätt" och fick köpa till det högsta anbud som någon annan lagt. Om dock kronobonden inte köpte gården, utan skatteköpet utfördes av någon annan, upphävdes denna "besittningsrätt" och kronobonden var oftast tvungen att flytta.

År 1719 infördes nya skatteköpslagar som ledde till lägre priser och fler skatteköp av kronobönderna, men reglerna ändrades återigen 1723 varvid priserna åter steg och antalet skatteköp minskade (KSLA 2012).

Samma år, 1723, brukade en man med namnet **Johan Faggot** en av gårdarna i Kumla By. Enligt jordeboken för Stockholms län var det Kumbla (gammal stavning) nr 1.

I början av 1700-talet var Johan Faggot den kanske mest aktive i Färentuna Härad vad beträffar att lägga egna bud på kronogårdar, men han uppträdde också ofta, liksom flera andra, som ombud för andra ståndspersoner vid skatteköpen. Hans bakgrund var väl lämpad för denna typ av affärstransaktioner. Han hade studerat i Uppsala och var auskultant (under utbildning) i Svea Hovrätt, d.v.s. hade juridisk utbildning. Han hade också en militär bana och blev sergeant vid Livgardet. Under senare år kallades han också Herr Löjtnant de Faggot, ibland med det "förfranskade" förnamnet Jean i stället för Johan. År 1711 blev han vice häradshövding i Svartsjö län och så småningom lantjägmästare över Svartsjö och Södertörn.

Han fick adliga privilegier år 1719 men drabbades också av sjuklighet samma år och tog då avsked från det militära. Han arbetade inom Kungliga Hovjägeristaten och var då knuten till Svartsjö och "uppbar kronoskyttens lön" vid Svartsjö Kungsgård. (BRH 2010)
Det är oklart när, var och hur han kommit till Mälaröarna men det fanns ett litet antal personer med namnet Faggot på Adelsö vid den tiden. Likaså ägde han själv två gårdar där, Nedre och Övre Stenby, som han runt 1708 -1709 fått i pant av änkan efter gårdarnas tidigare ägare, den kunglige sekreteraren **Johan Wattrang**. Hans änka var **Sophia Maja Hirsch**, vilken Faggot sedermera gifte sig med år 1711. Sophia Maja avled dock förmodligen före 1716 då Johan Faggots dotter, **Maria Charlotta**, döptes. Mor till dottern var troligtvis **Anna Catharina Hackensköld**, vars far var inspektör över rikets krutbruk och hade adlats redan 1686 (BRH 2010).

Klart är alltså att Faggot både hörde till, och rörde sig inom de högre stånden, men han var också lite av folkets man och blandade sig med "vanligt folk", lade bud på, och flyttade frekvent omkring inte bara på Färingsö, utan var aktiv även på övriga Mälaröar. År 1721 bodde paret t.ex. inte långt från Kumla By, nämligen i Prästnibbla där deras dotter **Friederica** döptes i Hilleshögs kyrka (BRH 2010).
Svårt att veta huruvida Johan Faggot verkligen bodde i Kumla By 1723 eller om han bara var skriven här som ett led i sina affärer, och det tycks ändå inte ha blivit något skatteköp i samband med detta, ty köpet skedde inte förrän den 23 mars 1742 för de tre gårdarna i Kumla By med nummer 1, 3 och 4.

Att tyda de gamla böckerna, såväl Jordeböcker som Mantalslängder och Kyrkoböcker kan vara svårt eftersom man endast sporadiskt skrev ut vilken gård de olika personerna brukade, och det är mycket osäkert huruvida brukarna står i rätt ordning vad beträffar gårdsnumren. Tyvärr finns inga uppgifter alls beträffande Kumla By för år 1724, men redan 1725 finns inte Faggot kvar i byn. Man kan ändå misstänka att han på något sätt varit involverad i skiftet av byns övriga innevånare, ty år 1725 återfinns på Kumla nr 1 namnet **Johan Mehmer**. Ett namn som kvarstår åtminstone till 1732, med ett par undantag, nämligen 1727 och 1728. 1727 kan dock vara en felskrift, ty här står **Hans Mårtensson** som brukare på nr 1. Hans har dock ända sedan 1719 förmodligen brukat någon av gårdarna Kumla nr 2 eller nr 3. Istället finns nykomlingen **Bengt Johanson** som brukare av Kumla nr 2, vilket han också kommer att fortsätta med under flera år.

År 1728 är ett intressant "mellanår" ty nu står som brukare på Kumla nr 1: **Knut Schönbecks hustru.**

Monsieur **Knut Schönbeck** gifte sig den 1 mars 1715 i Teda socken med **Juliana Memmer** på Curöön som är en ö mellan Västerås och Eskilstuna. Inte heller långt från Enköping.
Hennes föräldrar var förmodligen **Johan Mehmer** f. ca 1660, död 20 november 1735 i Enköping och **Juliana Palmborg** f. ca 1670, död 31 maj 1731 i Östra Ryd. Johan Mehmer är

vid hustruns död inspector på Rydboholm. Han har också varit på Säby Gård i Järfälla under tiden 1704 – 1706. Inget bevis har hittats på att detta är den "riktiga" Kumlabon, men utrymme finns för att denne Johan Mehmer skulle kunna ha bott i Kumla By under perioden 1725 – 1732 (UK 2016).

Johan Mehmer och Juliana Palmborg hade också en son vid namn **Johan Mehmer**. Han var född 2 november 1703 i Hedvig Eleonora församling i Stockholm. Han skulle i så fall vara bror till Knut Schönbecks hustru Juliana Memmer. Det är dock mindre troligt att det är denne Johan Mehmer som funnits i Kumla By, då han avled redan den 6 mars 1730 i Enköping.

Knut Schönbecks hustru, Juliana Memmer, skulle alltså vara dotter till Johan Mehmer som brukade Kumla nr 1 under perioden 1725 – 1732, eller mindre troligt hans syster. I vilket fall är det inte alls otroligt att Johan Fagott varit behjälplig vid övertagandet av gården.

Fortsätter man följa Mantalslängden och Jordeboken för Stockholms län, byter den gård som står först brukare någon gång mellan 1732 och 1736. **Carl Andersson** är ny brukare, och förblir så åtminstone till år 1747. Om det stämmer att Carl brukar just gård nummer 1, så betyder det också att Carl Andersson är den som Skatteköpt Kumla nr 1 år 1742, och också att år 1749 har därefter **Erik Jansson** köpt Kumla nr 1.

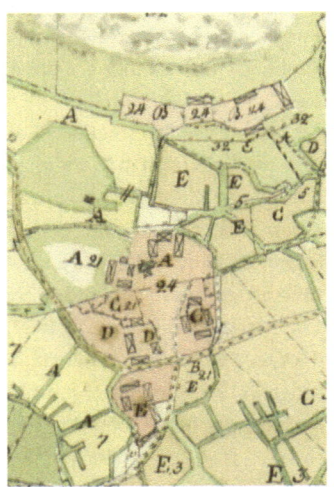

År 1771, vid Storskiftet, kan man med säkerhet veta att Kumla nr 1 verkligen är dagens Kumla nr 1.
Här ser vi nämligen på kartan var Litt A är beläget och att detta är lika med dagens Kumla nr 1, samt att Bonden Erik Jansson är ägaren. Om det nu är samma Erik Jansson, vilket ändå är troligt eftersom år 1787 kallas han "Gamle Eric Jansson".

Slutsatsen verkar vara att de tidiga kartorna inte går att lita på vad beträffar gårdarnas placering och numrering.

Av klyvningen som skedde av Kumla nr 1 år 1803, kan vi sluta oss till att gården ägts av två hälftenägare. **Per Ersson** och **Jan Jansson**. Klyvningen resulterade i följande:

½ **Per Ersson** erhöll:	Litt Aa 26¾ kappland
¼ Flickan **Johanna Jansdotter**:	Litt Ab 10⅝ kappland
¼ Enkan **Catharina Ersdotter**:	Litt Ac 10⅝ kappland
Summa	1 tunnland 16 kappland

Under förrättningen upptäcktes att: Catharina Erdotters husbyggnad och plank sträcker sig 10 alnar öfver Mellangårdens tomtlinie.

Mellangårdens ägare Herr **Insp. Hofström** tillkallades och "medgaf att husen få stå orubbade".

Delningen av hustomten förrättades på det sätt, att "kalftäppan nr 21, hvarest Per Ersson redan bygdt sin stugubyggnad intogs med gamla tomten".

Under förhöret 1809 framkommer att den åldrade Per Ersson äger 6 tunnland öppen jord och 8 st smärre och större kreatur.

När Per avlider 1811, övertar **Carl Carlsson** och hustrun **Lovisa Ulrika Ersdotter** Pers del av Kumla nr 1. Carl flyttar år 1813 och dör 1820, men Lovisa Ulrika driver 5/16 mtl av gården vidare och brukar också delvis Landtjägarbostället, Kumla nr 2. Hon gifter sig 1821 med drängen **Jan Ersson** men avlider redan 1822 av feber.

1815 köper f.d. **Kronolänsman Erik Samuel Mose** 5/32 mantal av Kumla nr 1, och flyttar dit från Väsby i Skå, med hustrun **Catharina Vahlström**.

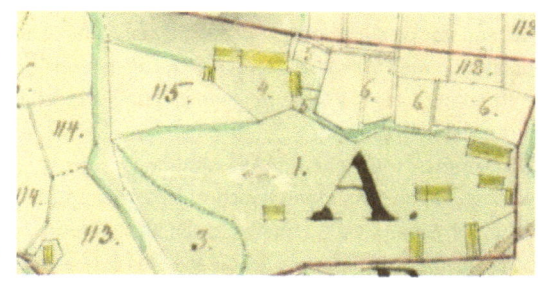

Familjen Mose som beskrivs på annan plats, huserar under många år på Kumla nr 1. Bl.a. sker det Laga skiftet under deras tid som ägare, och efter deras tid på gården följer ett antal år med invånare som inte blev kvar så länge på gården. Den siste i familjen Mose att bruka gården, var **Adolf Fredrik Johansson**, f. 1848 i Skå med hustrun **Emma Pettersson** född 1852 i Hjortsberga, som ligger utanför Alvesta i Småland. De hade dottern **Adele Gertrud Wilhelmina** som var född 1881 i Skå.

Adolf Fredrik var musik-sergant, barnbarn till Erik Samuel och son till **Wilhelmina Johansson f. Mose**. Mamma Wilhelmina bodde kvar på gården till sin död av ålderdom den 25 augusti 1891, men Adolf Fredrik hade då sålt gården och flyttat med sin familj till Sånga redan den 23 oktober 1886.

Dock arrenderades Kumla nr 1 ut ännu ett halvt år tidigare, den 20 april 1886, till **Gustaf Svensson**, f. 1834 i Tofteryd, som ligger strax söder om Vaggeryd i Småland, och hans hustru **Lovisa Maria Karlsdotter**, f. 1838 i Sånga. Paret kom närmast från Sånga och hade tre döttrar. **Alma Maria Evelina**, f. 1869, **Lovisa Karolina**, f. 1871 och **Fredrika Wilhelmina**, f. 1872. Samtliga födda i Järfälla.

Familjen blev inte heller gammal i Kumla. Endast ett och ett halvt år senare, den 28 oktober 1887, flyttade man till Hilleshög, och då var gården redan såld till **Olof Molin**, f. 1829 i Almby som ligger utanför Örebro. Han skrivs på Kumla nr 1 den 4 november 1886 och hade ett år tidigare, gift sig med **Kristina Josefina Andersson**, f. 1848 i Odensala. Paret kom närmast ifrån Visby och fick döttrarna **Gerda Kristina**, f. 1888 i Skå och **Ester Josefina**, f. 1892 också i Skå.

Lagfarten utfärdades den 13 juli 1887 och familjen Molin står kvar på Kumla nr 1 i nio år, då de flyttade till hennes hemtrakter i Odensala den 7 november 1895.

Dessförinnan, den 15 april 1893, blir **Gustaf Adolf Wiström**, f. 1863 i Markim ny arrendator. Gustaf Adolfs hustru heter **Charlotta Hansson** och är född 1857 i Orkesta, idag ingående i Vallentuna kommun. De har barnen **Oskar Leonard**, f. 1887, **Karl Gustaf**, f. 1888, och **Georg Herman**, f. 1891. Alla barnen födda i Markim, som också hör till Vallentuna kommun. Efter flytten till Kumla föds också sonen **August Adolf** den 29 december 1893. Endast ett år efter detta, 31 december 1894, flyttar familjen till Johannes församling i Stockholm. Vid Wiströms tillträde ägde Olof Molin fortfarande gården, men gården har vid deras flytt fått en ny ägare, och förmodligen har flytten skett tidigare under året, eftersom nästa arrendator tillträdde redan i mars samma år.

Ny arrendator på Kumla nr 1, från den 28 mars 1894, har ett idag välkänt efternamn som kopplas ihop med Volvobilar, **John Georg Ludvig Gyllenhammar**, f. 1841 i Malexander. Också det ett numera välkänt ortnamn, men på grund av tråkigare orsaker, eftersom två poliser sköts ihjäl där år 1999.

Gyllenhammars hustru heter **Anna Matilda Larsson**, f. 1848 i Skeppsås, ca 3 mil väster om Linköping. Äldste sonen **John Enoch**, f. 1872 i Skeppsås, flyttar efter bara ett halvår, den 27 oktober, till Munsö. De två andra barnen, **Betty Maria**, f. 1878 och **Karl Filip**, f. 1880 är båda födda i Tjellmo, som ligger ca 3,5 mil NO om Motala, men familjen kom närmast ifrån Vesterhaninge. De hade också fostersonen **Erik Andersson**, f. 7 oktober 1893 i Katarina församling i Stockholm. Son till den ogifta **Sofia Andersson**.

Kumla nr 1 har nu sedan den 24 maj 1894 ny lagfartsägare. Trädgårdsmästare **Frans Oscar Olsson**, f. 1851 på Lofö-Edeby och hans hustru **Matilda Sofia Pettersson**, f. 1846 i Gölghult Lillegård i Åsheda (Åseda) som ligger ca 4 mil SO om Vetlanda. Paret bor dock i Kungsbryggan, Östernibbla nr 4, 3/16 mtl i Sånga församling, som Oscar äger och brukar. Oscar och Matilda Sofia gifte sig den 23 maj 1875 och sonen **Karl Oskar** föddes 1875 i Katarina församling. Därefter föddes, också i Katarina församling, **Maria Sofia**, f. 1878 och **Frans Josef**, f. 1881. De flyttar till Svartsjö Slotts Trädgård år 1884 och där föds sonen **Knut Simeon** 1884 och därefter **Erik Natanael** 1888. Efter 5 år på Svartsjö, den 12 november 1889 flyttar familjen till Kungsbryggan.

Som så många andra på den tiden drabbas även denna familj av sorgen att förlora barn. Frans Josef får lunginflammation när han ännu inte fyllt 11 år, och dör den 11 februari 1892. Erik Natanael går bort den 17 januari 1902 i "vitium organicum cortis", d.v.s. hjärtfel. Han blev bara 13 år gammal.

Knut Simeon kommer år 1909 att överta arrendet av Östernibbla nr 4. Han är då gift med **Gerda Selina Andersson**, f. 1886 i Håbo Tibble. Redan före äktenskapet föddes två barn. **Gerda Elisabet**, f. 1904 i Håbo Tibble och **Knut Simon**, f. 1906 i Skå. Enligt kyrkoboken blev båda legaliserade, d.v.s. de hade före äktenskapet räknats som oäkta. År 1911 föddes också dottern **Märta Matilda Charlotta**, och 1915 sonen **Sven Åke.**

Oäkta kallades också Maria Sofias son **Filip Frans Gunnar** som föddes 1905, då Maria Sofia bodde i Adolf Fredriks församling i Stockholm. Den 28 januari 1912 gifter hon sig med Trägårdsmästaren **Richard Julius Pettersson**, f. 1886 och de får dottern **Svea Maria** född 1913 i Hilleshög. Maria Sofia och Richard Julius skiljde sig dock den 1 augusti 1918.
Frans Oscar och Matilda Sofia bosätter sig i en "lägenhet", som på den tiden i princip betydde ett torp, som de äger på Kungsbryggans mark. Matilda Sofia dör den 3 januari 1939, nästan 93 år gammal, av åderförkalkning i hjärnan och Frans Oscar bara två månader senare den 8 mars av åderförkalkning i hjärtat, 87 år gammal.

Frans Oscars äldste son, Karl Oskar, tar över brukandet av Kumla nr 1 den 12 november 1898 och gifter sig den 20 maj 1899 med pigan på Kumla nr 4, **Anna Andersson**, f. 1877 i Håbo Tibble, som ligger mellan Bålsta och Sigtuna. Det blev förmodligen bråttom med giftermålet eftersom sonen **Oscar Leonard** föds redan den 28 september samma år. Han dör 2 år gammal den 13 november 1901 i "endocarditis septica", infektion på hjärtklaff.
År 1900 föds sonen **Karl Albin**, 1902 sonen **Gustaf Erik**, dottern **Anna Brita** föds 1903, sonen **Sven Oskar** 1904 och **Frans Emil** 1906, därefter **Lilly Wilhelmina** 1916. Året därpå 1917 dör Gustaf Erik i lungtuberkulos, 15 år gammal.

Karl Oscar blir änkling den 30 september 1943, då Anna dör. Han bosätter sig på lägenheten "Jäsängen" år 1945.

Sonen Frans Emil blir den som tar över Kumla nr 1 efter Karl Oskar.
Det blir förmodligen storkalas på gården då syskonen Frans Emil och Lilly Wilhelmina gifter sig samtidigt den 11 december 1937.
Frans Emil gifter sig med **Anna Maria f. Eriksson** i Sånga år 1911, och Lilly Wilhelmina äktar samtidigt trädgårdsarbetaren på gården, **Johan Axel Harry Blomdin**, f. 1910 i Odensala.

Frans Emil och Anna Maria får 1946 sonen **Lars Emil** som idag 2024, är den som brukar Kumla nr 1.

Frans Oscar Olsson som köpte Kumla nr 1 år 1894 hade sina anor i Värmland, hans hustru Matilda Sofia Pettersdotter, hade däremot sina anor i mörkaste Småland.

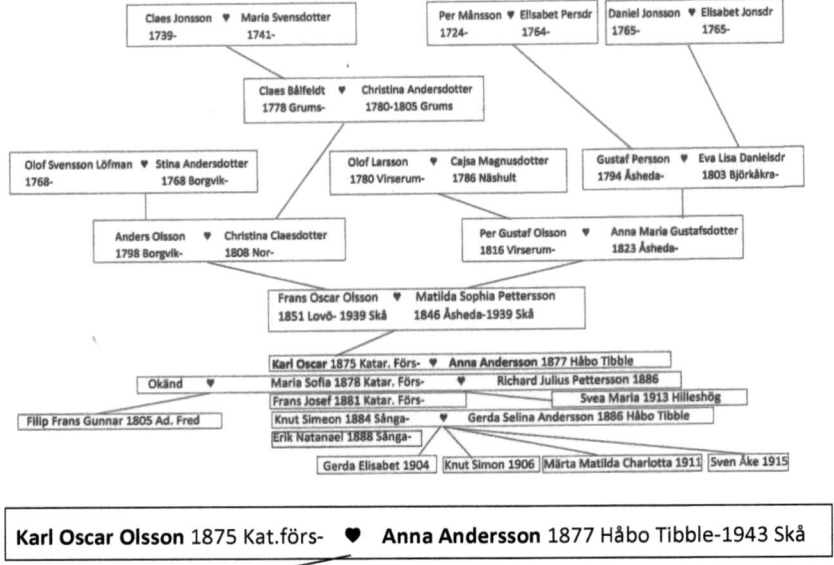

Karl Oscar Olsson 1875 Kat.förs- ♥ Anna Andersson 1877 Håbo Tibble-1943 Skå

Oscar Leonard 1877 Skå- 1901 Skå
Karl Albin 1900 Skå-
Gustaf Erik 1902 Skå-1917 Skå
Anna Brita 1903 Skå-
Sven Oscar 1904 Skå-
Frans Emil 1906 Skå-
Lilly Wilhelmina 1916 Skå-

Kumla nr 2, Landtjägarbostället

Historiskt vet man alltså att det fanns 4 lika stora kronohemman (ägd av staten men brukad av enskild person) i Kumla By vid tiden då Gustav Vasa införde sin Jordebok. En av dessa gårdar är Kumla nr 2, som så småningom blev Landtjägarboställe. Denna liksom de övriga 3 gårdarna kom att bli beräknad till 5/8 mantal, vilket är ett mått på en gårds avkastningsförmåga, d.v.s. inte ett mått på areal, utan baserad på topografi och jordmån mm. Ursprungligen var 1 mantal storleken på ett hemman som kunde betala full skatt, och som kunde försörja en familj. Mantalet liksom odlingsförhållanden har förändrats med tiden, men gårdarna i Kumla By har så länge mantalsförfarandet fanns kvar i Sverige, inte omvärderats.

Begreppet mantal försvann i början på 1900-talet, men fanns i vissa fall kvar ända till 1997.

Kumla nr 2 omfattade liksom övriga tre gårdar i Kumla av 7 öresland år 1542.

Det geometriska öreslandet bestod från och med början av 1600-talet av 3 tunnland, vilket idag är ca 15 000m². Ett tunnland var den yta som man kunde så med en tunna utsäde, och på 1630-talet fastslogs att ett tunnland var 14 000 kvadratalnar vilket är 4 936,6m² eller ca ½ ha. (UKF)

På 1500 och 1600-talet är det oerhört svårt att med säkerhet avgöra vem som bodde på vilken av de 4 Kumla-gårdarna, trots att det finns namn på brukarna i Landskapshandlingar och Mantalslängder. Först på 1690-talet kan man med någorlunda säkerhet gissa sig till brukaren på Kumla nr 2. Det var förmodligen **Johan Andersson**, som tillträdde gården ca 1693 och blev kvar till omkring 1717, då hans efterträdare troligtvis hette **Hans Mårtensson**. Därefter tillträdde **Bengt Johansson** runt 1727 och **Eric Hindricsson** ca 1736.

Lorentz Barck

Den 23 mars 1742 skatteköptes de tre gårdarna med nummer 1, 3 och 4 i Kumla. D.v.s. de bönder som brukade jorden i byn köpte sina gårdar från staten. Tidigare hade man betalat en arrendeavgift, en avrad, till staten för att få bruka jorden, och gårdarna kallades då Kronohemman. När gårdarna köptes ut från kronan betalade man dels en köpeskilling som en engångssumma, men man fick dessutom betala en årlig skatt till kronan. Gårdarna övergick då till att kallas Skattehemman.

Det verkar som om det var i samband med att övriga hemman i byn övergick till Skattehemman som gård nummer 2 i Kumla blev Landtjägarboställe, och också förblev ett Kronohemman, ty 1743 är första året då man enligt jordeboken i Stockholms län hittar någon Landtjägare på Landtjägarbostället i Kumla.

I Hugo Samzelius 1915 utgivna "Jägeristaten: Anteckningar om svenska väldets skogs- och jaktväsen" (SH 1915), skulle man dock kunna tyda det som om denne Kumlas förste bosättare på Landtjägarbostället, **Lorentz Petter Barck,** inträtt som Landtjägare i Svartsjö län redan 1740. Samzelius upplyser vidare om att Barck varit vice landtjägare i Uppsala län 1729, men också att han 1731 blivit suspenderad för fylleri och oduglighet.

HOFJÅGERIST ATENS TJÄNSTEMÄN 1740—1741.

skånska kavalleriregttet 1762 i aug., löjtnant vid lifdrabanterna 1765 'h, general-major i arméen 1770 */«, president i krigskollegium s. å. grefve 1772 "/• jämte sin yngre broder (introduc. 1775), K. S. O. 1773 's«, afsked från prcsidentsäm-betet 1792 Han ägde Ekebyholms säteri i Rimbo och Rö s:n af Stockholms län. Gift 1752 4/io med Anna Christina Höi jer i hennes 2. g.

Rarck, Lorentz Petter. Vice landtjägare i Uppsala län 1729 l,/a, suspenderad för fylleri och oduglighet 1731, kvartermästare vid lif reg:tet, landtjägare i Svart¬sjö län (efter Fflllbell) 1740 u/«. Oinnämnes ännu 1756 i Svartsjö län (Färentuna härad) af Stockholms län.

Lorentz Barck måste dock ha gjort någonting rätt, ty han har en välrenommerad son, Kungliga Lakejen **Petter Lorentzson Barck,** som avled den 10 augusti 1751. Sonens bouppteckning är upprättad av Nedre Borgrätten som mellan åren 1687-1844 var rättsinstansen för hovets, Kungliga Teaterns och Konstakademins anställda, vilket visar att sonen var godkänd i de högre kretsarna. Sonen Petter var vid frånfället gift sedan den 29 mars 1744 med **Elisabet Roman** men hade tidigare varit gift minst 2 gånger. Först med **Anna Margareta/Greta Wittmack** som avled den 30 januari 1737 vid 30 års ålder. Vilket innebär att hon borde vara född c:a 1707. Paret hade vid hennes död sönerna **Fredrick Ulrick**, på 4:e året gammal, och **Lorentz,** 8 månader gammal.

De hade då en gård på Kungsholmen bestående av "en liten ny träbyggning som ännu intet är färdig, samt en nyss anlagd trägård", värderad till 1200 kopparmynt. Det totala boet uppgick till 1742:28 kopparmynt, varav 900 kopparmynt var lån till "byggningen", och de båda sönerna Fredrick och Lorentz ärvde vardera 210:5½.

Petter Lorentzson Barck var därefter gift med **Anna Christina Stenbäck**, som avled den 26 september 1743, 24 år gammal, alltså född c:a 1719, med vilken han hade döttrarna **Anna Maria**, på 5:e året, och **Anna Magdalena**, på 4:e året gammal. Han hade dock haft ett barn som begravdes den 6 oktober 1742, okänd ålder, och ett barn som begravdes den 12 september 1743, 2 veckor gammalt. Dessutom avled sonen Fredrik den 26 april 1743, 9 år gammal. Man kan gissa att hustrun Anna Christina dog i barnsäng som så många andra kvinnor. Gården på Kungsholmen finns kvar vid andra hustruns död och är nu värd 2000 kopparmynt. Totala boet är den här gången värderat till 1446:12½ kopparmynt. Lånet på byggningen är kvar, likaså skulden på 210:5½ kopparmynt till sonen Lorentz, och döttrarna Anna Maria och Anna Magdalena ärver 361:19⅙ kopparmynt vardera.

Båda hustrurnas bouppteckningar är liksom Petters egen bouppteckning upprättade av Nedre Borgrätten.

När Petter själv avlider år 1751, 42 år gammal och alltså född c:a 1709, finns inte gården kvar och skulderna överstiger tillgångarna, så inget blir över till hustrun. Dottern Anna Maria är inte nämnd och alltså förmodligen avliden. Dottern Anna Magdalena är nu på 11:e året gammal och sonen Lorentz på 14:e året. Förmyndare för dottern Anna Magdalena blir hennes morbror **Mag. Johan Stenbäck** och förmyndarskapet för sonen Lorentz åtar sig hans namne och farfar, nämligen Landtjägaren uti Svartsiö, Lorentz Barck. Av mantalslängderna går dock inte att avläsa att sonsonen Lorentz någonsin flyttade till Kumla. Den 14-årige Lorentz flyttade efter faderns död till Bagaren Zimmerström, och måhända blev han kvar där.

När Landtjägaren Lorentz Petter Barck flyttar till Kumla i början på 1740-talet är han ensamstående men han kommer att gifta sig den 14 oktober 1746 i Klara församling i Stockholm med **Magdalina Rolansdotter Telin,** som också kommer att bo på Kumla nr 2. Han benämns vid vigseln "Cornet och Landtjägare". Kornett var på den tiden den lägsta officersgraden inom kavalleriet. Troligtvis har Lorentz varit gift tidigare eftersom han har den ovan nämnda sonen Petter Lorentzson Barck, och möjligtvis har han också haft en son, **Claes Petter Lorentzson** som döpts i Stockholm den 31 oktober 1731.

Landtjägare Barck tycks också ha varit betrodd i Skå socken eftersom han under 1750-talet undertecknat flera av kyrkans räkenskaper.

Tyvärr saknas de flesta kyrkböckerna i Skå socken för tiden före år 1800, men eftersom att kyrkan fick en inkomst om 48 kopparmynt den 30 juni 1771 i samband med en begravning som förmodligen gällde både Lorentz och hans hustru, borde båda ha avlidit i samband med detta. I vilket fall levde båda bevisligen 1765, och bodde då på Kumla nr 2.

Hindrik Gråå

Först 1771, samma år som Storskiftet påbörjades i Kumla, är man säker på att Landtjägare **Hindrik Gråå** bor på Landtjägarbostället Kumla nr 2. Möjligtvis kan han ha flyttat in något år tidigare men allra tidigast 1765.

I Skå kyrkoarkivs räkenskaper finns upptaget en inkomst den 22 april 1767 beträffande begravningen av sonen till Landtjägare Gråå. Detta skulle stämma med att Henrik Gråå hade flyttat in på bostället redan 1767. Även den 10 september 1775 har det kommit en inkomst efter begravning av en son till Landtjägare Gråå.

Enligt Hugo Samzelius tidigare nämnda skrift finns det två stycken Landtjägare Henric Gråå, vilka dessutom är något sammanblandade med varandra. Detta är inte alls otroligt då både namn och yrke ofta går i arv.

Samzelius berättar om en Henrik Gråå född i Värmland 1723. En man med lång militär bana: "Volontär vid artilleriet i Göteborg 1739. Furir därstädes 1740. Bevistade Finska Kriget 1740-1742. Tjänstgjorde vid artilleriet i Malmö 1742-1743 då han erhöll avsked från artilleriet och blev mönsterskrivare vid Nerike-Värmlands regemente samt följde regementet under kampanjen i Gävle och Skåne. Furir med rustmästares indelning vid regementet 1744. Furirs indelning 1751. Kommenderad till Pommern 1757 och bevistade kampanjerna därstädes. Sergeant vid regementet samma år. Kronoskogvaktare i Nya Kopparbärget 1764. Hejderidare i Bergslagerna 1765. Landtjägare på Svartsjö samma år. Konfirm. (bekräftades) å denna tjänst 1766. Var i tjänst i sistnämnda egenskap ännu 1787. Innehade till boställe 5/8 mtl Kumla i Skå socken." (SH 1915)

Så långt är säkert det mesta sant, förutom att han fortfarande var i tjänst 1787. Vid det laget var det hans son Johan Henrik Gråå som tagit över Landtjägarbostället.

Av Husförhörsboken i Skå, som tyvärr inte börjar förrän 1799, kan vi utläsa att den som då bor på Landtjägarbostället är Henrik Gråå född 1762. Däremot hittar man i de kyrkliga räkenskaperna för den 27 oktober år 1783 en inkomst om 4 shilling för inventario efter Landtjägare Gråå, vilket borde betyda att Landtjägare Gråå den äldre, avlidit hösten 1783.

Efter lite detektivarbete kan man konstatera att **Johan Henrik Gråå** född 1762, förmodligen son till Henrik Gråå född 1723, var gift med **Johanna M Gråå, född Smedberg** år 1760.

De fick barnen **Fredrica Charlotta**, f. 1785, **Gustaf**, f. 1787, **Jan Adolf**, f. 11 juni 1788 och **Carl Gabriel**, f. 1790. Samtliga i Skå.

Antingen är Carl Gabriel född mycket sent på året 1790 eller så skulle det ha fötts ännu ett barn 1791, ty barnens mor Johanna, i dödboken stavad **Graus**, dör i barnsbörd den 7 januari 1791.

Den 4 mars 1800 finns i alla fall sönerna Gustaf och Carl Gabriel kvar i Kumla, ty då blir de förhörda. Även dottern Fredrica Charlotta är upptagen i boken men är inte förhörd.

Carl Gabriel verkar ha varit i tjänst hos Bonden Pehr Ersson, Kumla nr 1, redan 1804 då han är 14 år. Året därpå 1805 flyttar han dock till Stockholm och återfinns i Jacob och Johannes församling.

Landtjägare Johan Henrik Gråå den yngre avlider i januari 1811 och sonen Jan/Johan Adolf tycks ha övertagit Landtjägarrollen som vice Landtjägare redan 1808 när han var 20 år. Han flyttar dock till Tuna Gård i Skå år 1812, och där tituleras han Förre Landtjägaren. Från Tuna flyttar han till Stockholm 1813.

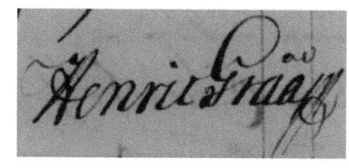

Jan/Johan Adolf hittas år 1824 i kvarteret Brunkhalsen i Klara församling där man kan läsa att han är Lagerman och bor i kvarteret Uggleborg 3. Han tycks vara kvar på den adressen åtminstone till 1833. Därefter i Storkyrkoförsamlingen som vaktmästare åtminstone mellan åren 1840 – 1841 och bodde då i kvarteret Milon.

Johan Adolf Gråå avlider den 14 april 1851 på Sabbatsbergs fattighus i Stockholm 63 år gammal. Han skrevs in där den 11 november 1842 från Nikolai församling. Man får veta att hans vistelsetid i Stockholm är 29 år. Han har god Kristendomskunskap och har haft tjänst som vaktmästare i arméns pensionskassa sedan 1827. Han har en syster och en svåger i Stockholm. Alltså lever fortfarande hans syster Fredrica Charlotta och är gift, vilket Johan Adolf aldrig tycks ha varit.

| Henrik Grå 1723- 1783? Skå |

| Johan Henrik Gråå 1762-1811 Skå ♥ Johanna M Sundberg-1791 |

| Fredrika Charlotta 1785-
Gustaf 1787 Skå-
Jan Adolf 1788 Skå-1851 Sthlm
Carl Gabriel 1790 Skå- |

Carl Gustaf Rulander

Assistenten **Carl Gustaf Rulander,** som redan 1810 innehade Kumla nr 3, tituleras nu Landtjägare. Han brukar dock inte Bostället utan det gör Bonden **Anders Andersson,** f. 1771 i Hilleshög, som kommit till Skå från Sånga 1810. Med sig hade Anders hustrun **Cath. Wibom,** f. 1778 i Stockholm, och döttrarna **Johanna Gustafa,** f. 1800 i Skå, och **Maria Fredrica,** f. 1802 också i Skå. Även svärmodern **Brita Sophia Wibom,** f. 1740 medföljer till Kumla. Familjen bor också på Landtjägarbostället. Anders Andersson står som hälftenbrukare hos Assistenten som bor på Kumla nr 3, och familjen flyttar till Söderberga 1815.

Enligt Hugo Samzelius beskrivning av Jägeristaten enligt ovan, är Rulander Kronoskogvaktare i Stockholms län, bevakande Ventholmen och Adelsö. Han avgick 1825. Samzelius nämner också att hans namn stavas antingen Rulander eller Rullander.

Rulander beskrivs på annan plats, men Hugo Samzelius skriver följande om honom: "Han var Kronoskogvaktare i Stockholms län. Bevakade Ventholmen och Adelsö. Landtjägares titel. Afgick 1825. Innehade till boställe Kumla i Skå s:n. Namnet skrifves även Rulander, men i Skå kyrkböcker står Rullander." (SH 1915) Han omnämns i kyrkboken ända till år 1825. Dock står han som frånvarande från förhören de flesta åren, men bevistar nattvarden den 11 juni 1820 och den 15 augusti 1824. Carl Gustaf Rulander avlider den 22 mars 1826 av vattusot. Han bor då på sitt ägandes stenhus på Munkbron nr 5.

Anders Svensson Elg

Kronoskogvaktaren **Anders Elg**, f. 8 februari 1789 i byn Dalen i Odensala, har yrket i generna. Han övertog titeln i byn Dalen omkring 1813 efter sin far Kronoskogvaktaren **Sven Elg**, f. 1759 i Lingskrog i Lunda, nu en del av Sigtuna kommun. Död 22 februari 1839.

Även Anders farfar som hette **Sven Hagman** var Skogvaktare, men i Lingskrog i Lunda socken. Hans fru lika med Anders farmor hette **Anna Kiälman**. De hade minst ett barn till, nämligen **Christina** född 1755 i Lingskrog.

Anders Elgs mor hette **Christina Tellman**, f. 1761 i Odensala, och även hon kom från en familj med skogen och jakten i generna. Hennes far hette **Anders Tellman,** f. 1721, och var Kronoskytt i byn Weda i Odensala när Christina föddes.

En kronoskytt hade regal rätt (kunglig rättighet) att skjuta villebråd för den regerandes räkning. Kronoskytten kallades tidigare för djurkarl.

Anders Elgs morfar gifte sig den 24 november 1752 i Odensala med **Catharina/Caisa Bark**, f. 1721 i Nybygge Odensala. Hennes föräldrar var **Petter Barks** (inte att förväxla med Petter Barck, son till Landtjägmästaren på Kumla nr 2) och **Bryta Månsdotter.**

Kronoskytten Anders Tellman dog i Weda av slag den 10 maj 1782, och Catarina Bark i Odensala den 8 maj år 1800 av ålderdom.

Anders Elg med familj kom till Landtjägarbostället Kumla nr 2 år 1828.

Hans familj bestod då av hustrun **Brita Christina/Caisa Andersdotter**, f. 1804 i Vidbo, dottern **Margareta Christina**, f. 1823 i Odensala och sonen **Anders Erik,** f. 1825 i Odensala.

Paret fick ytterligare en dotter så snart de flyttat till Kumla, nämligen **Johanna Charlotta**, f. 14 april 1828, men hon blev inte så gammal utan dog den 28 december samma år.

Bara 27 år gammal går Anders hustru Brita Christina Andersdotter bort i Lungsot den 18 juli 1831, och Anders gifter om sig med änkan **Maria Andersdotter Kjellberg, född Skoglund**, som kommer ifrån Sånga som piga år 1831. Hon är född i Cathrinenäs 1798. Cathrinenäs heter idag Kattnäs och ligger i Gnesta kommun i Södermanland. De gifter sig den 1 januari 1834, men har då redan den gemensamma oäkta dottern **Johanna**, f. 3 juli 1832. Maria har också med sig sonen från sitt första äktenskap, **Jan Erik Kjellberg**, f. 1825. Paret får därefter dottern **Maria**, f. 11 april 1834 som dör nästan 1 år gammal, den 6 april 1835 av Slag, sonen **Gustaf**, född 1836 och sonen **Carl**, f. 1839.

Anders dotter **Margareta Christina** dör av rödsot den 22 september 1838, bara 14 år gammal och Landtjägaren Anders Elg själv går bort bara ett år efter sonen Carls födsel, den 13 april 1840.

Här tar egentligen Landtjägartraditionen i Kumla slut. Ingen Landtjägare kommer att efterträda Anders Elg, men Elgs släktingar kommer att leva kvar i Kumla.

När Anders Elg dör tar sonen Anders Eric tjänst hos **Eric Johansson** och **Wilhelmina Mose** i Kumla nr 1. Han återkommer till sin familj på Kumla nr 2 år 1841 (om han någonsin flyttade från familjens bostad) men år 1845 flyttar han verkligen till Stockholm, samma år som hans "bonusbror", Marias son Jan Erik Kjellberg också flyttar till Stockholm. Jan Erik har redan gjort en liten utflykt till Ekerö och Sånga, men återkommit till Kumla år 1843.

Anders Erik är 27 år då han gifter sig den 24 oktober 1852 med **Emma Helena Hybinett**, f. 1822 i Locknevi som ligger i Vimmerby kommun. Hennes föräldrar är Bruksförvaltaren **Anton Hybbineth** f. 1789 i Säby, Jönköpings län, och **Helena Ågren**. f. 1785 i Adolfsfors. Anton Hybbineth var bruksförvaltare på Tofverums bruk, tidigare Sporbacka, känt för sin järnframställning.

Anders Erik och Emma Helena flyttar från Stockholm till Seglingsbergs bruk i Ramnäs 1852. Ramnäs ligger i Surahammars kommun och Seglingsbergs bruk sysslade med stångjärnssmide och hade en egen stångjärnshammare. Anders Erik arbetar där som trädgårdsmästare och paret får sonen **Anders Adolf** den 2 mars 1856 som avlider efter bara sex dagar den 8 mars. Därefter föds i rask följd sönerna **Karl Victor** 1860, **Erik Wilhelm** 1861 och **Fridolf Pontus** 1862.

Familjen flyttar till Ramnäs bruk, som än idag är i drift och tillverkar sedan 1876 grov kätting, och därifrån till Frösåker i Kärrbo, numera tillhörande Västerås kommun. I slutet av 1700-talet anlades här en park och trädgård med orangeri och ca 1000 fruktträd.

På Frösåker avlider Anders Eriks hustru Emma Helena den 18 april 1870 och Anders Erik gifter om sig den 24 juni 1871 med sin hushållerska **Anna Kristina Lindqvist, f. Asp** år 1843 på Aspö Nyköpings län.

Den 10 november 1876 flyttar familjen till Sollentunaholm och därifrån till Lilla Ängby i Bromma den 2 november 1879. Anders Erik arbetar fortfarande som Trädgårdsmästare och på Lilla Ängby inträffar det ofattbara. Landtjägare Anders Elgs äldste son Anders Erik, nu 59 år gammal, blir den 4 november 1884 ihjälslagen av en sinnesrubbad!

Anders Erik kommer ändå att överleva både sina föräldrar och också alla sina syskon och halvsyskon.

Anders Svenssons Elgs näst äldste son Gustaf, avlider nästan 10 år gammal i Skå av slag den 24 april 1846, och efter detta är det bara Anders hustru Maria Skoglund och deras gemensamma son Carl, 7 år, som bor kvar på Kumla nr 2.

År 1847 återvänder ändå dottern Johanna, nu 15 år, från Stockholm och tar plats som piga på Kumla nr 2, som nu brukas av **Johan Wilhelm Lagus**, men redan 1848 flyttar Johanna vidare till Säby nr 4 i Skå, och därefter till Sånga år 1850. Det blir en kort tid i Sånga ty hon flyttar redan samma år tillbaka till Kumla och blir piga hos Johan Wilhelms far **Gustaf Reinhold Lagus** på Kumla nummer 3. Flytten fortsätter och 1851 hamnar hon i Skattberga, numera Berga nr 1 i Skå, för att 1853 hamna på Säby nr 5 som ägs av Jan Olssons änka i Skattberga. 14 juli 1854 är hon tillbaka på Kumla nr 2, och nu blir hon kvar här tillsammans med sin mor ända till 1858.

Även Anders son Carl tar 1853 tjänst hos Lagus på Kumla nummer 3, och därefter 1855 på Ekeby i Skå. Varför är livet så grymt ibland? Bara 17 år gammal dör Carl på Ekeby den 25 maj 1856. Tyvärr får man inte veta av vad. Man börjar dock ana att detta är en riktigt otursdrabbad familj.

Maria Skoglunds son i första giftet, Jan Erik Kjellberg, som flyttat till Stockholm 1845 när han var 20 år, blev Gardist i Stockholm. Enligt de något röriga kyrkböckerna har han under året 1855 hunnit med att återkomma till Kumla nummer 2, gifta sig den 21 oktober 1855 (okänt var, men troligtvis i Stockholm) med **Johanna Sophia Gustafsdotter**, f. 1830 i Flisby, nu i Nässjö kommun, fått dottern **Johanna Christina**, f. 1855 och flyttat först till Lovö, därefter till Lillsjönäs i Bromma, där sonen **Carl Johan** föddes den 15 december 1857, men dog i Skå den 15 juni 1858, dagen innan familjen flyttat dit, vilket man enligt kyrkboken gjorde den 16 juni 1858. Familjen bor nu i Törneberg som tillhör Kumla nr 3.

Även Jan Eriks mor, änkan Maria, f. Skoglund flyttar till Törneberg från Kumla nr 2 1858, liksom hennes dotter Johanna, vilka båda tills dess har bott kvar på Landtjägarbostället. Marias son Jan Erik med familj flyttar dock redan den 4 november 1858 vidare till Sånga.

Johanna får en oäkta son, **Carl Gustaf**, den 28 oktober 1859 och blir samma år skriven som person utan bostad. Detsamma händer hennes mor Maria år 1860. Hon blir då också skriven utan bostad. Under en period år 1861 finns hon tillsammans med dottersonen Carl Gustaf i alla fall skriven på Ängstorpet på Lovön.

Dottern Johanna verkar under tiden göra sitt bästa för att försörja sig och sin son. Hon tar plats som piga 1861 på Eneby nr 3. Därefter år 1862 i Söderberga Svanhagen, då hon åter har hand om sonen Carl Gustaf, och sedan till Carlsborg som ligger på Söderberga ägor. Kanske börjar livet ordna sig till det bättre för Johanna då hon 1863 flyttar som piga till torpet Ödesmarken i Sånga, som gränsar till Kumla.

Torpet brukas av **Anders Gustaf Eklund**, f. 1829 i Bro. Han var gift sedan den 31 januari 1860 med **Johanna Sophia Andersdotter**, f. 1825 I Wallentuna. Hos dem bodde också **Carl Anders Smitt**, f. 1854 i Sånga från hustruns tidigare äktenskap, samt deras gemensamma dotter **Johanna Sophia**, f. 1861. Den 19 mars 1863 föds också deras dotter **Albertina Charlotta**.

Vi har inget exakt datum under 1863 när Johanna Elg flyttat till torpet som piga. men antingen har Anders Gustafs hustru Johanna Sophia redan avlidit den 6 augusti 1863, eller så avlider hon mycket snart efter Johanna Elgs ankomst. Hon dör av kräkningar och diarré. Den bara 8 månader gamla dottern Albertina Charlotta avlider därefter den 17 december 1863. Tyvärr vet vi inte orsaken.

Tycke måste ändå ha uppstått ganska snart mellan Torparen och Enklingen Anders Gustaf Eklund och pigan Johanna Elg, ty de trolovar sig och det lyser tre gånger för paret den 13:e, 20:e och 27 november 1864 innan deras dotter **Johanna Maria** föds den 16 december 1864. Johanna drabbas dock av inflammation i livmodern och dör 32 år gammal, den 22 december. De hinner inte ingå äktenskap.

Anders Gustaf Eklund på Ödesmarken är nu änkling för andra gången på bara drygt ett års tid. Men det tar inte slut där. Hans och Johannas dotter Johanna Maria avlider endast 4 månader gammal av den något oväntade åkomman Torsk, vilket idag är en ganska harmlös svampinfektion i munnen på spädbarn. Denna botas nuförtiden lätt och kan på sin höjd orsaka att barnet får svårt att äta.

Det sitter inte fast hos Anders Gustaf utan han skaffar omgående en ny piga, en ny Johanna. Den här gången heter hon **Johanna Ottilia Thor**, f. 1833 i Täby. Hon medför sonen från sitt tidigare äktenskap, **Johan August**, f. 1864 i Skå. Anders Gustaf gifter sig med Johanna Ottilia den 31 december 1865, bara ett år efter Johanna Elgs bortgång, och det nygifta paret får dottern **Selma Augusta** redan den 2 februari 1866. Man kan räkna ut att sorgen efter Johanna Elg inte varade så länge.

Innan deras giftermål har dock Johanna Elgs oäkta son Carl Gustaf, som nu hunnit bli nästan 6 år, flyttat från Ödesmarken. Han flyttade till Österåker den 3 september 1865 och först nu avslöjas Carl Gustafs far, **Jan Gustaf Jansson Bergstedt**, f. 1838 i Österåker. Jan Gustaf flyttade som dräng från Österåker till Kumla nummer 3 år 1857. Han blev kvar där till den 21 oktober 1859 då han flyttade tillbaka till Österåker, just innan Carl Gustafs födelse.

Carl Gustafs far, Jan Gustaf Jansson Bergstedt är nu dragon nr 10 på Dragonbostället på Bergs ägor i Österåker, och är gift med **Ulrika Charlotta Gustavsdotter**, f. 1840 i Åkersberga. De har sonen **Johan Albert**, f. 1863 i Åkersberga, när Carl Gustaf flyttar till sin far.

Carl Gustaf får flera halvsyskon under de närmaste åren. **Otto Ludvig**, f. 14 januari 1866. Död 17 april 1866. **Hjalmar Theodor**, f. 5 april 1870. En "ny" **Otto Ludvig** föds den 22 maj 1871 och **Oscar Leonard** föds den 17 februari 1873.

Familjen Elgs tragedier fortsätter när Carl Gustaf drunknar 14 år gammal den 24 mars 1874. Kanske är det tradition och helt naturligt att han "ersätts" i familjen av en "ny" **Carl Gustaf** den 23 augusti 1875.

Hur går det då för Anders Elgs hustru Maria Andersdotter Kjellberg född Skoglund? Det sista vi sett var att hon skrivits som bostadslös på Skå socken år 1860.

Hon verkar förbli så fram till 17 maj 1865, då hon flyttar till Grev Turegatan 35 i Hedvig Eleonora församling på Ladugårdslandet, d.v.s. Östermalm i Stockholm.

När hon återvänder till Skå den 26 juli 1867 gör hon det från Nybrogatan 36, fortfarande Hedvig Eleonoras församling. Hon blir nu hushållerska på Mörby nr 1, varifrån hon flyttar till Törnby nummer 1 under hösten 1874.

Maria Andersdotter Kjellberg född Skoglund avlider, skriven på Törnby, den 18 augusti 1876, 78 år gammal, av lunginflammation. Hon dör på Kurhuset i Stockholm och begravs i Stockholm.

Det framgår inte vilket kurhus, men det kan ha varit kurhuset Eira, som låg vid Eiraplan, nuvarande Ragnar Östbergs plan nära Stockholms Stadshus. Detta grundades i början av 1800-talet och var en inrättning för kvinnor med könssjukdomar. Främst prostituerade.

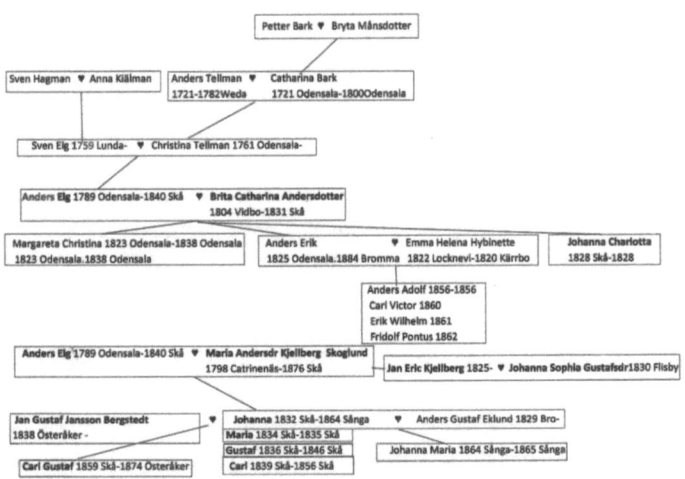

Tiden efter Landtjägarna

År 1847 tar **Johan Wilhelm Lagus**, f. 1823, över brukandet av Kumla nr 2. Hans mor är **Maria Elisabet Ersdotter Lindgren** som äger Kumla nr 3, och han är adopterad av hennes make **Gustaf Reinhold Lagus.**

Johan Wilhelm, som också brukar Kumla nr 3, och hans hustru **Christina Carolina Carlsdotter**, f. 1821, har en mycket tragisk livshistoria och får minst 12 barn varav alla utom 3 avlider som spädbarn. Vilket beskrivs under rubriken Familjen Lagus.

Familjen flyttar från Kumla år 1858 men redan 1856 släpper Johan Wilhelm arrendet på nr 2, vilket övertas av **Erik Wilhelm Bolin**, f. 1820 i Odensala. Bolin tar också över Kumla nr 3, och även hans familj presenteras på annat ställe.

1861 övertar **Johan Fredrik Ersson**, f. 1826 i Botkyrka, arrendet av Kumla nr 2 och efterföljs 1870 av **Carl Fredrik Carlsson**, f. 1823 på Adelsö, som flyttar in från Sånga, och därefter kommer från Munsö redan år 1871 **Gustaf Magnus Carlsson**, f. 1833 på Munsö. Den senare flyttar år 1885 till Kumla nr 4, och ny arrendator på Kumla nr 2 blir **Per August Johansson**, f. 1837 i Vintrosa. Per August kommer att bli ägare och brukare av 145/392 mtl av Kumla nr 4 och beskrivs på annat ställe.

Johan Fredrik Lindgren, f. 1848 i Knifsta, blir år 1885 ny arrendator på Landtjägarbostället, och han blir kvar till 10 november 1899 då **Johan Alfred Olsson**, f. 1867 i Sånga tar över arrendet på Kumla nr 2.

Redan år 1893 görs emellertid en mätning inför utarrendering av Kumla nr 2. Oklart om nytt arrende skrevs under tiden 1893 till 1899.

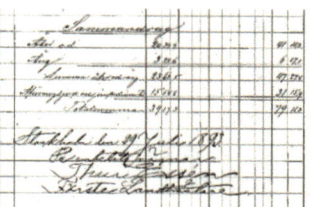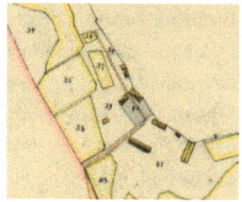

Johan Alfred måste ha varit en klipsk gosse, ty redan 1873, vid 7 års ålder, erhöll han en liten belöning för läsning innantill i bok. Johan Alfred bor på Hammarlotten i Sånga, med sina föräldrar och syskon när han gifter sig den 17 maj 1891 med **Augusta Maria Jonsdotter**, f. 1869 i Färentuna Han blir arrendator på Sundby nr 1 år 1892, och familjen bor kvar på Sundby nr 1 tills de flyttar till Kumla nr 2 år 1899.

Johan Alfred och Augusta Maria fick barnen **Johan Amandus**, f, 1892, **Karl Hugo**, f. 1894, och dottern **Maria Lovisa**, f. 1896. Alla i Sånga.

Efter flytten till Kumla nr 2 föds **Augusta Elisabet** 1903, **Nils Alfred**, f. 1906 och **Knut Tage** f. 1908.

Johan Alfred Olsson avlider den 19 mars 1916 och efter hans död säljer kronan gården, och tiden för Kumla nr 2 som Landtjägarboställe är definitivt över.

Märkligt nog föreslog kronan redan år 1914 att Kumla nr 2 skulle säljas i två delar på offentlig auktion till högstbjudande, och i dokumenten har nu Kumla nr 2 blivit skogvaktarboställe istället för Landtjägarboställe.

Amandus Olsson flyttar till Grödinge som dräng år 1913 men är tillbaka i Kumla redan 1915 och tar över brukandet av gården efter pappa Johan Alfred.

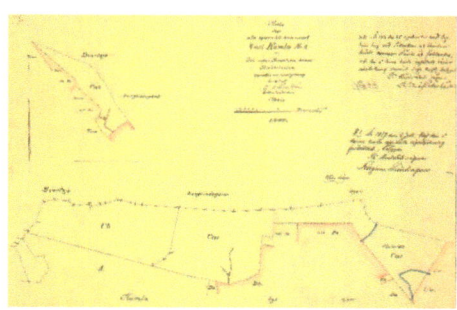

Ägostyckning av egendomen skedde med början i juni 1916 och färdigställdes i januari 1917. Johan Alfreds änka kommer att bli ägare till Litt Ca, Kumla 2:2, om 11/24 mtl, och arean knappt 31 ha, och sonen Johan Amandus Olsson blir ägare till Litt Cb, Kumla 2:3, 1/6 mtl, knappt 17 ha.

Den 23 november 1918 flyttar en flicka in på granngården Oppgården, Kumla nr 1. **Elna Maria Johansson**, f. 2 juli 1899 i Danderyd. Hon kommer närmast ifrån Bromma i Stockholms län. Ett år senare, den 22 november 1919 blir hon skriven på församlingen och flyttar därefter till Stennäs Gård i Sorunda den 27 augusti 1920.

Husförhörsboken för Skå noterar för Amandus: Genom lagstadgat erkännande 7 februari 1921 fader till **Ingrid Maria** f. Sorunda 6 juli 1920 av o.g. Elna Maria Johansson. Barnet trolovningsbarn.

Det hela verkar lite mystiskt eftersom barnet enligt boken är fött i Sorunda innan flytten dit, medan Elna Maria fortfarande finns på socknen i Skå. Ingrid Maria är dock inskriven i Skå födelsebok i efterhand (1/8 1921) via meddelande från pastorsämbetet i Sorunda: barnet föddes på Stennäs Gård i Sorunda. Modern utflyttade dit 25/8 1920.

Troligtvis var väl anteckningen om trolovningsbarn inte så sanningsenlig eftersom Elna Maria redan flyttat från Skå när barnet föddes, men Ingrid Maria som var född "oäkta" fick nog ett bättre rykte.

Elna Maria kommer att gifta sig den 22 augusti 1926 med **Gunnar Efraim Ullman**, f. 1899 i Östra Ryd, och Ingrid Maria gifter sig den 31 mars 1945 med försäkringstjänstemannen **Tor Olof Eklund**, f. 1924. Paret får minst en son.

Amandus bor kvar på Kumla nr 2 och gifter sig den 23 juni 1925 med **Anna Lovisa Karlsson**, f. 1893 i Färentuna.

Systern Maria Lovisa gifter sig den 30 oktober 1915 med befallningsmannen **Karl Konrad Kristian Widegren** som är född 1889 på Kumla nr 3, men som bor i Almunge dit Maria flyttar. Paret är dock tillbaka på Kumla nr 3 redan efter ett år, 1916.

Nästa syster Augusta Elisabet, gifter sig den 7 maj 1932 och flyttar till Stockholm med stadsarbetaren **Johan Alfred Karlsson.**

Knut Tage flyttar till Stockholm 1927 och Nils Alfred blir den som övertar Kumla nr 2 efter Amandus. Gården blir då återigen sammanslagen under en ägare.

Johan Alfred Olssons föräldrar hette **Johan Fredrik Olsson**, f. 1835 i Sundby nr 1, Sånga och **Maria Sophia Pettersson**, f. 1839 i Stockby också i Sånga.

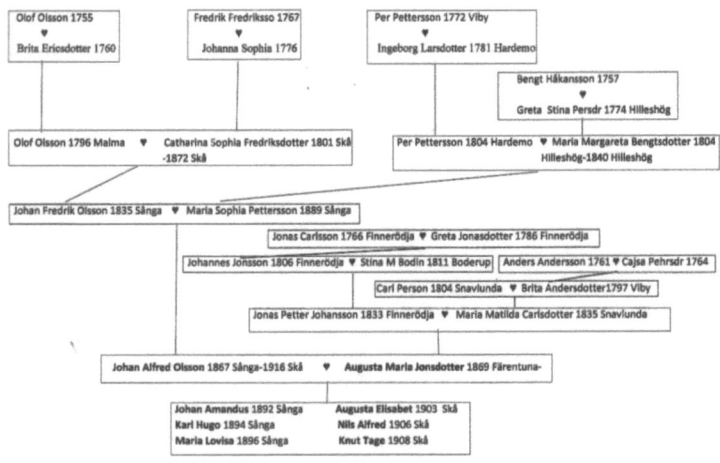

Kumla nr 3, Mellangården

Ända sedan 1537 finns det mer eller mindre kontinuerligt namn på vilka som bott i byn. Dock får man räkna med att de årtal som angivits inte alltid stämmer. Inte heller går det att avgöra vilken gård de brukade och bodde på.

Under en tjugoårsperiod, 1537 - 1557 verkar det ändå som om två bönder bott i byn under hela den tiden. **Lasse Nielsson** och **Mats Hansson**. Bägges namn är dock vanliga, och det är högst möjligt att det under perioden kan vara olika personer med samma namn.
1602 vet vi att **Olof** bor i första gården, **Per** i andra gården, **Mårten** i tredje gården och **Mats** i fjärde gården. Det framgår dock inte vilken gård som är vilken. På kartan från 1630, 28 år senare, är visserligen gårdarna numrerade men inte efter senare tiders benämningar. Vi vet inte heller vilka som bodde på gårdarna vid tiden för kartan.

Från och med 1651 kan man hitta **Mantalslängder** för Kumbla. Runt 1640 övergick skatterna mer och mer till att bli individuella istället för kollektiva, och därför upprättades mantalslängder för att kunna hålla reda på vad, och hur mycket var och en skulle betala i skatt.
I mantalslängderna noterades till att börja med endast vilka som bodde på gården och vad de hade för anknytning till varandra, men det var bara mannen i huset som nämndes med namn. Själva mantalsskrivningen skedde en gång om året, oftast i sockenstugan i slutet av året, efter det att tjänstefolket bytt husbonde i slutet av oktober, och då det var tämligen säkert vilka som skulle bo var under det kommande året. Det var i första hand husfadern som skulle uppge hur hushållet såg ut, men om husföreståndaren inte hade möjlighet att närvara, kunde också t.ex. grannar uppge hushållets sammansättning. (SH 2017)

Jöran, **Mårthen**, **Klämmat** och **Michall** bor i Kumla år 1651. Mårthen och Michall är gifta. Klämmat bor med en dotter (kan vara felkryssat, mer rimligt vore en piga) och Jöran har en dräng. Så i genomsnitt bor det 2 personer på varje gård. Det kan dock vara så, att fler personer fanns på gårdarna eftersom Inte alla personer betalade skatt. Inte de yngsta, oftast de under 16 år, och inte de äldsta, oftast de över 63 år. Det fanns också de som var skattebefriade av andra orsaker, t.ex. sjukdom eller fattigdom. Dessa personer togs under den första tiden, inte alltid med i mantalslängderna.

Redan 1653 får man veta mer om förhållandena i gårdarna.
Jöran heter Jöransson i efternamn. Han är fortfarande ogift och har utökat med en piga, så nu finns en dräng och en piga i hans hushåll.
Klämmet stavas nu **Clement**, och har en dräng och 2 pigor.
Michel heter Matsson, är gift och har en piga.

Mårthen heter Mårtensson i efternamn. Han är nu ogift, men hans hushåll verkar vara störst i byn. Han har inte bara en dräng och en piga, utan också 2 inhyses, en man och en kvinna. Dessutom har han en knekt boendes på gården. Så inte mindre än 6 personer bor i hans hushåll. Har hustrun avlidit eller är det en felanteckning att han var gift två år tidigare?

Inhyses är personer som bor i annans hushåll utan att tillhöra familjen eller tjänstefolket, och utan att betala ersättning för bostaden, ofta inte heller för kosten.
Knekt kan vara en fotsoldat eller också beteckna en tjänare.

Vad som inte står i Mantalslängden för 1653 är den katastrof som drabbar Mårthen Mårthensson under året. Däremot noterar Jordeboken för år 1653 olyckan.
Mårthens hemman blir "Förbrendt af hwådheldh", d.v.s. brinner ner. Han finns dock kvar i mantalslängden år 1654 tillsammans med sina inhyses, men behöver inte betala någon skatt. Man blir ju oerhört nyfiken. Vilken gård var Mårthens? Kan det ha varit den som nu kallas Mellangården och har nummer 3? De "gamlas" rykten i Kumla By, som säger att Mellangårdens bostad är från 1600-talet. Kan det vara så att gården brann 1653 och att huset byggdes upp efter detta, och att kanske vissa delar av huset stammar ända sedan dess?
Svaret kommer förmodligen inte förrän man frilagt någon timmerstock som kanske kan berätta sanningen.

1655 finns bara de inhyses skrivna på gården. Ingen brukar den. Den är bara "förbränd", och 1656 är den ett "ödeshemman" med sina inhyses, MEN! nu står **Per Mårthensson** och hans hustru som brukare, men ingen skatt betalades alltså. Mårthen hade ju enligt tidigare mantalslängder ingen son, men kan Per Mårthensson vara Mårthen Mårthenssons bror? Eller hade han en son som tidigare var underårig och därför inte fanns med i mantalslängden? Men som sagt, många hette Mårten och Mårthensson.
Informationen tar tyvärr paus några år. Inte förrän 1665 kan man fortsätta att läsa om Kumlas innevånare.
Nu är Pehr Mårthensson etablerad brukare i byn. Han är gift och har ett barn.
Man kan ju tyvärr inte med säkerhet avgöra huruvida det var Kumla Mellangård som Per byggde upp, men oavsett vilken gård han bodde på, kan man ändå försöka följa Per Mårthensson under hans tid i Kumla.

Vid tiden runt 1665 har antalet registrerade personer i varje gård ökat till 3. Beroende på att barn och/eller tjänstefolk har tillkommit i hushållen.
7 år senare, år 1672, finns inga barn noterade hos Pehr. Kanske har barnet dött, eller kanske blivit tillräckligt gammalt för att tjäna någon annanstans. 1674, finns dock en dotter på plats. Nu är man återigen tre på gården, och redan året därpå finns dessutom en son och en piga. Så nu bor 5 personer i hushållet. Den sistnämnda sonen kanske dog, för han finns inte noterad efter ett år, år 1675, men barnadödligheten var mycket stor så eventuellt är

sistnämnda sonen död. Dottern är ändå kvar, men pigan är utbytt mot en dräng. När det, som här, är som rörigast i längderna kan man nog misstänka slarv vid nedtecknandet, men om vi utgår från att en dotter fötts 1656 så är hon ca 21 år när det dyker upp en måg år 1677. Det kan absolut verka rimligt att hon vid den åldern gift sig.

Nu börjar det bli krångligt att tyda mantalslängden. Det finns plats för många spekulationer, ty år 1678 finns en son och en måg på gården. Kanske skulle det vara en dotter och en måg. Eller så fanns det en okänd son. Ty 1679 och 1680 brukas gården av **Olof Pärsson**, men det finns ingen man på gården. Bara hustrun, en son och en dräng. Är Olof Pehrs son? Vad har hänt med Pehr? Vi kommer nämligen att upptäcka att han lever, men kan han ha blivit sjuk och inkapabel att sköta gården? Är det därför Olof står som brukare? Är det Olof som är den antecknade sonen? Mycket märkligt!

År 1682 är Pehr tillbaka på sin gård men hustrun finns inte upptagen. Bara 2 drängar och en piga. Dock brukar den eventuelle sonen, Olof Pehrsson, en av de övriga gårdarna i byn. Tillsammans med hustru, dräng och piga.

Att Pehrs hustru inte finns upptagen behöver inte betyda att hon är död. I begynnelsen av mantalslängderna noterades ju inte alltid de som inte var skattepliktiga. Och i det här fallet hittar vi en anteckning år 1685 om att hustrun är gammal.

Förhållandet i de två familjerna förändras inte förrän år 1688 då Pehrs hustru åter finns upptagen. Han kanske har gift om sig? Redan året därpå slipper han dock skatten. Det är då noterat att han är gammal. Hustrun är däremot upptagen, så förmodligen har han en annan, yngre hustru.

Den eventuelle sonen Olof Pehrsson dör enligt mantalslängden år 1689 och hans hustru försvinner också året därpå ur mantalslängden.

Runt år 1690 är noterat ca 4 personer på varje Kumlagård och år 1694 finns Pehr åter ifylld som mannen i hushållet. Även hustrun är noterad, liksom 2 drängar och en piga. Gården måste alltså vara ganska lönsam med plats för så mycket tjänstefolk. Året därpå får vi också reda på namnen på dessa. Drängarna hette **Michal Larsson** och **Johan**. Pigans namn var **Karin Andersdotter**.

Två år senare, 1697, är hustrun gammal, drängarna heter nu Michall Larsson och **Hindrik,** samt finns nu 2 pigor på gården. **Anna** och Karin. Hustrun har som vanligt, till skillnad från tjänstefolket inget namn.

5 personer bor på Pehr Mårthenssons gård år 1701. Det sista år som han står upptagen som brukare på gården i Kumla. Det har då passerat 45 år sedan Pehr flyttade in på sitt ödeshemman.

Runt året 1700 har antalet noterade personer i varje gård ökat till ca 5 personer. Ett antal som verkar gällande under större delen av 1700-talet. Först i slutet av århundradet är det inte ovanligt med 7 till 8 personer eller mer på varje gård. Då finns också flera hushåll på varje gård. Flera av gårdarna är nu också uppdelade och har flera ägare.

Nu när Pehr är död, får man veta att änkan heter **Anna** och 1702 heter tjänstefolket Michal Larsson, **Erik Mattsson** och **Karin Mattsdotter**.
Gården övertas 1703 av **Michal Larsson**. Lätt att ta för givet att detta är den före detta drängen på gården. Han är gift. Om det är den f.d. drängen, var han i så fall gift redan när han var dräng, men hustrun inte noterad i mantalslängden? Eller har han gift sig efter övertagandet? **Johan Gustafsson** är dräng på gården. Antagligen densamme Johan som tidigare, och **Margareta Andersdotter** är piga. På gården finns också upptagen **Elias Eliasson**, ung och ofärdig från födseln. Kan det vara pigan Margaretas son? I vilket fall är han nästa år, 1705, noterad som dräng hos Michal Larsson.

Livet verkar gå vidare för Michal och hans hustru. De har en dräng och en piga ända tills år 1715 då de båda själva står som dräng och piga hos **Mats Andersson** (i nummer 1) i byn. De har också fått 2 st inhyses varav den ena heter **Johan Mattsson** och är "försvarskarl".

1716 är Michal Larsson död, men hustrun lever kvar och har både dräng och piga. Försvarskarlen Johan Mattsson med hustru bor också kvar på gården, liksom år 1717, då vi får veta att han är dragon, och att nu har pigan bytts mot ännu en dräng, d.v.s. två drängar som kompletteras 1718 med en piga. Detta blir dock sista året för Michals änka **Anna**, ty 1719 har gården övergått till Jan/Johan Ersson/Eriksson.

En annan boende i byn, **Johan Andersson**, avlider samma år. Hans gård övertas troligtvis av **Hans Mårtensson**. Mantalslängden och Jordeboken har inte samma ordning beträffande i vilken ordning brukarna står upptagna. Möjligtvis är mantalslängden något mer pålitlig vad gäller att skriva brukarna i samma ordning, och så här långt har Johan Andersson under flera år skrivits som nummer 2 i ordningen av Kumlas brukare, och Michal Larsson som nummer 3. Det kan locka till att tro att dessa män bodde på gård 2 respektive 3.
När gårdsnumreringen för första gången dyker upp i mantalslängden för år 1721, står också Hans Mårtensson som brukare på nr 2 och **Johan Eriksson** som övertagit Michals gård, som brukare av nummer 3.
För att krångla till det ännu mer så fanns det redan en **Johan Eriksson** i byn. Han kallas den "Gamle" och skrivs under alla sina år i byn sist av brukarna. Båda brukarna av 3 och 4 kallas omväxlande för Jan/Johan och Ersson/Ericsson, vilket var vanliga omskrivningar av båda namnen. Klart är ändå att den yngre brukade nummer 3 och den äldre brukade nummer 4.

För att återgå till frågan beträffande ödeshemmanet, så borde nu svaret vara nummer 3, eftersom vi kunnat följa Pehr Mårtensson som tog över ödeshemmanet, via Michal Larsson till Jan Ericsson den yngre, som nu brukar nummer 3. Men helt säkert är inte detta. Först år 1721 har båda skrifterna Hans Mårtensson som nummer 2, och inte nog med det, 1727 står i både Jordeboken och Mantalslängden, att Hans brukar nummer 1. Förvirrande. En ny brukare, **Bengt Johansson**, brukar nu nummer 2 men de båda Johan Eriksson står som förut på nummer 3 och 4.

En annan tänkbar väg att gå för att bevisa vilken gård som är ödeshemmanet är att titta på de få kartor över byn som finns under åren. Även här är det svårt att vara säker. Man vet inte hur noga kartritaren varit vid placering och numrering av gårdarna på kartan.
På den första kartan, den från 1630 (sid 47), ligger gårdarna i en annan ordning än på senare tid. Gårdarna 1 och 2 har bytt plats med varandra, och 3 och 4 har bytt plats med varandra. D.v.s. Nuvarande Bostället har nummer 1 och Oppgården nummer 2. Dagens Nedergård har nummer 3 och Mellangården har nummer 4.

Tittar vi sedan på kartan från 1690, (sid 23+28) där det uttryckligen står att Pehr Mårtensson brukar gård nummer 2, har gårdarna återigen en annan numrering. Bostället har fortfarande nummer 1 men alla de övriga har bytt nummer. Mellangården har på kartan nummer 2. Alltså bodde Per Mårtensson i så fall på nuvarande gård nummer 3, d.v.s. Mellangården. Så nu finns två teorier som båda pekar på att det är Kumlas Mellangård som brann år 1653!

1721 är alltså första året som gårdarna har åsatts ett nummer i mantalslängden. Då brukar Hans Mårtensson gård nummer 2, Bengt Johansson övertar denna 1727 och 1736 övertas nr 2 av **Erik Hindarsson**.
Nummer 3 brukas av Jan/Johan Ersson/Eriksson den yngre år 1721 utan förändring fram till 1736.

Därefter kan vi med säkerhet följa brukarna och konstatera att när de tre gårdarna 1, 3 och 4 köps ut till Skatte år 1742, övergår gård nr 2 till Landtjägarbostad åt **Landtjägare Lorentz Barck**, och nummer 2 är den gård som Hans Mårthensson tog över efter Johan Andersson år 1719. De övriga gårdarna har alla sina tidigare brukare som ägare.

Från och med 1677 har brukarna noterats i samma ordning i mantalslängden, dock inte i Jordeboken, men det verkar ändå mycket troligt att gårdarna inofficiellt haft sin nuvarande numrering sedan dess.

År 1742 köptes Kumla nummer 3 ut till skatte av Jan Ersson, som brukat gården sedan 1719. 1749 får man reda på att han har 3 vuxna barn. **Erik, Lars** och **Anna**, och redan nästa år har Erik övertagit 5/16 dels mantal av den ursprungligen 5/8 dels mantal stora gården. D.v.s. halva gården. Erik är ogift och har pigan Anna.
De följande åren står Jan Ersson ömsom som ensam ägare och ömsom som hälftenägare, bl.a. tillsammans med **Anders Jansson** som kan vara en äldre son, men också med Erik Jansson som nog är hans son som redan tidigare varit delägare i gården. År 1759 finns en

piga vid namn **Ingrid** hos Erik Jansson. Hon är förmodligen dotter till Jan och syster till Erik, och hon bor år 1763 på Kumla nr 3 hos sin far.

Nästa karta att undersöka är från 1771, då Storskiftet påbörjades. Gårdarna har där bokstäver istället för nummer. Gård 1 markeras med A, gård 2 med B, gård 3 med C och D samt slutligen gård 4 har bokstaven E. (Se sid 18)

Mellangården är delad av två ägare. C ägs av **Häradsdomaren Erik Jansson** som bor i Eneby. Åbo (boende) och brukare är bonden **Jan Pehrsson**. Det framgår inte om denna Erik Jansson är densamme som ovanstående delägare, sonen till Jan Ersson som övertog gården år 1719. Det är ändå både möjligt och troligt.

Den andra delen av Mellangården, ägs av **Nämdeman Jan Jansson** i Nibbla och bebos och brukas av **Anders Staffansson**.

Under resten av 1700-talet är informationen knapphändig. Jordeboken slutade år 1753 och mantalslängderna är sporadiska.

Anders Ersson och **Carl Jansson** ägde gården 1781 och 1700-talets sista säkra information hör också ihop med Storskiftet, som avslutades år 1787. Gården är fortfarande delad i två, vardera med 5/16 dels mantal. Den ena ägd av **Condukteuren Thore Thorsson** och den andra av **Ehrland Nyström**.

Nu tar kyrkboken med sin husförhörslängd för 1799-1805 vid, men ingen av dessa herrar går att finna i Kumlas första kyrkbok.

År 1800 är det istället Inspect. **Jonas Hofström** som bor på Kumla nr 3. I dödboken den 24 augusti 1804 kan man läsa: förre insp Jonas Hofström i vansinnighet ändat sitt lif i vattnet. Han blev 58 år.

Hustrun **An. Br. Hofström** bor kvar till 1806, och därefter flyttar **Assistenten Rulander** in på gården senast år 1810.

I mantalslängden för 1814 finns uppgiften att Rulander betalat 2800 Riksdaler Banco för Mellangården. Man kunde då köpa lika mycket varor och tjänster som för 399 236:- år 2023. Eller motsvarar detta betalningen för lika lång arbetstid som 14 874 674:- mätt med löneindex för manlig industriarbetare/hantlangare (ERS 2011). Rulander behandlas på annan plats och efterträds 1821 av Inspectören **Eric Wilhelm Aurell**, som blir kvar 2 år till 1823.

Därefter följer familjen **Lagus** och när **Johan Wilhelm Lagus** med familj flyttar från Kumla år 1858 övertar **Erik Wilhelm Bolin,** f. 10 maj 1820 i Odensala, arrendet på Kumla nr 2. Han övertar också ägandet och brukandet av Kumla nr 3, samt att han förmodligen till att börja med också bor på Kumla nr 3. Båda dessa familjer beskrivs närmare på annan plats, och även nästa familj på Kumla nr 3, får en närmare beskrivning på annan plats.

F.d. Häradsdomaren **Jan Erik Sörlander** flyttar in på Kumla nr 3 år 1875. Fastebrevet är daterat 14 oktober 1875. Detta är ett intyg på att ett köp eller byte av en fastighet har blivit fastställt genom lagfart.

Jan Erik blir kvar resten av sitt liv och avlider där den 15 maj 1884. Arvskifte efter honom sker den 17 mars 1885 och resulterar i att hustrun **Sophia Matilda Sörlander f. Ersdotter,** övertar 15/168 mantal av Kumla 3, De tre barnen **Sofia Matilda**, **Johan Ragnar** och **Hilma Ottilia,** får vardera 30/168 mantal.

År 1893 väljer sonen Johan Ragnar att avsluta sitt liv, och året därpå, övertar via köpebrev, hans systers (Sofia Matilda) make, **Carl Gustaf Lindgren**, Johan Ragnars ärvda 30/168 eller 5/28 mantal av Kumla nr 3. Man anar här orsaken till Johan Ragnars val, ty lagfarten är ställd från "Afl. Johan Ragnar Sörlanders urarfva konkursbo". Urarva kan översättas med arvslösa.

Carl Gustaf Lindgren avlider själv den 24 februari 1906 av "kräfta". Han och hustrun Sofia Matilda Lindgren, f. Sörlander, bor ända sedan sitt giftermål, på Mörby nr 1, ½ mantal, i Skå. Paret har sonen **Johan Gustaf Lindgren** och två döttrar. **Irma Elvira,** gift med **Johan Alfred Johansson** i Kumla, och **Evelina Mathilda Lindgren.**

Bara 5 månader senare, den 30 juli, avlider också svärmor Sophia Mathilda Sörlander f. Ersdotter, och det blir ännu ett arvsskifte.

Det nya arvsskiftet 1907 resulterar i 5/168 mantal till vardera hennes två döttrar samt 5/672 mantal vardera till sonen Johan Ragnars 4 barn. **Elsa Sofia Laurentia Carlsson**, **Adina Viktoria Sörlander**, **Erik Ragnar Severin Sörlander** och **Karin Maria Sörlander.**

Det är nu många ägare till Kumla nr 3, Litt D, och 1910 leder det till en hemmansklyvning av Kumla nr 3. Beskrivningen av gårdens byggnader finns att läsa i Bilaga 4.

Gården delas i tre delar, Litt Da (3.2), Db (3.3) och Dc (3.4) och resultatet blir att Irma och hennes make J A Johansson får Kumla 3:2. Hilma Vallin erhåller Kumla 3:3 som kommer att bli Kumla nr 5, och Jan-Eriks fyra barnbarn efter sonen Johan Ragnar Sörlander erhåller Kumla 3:4, vilket idag benämns Östmarken.

I samband med klyvningen köper och byter också Irmas make, Johan Alfed Johansson, de delar av Kumla nr 3 som tillfallit Irmas mor och syskon.

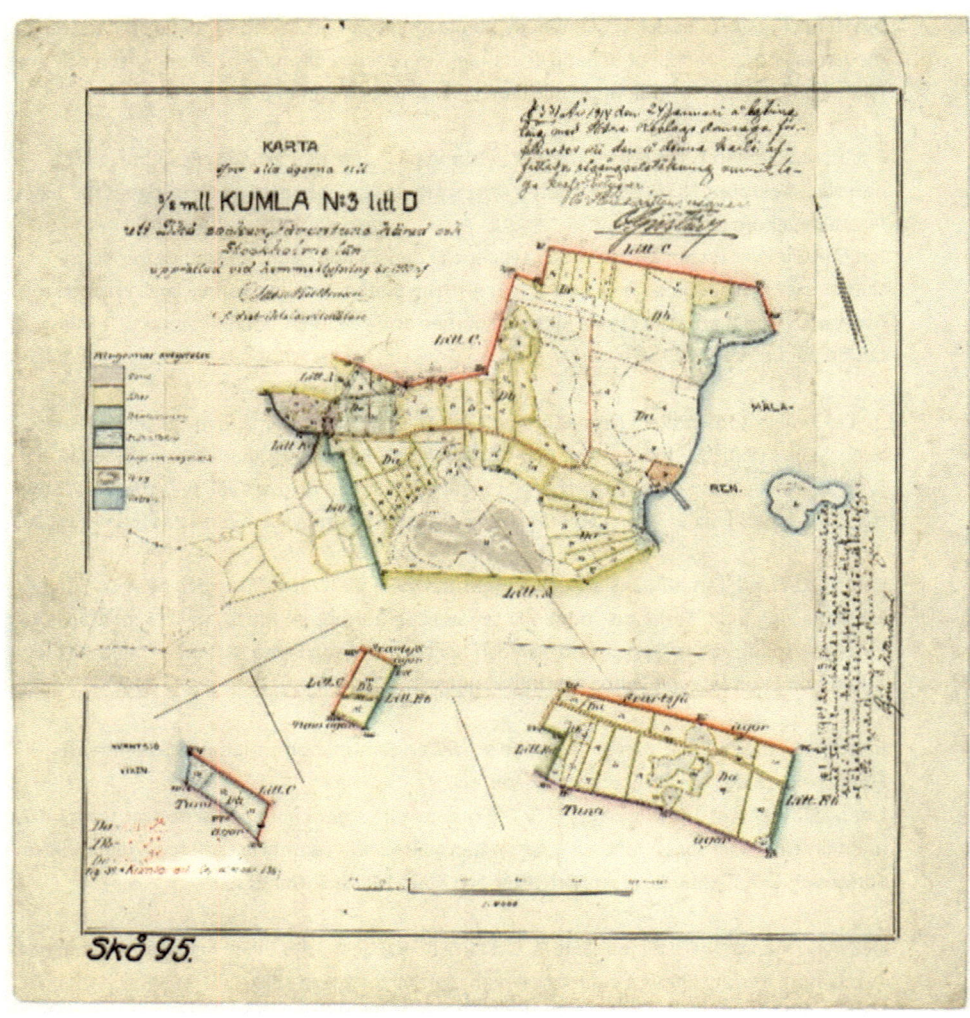

Kumla nr 4 Nedergården

Med stor osäkerhet kan man gissa att **Mattis Jöransson** brukade gården ca 1691 till ca 1710 samt att **Jan/Johan Ersson/Eriksson** därefter tog över till ca 1730. Varefter **Jan/Johan Olsson/Olofsson** kan ha brukat gården så länge som fram till ca 1765. Då som hälftenägare med **Jan Jansson**. Det skulle i så fall innebära att det är han som skatteköper gården.

År 1771 skedde Storskiftet och då vet vi säkert att Kumla nr 4, 5/8 mantal ägs av Jan Jansson, men brukas till hälften av honom och till häften av Jan Olsson.

1787 ägs Nedergården 5/8 mantal av unge **Eric Jansson, Jan Jansson** och **Olof Jansson.**

1846 ser ägarförhållandet ut som följer: **Carl Zetterberg** 29/49, **Johan Erik Nässling** 9/49, **Jan Erik Ersson** 9/49 och **Johan Berggren** 2/49 delar av Nedergården.

1863 skedde så en intressant hemmansklyvning av Kumla nr 4 som då också hade 4 olika ägare som var och en hade en bestämd storlek av gården, men det var inte specificerat vem som ägde vad av gården (Bilaga 3).

Klyvningsbeskrivningen är en underbar läsning om man är intresserad av hur det var på den tiden, inte bara i Kumla By utan en härlig beskrivning av hur byggnaderna i en by kunde se ut, och hur dåtidens samlade byar bröts sönder i mindre enheter. Kumla By är i och för sig ett dåligt exempel, eftersom byn förblev relativt intakt. Endast en av dessa 4 ägare var tvungen att flytta sina hus.

I många byar skedde den stora omvälvningen redan efter beslutet 1827 om det Laga skiftet. Man var tvungen att ta sina hus och flytta mer eller mindre långt från gemenskapen i byn. Klyvningen år 1863 var däremot inte ett direkt resultat av det Laga skifte som i Kumla By skedde 1835.

När man börjar studera klyvningshandlingen noterar man de 4 ägarnas olika namn.

Gustaf Carlsson äger 145/392

Er. Wil Bolin äger 60/392

C J Nessling äger 30/392

J Berggren äger 10/392

1865

Nyfikenheten väcks. Hur har det blivit så här? Varför är gården delad av 4 till synes fristående ägare utan koppling till varandra?

Men är det verkligen så? Har de ingen koppling till varandra?

Carl Anders Lennartsson,

f. 1761 hittas i Sånga kyrkobok för år 1793. Han bodde då i torpet Lammhagen på Svartsjös ägor, och kallas här Carl Andersson. Något som är ändrat i nästa bok till Carl Lennartsson. Han hette Carl Anders i förnamn vilket i kyrkoboken blev en felskrift till Carl Andersson. Hustrun har inget namn i kyrkoboken som börjar år 1800, men barnen **Greta Stina**, f. 1795 och **Maja Cajsa**, f. 1797 finns med. I nästa bok från 1804 har hustrun fått namnet **Stina Ersdotter** och dottern **Lovisa Ulrika**, f. 1800 har också tillkommit.
Familjen hittas därefter år 1806 på Kumla nr 4. Carl är nu Bonde och född 1766. Hustrun är född 1769 i Sånga. Man har också fått döttrarna **Hedvig Charlotta**, född 1804 och **Johanna Sophia** 1 januari 1811.

År 1810 äger och brukar Carl Lennartsson 15/112 dels mantal av Kumla nr 4. Han brukar 3 tunnland öppen jord och har 6 st Creatur.
Lika mycket, 15/112, äger **Anders Persson**, f. 1777. Han brukar 6 tunnland öppen jord och har 8 st Creatur. På hans gård bor också hans far, Fördelsmannen **Per Nilsson**, f. 1745 och hans hustru **Anna Jansdotter**, f. 1737. Per är utan hemmansbruk, men föder ko och 2 svin. Anders Persson benämns husman och kommer att bo kvar på Kumla nr 4 till sin död 26 februari 1839. De sista åren som fördelsman.
Per Perssons arvingar äger och **Fredrik Fredriksson** arrenderar 5/28 (=20/112). Han brukar 6 tunnland öppen jord och har förmodligen 7 Creatur.
5/28 (=20/112) har också Bonden **Per Ersson**, f. 1759. Han brukar 6 tunnland öppen jord och 8 st smärre och större Creatur. Per Ersson dör den 17 december 1811 och hans hustru **Lisa Ersdotter**, f. 1759 blir "på fördel" hos Carl Lennartsson. Hon dör den 27 april 1817.

Totalt har dessa 4 bönder 70/112 mantal vilket är lika med 5/8 mantal.

1820 äger och brukar Carl Lennartsson 5/56 (=10/112) delar, men brukar också Per Erssons 5/28 delar. Han har alltså minskat sitt ägande med 5/112.
Anders Persson äger och brukar nu 5/28, och har alltså ökat sitt ägande med 5/112.
Alltså har Anders Persson övertagit 5/112 från Carl Lennartsson
De kvarvarande 5/28 delarna ägs av Pehr Perssons arvinge **Carl Pehrsson** i Stockby men brukas av **Carl Johnsson**, f. 1789 som kommer till Kumla år 1815 ifrån Mörby.

Lennartssons hustru Stina/Christina Ersdotter avlider 16 februari 1816 av lungproblem, men Carl gifter om sig den 22 november 1819 med pigan **Stina Caisa Sundman**. Paret får en son **Carl Wilhelm**, den 5 april 1819, men han avlider bara 8 dagar gammal den 13 april. Hustru nr 2 avlider också efter bara ett år, den 26 maj 1820.
Lennartsson själv avlider 2 februari 1829.

Med sin första hustru fick Carl Lennartsson 5 döttrar som samtliga överlevde till vuxen ålder och bildade familj.

Greta Stina,

f. 1795 i Sånga gifter sig den 28 december 1825 med drängen på gården, **Jan Erik Nässling**, f. 1798 i Färentuna. Familjen Nässling kommer att bli långvariga i Kumla och beskrivs senare.

Paret flyttar till Edeby 1826 och får sitt första barn den 24 december 1826, dottern **Eva Lovisa** som avlider av feber den 8 mars 1828. De bor både i Kumla och i Sånga innan man 1831 flyttar till Norrängstorpet. Ett litet torp på Tunas ägor gränsande till Kumla. Torpet finns inte kvar, men det låg på vänster sida direkt innanför grinden till flygfältet i den skarpa kurvan närmast Svartsjö.

På Norrängen föds **Gustafva Josephina**, f. 10 augusti 1831, **Carl Johan**, f. 12 augusti 1833 och **Anna Lovisa**, f. 25 oktober 1835.

Familjen flyttar åter till Kumla nr 4 år 1837 vilken de nu äger 2/7 (=14/49) av. I Kumla föds 4:e barnet, dottern **Johanna Sophia** den 11 maj 1838.

År 1843 flyttar familjen till Hilleshög socken där Jan Erik blir Ängsvaktare vid Wentholmens Krono äng, som då hörde till Hilleshög . Han avlider här den 2 juli 1848 och hustrun Greta Stina med barn återvänder till Kumla år 1849 där de nu äger 9/49 av Kumla nr 4. Alltså 5/49 mindre än tidigare. J W Lagus i Kumla nr 2 brukar dock gården.

Greta Stina övertar de 9/49 av Kumla nr 4 som hennes syster Lovisa Ulrika ägt, och Greta Stinas son, Carl Johan Nässling brukar nu dessa 18/49 av Kumla nr 4.
Greta Stina bor kvar på Kumla nr 4, och avlider där den 10 december 1857 vid 62 års ålder.

Maja Cajsa,

f. 1797 i Sånga gifter sig den 4 oktober 1818 med drängen **Carl Jansson Zetterberg**, f. 1793 som kommit som dräng till Samuel Mose på Kumla nr 1 från Sånga år 1816. Han blir dräng hos Carl Lennartsson på Kumla nr 4, år 1817 och flyttar därifrån, tillsammans med hustrun Maja Cajsa, till Tuna året därpå 1818. Där blir han Rättare och paret flyttar till Ekeby år 1820 innan de återvänder till svärfars gård i Kumla år 1821. Han tar över svärfar Carl Lennartssons gård men arrenderar också familjen Moses gård nr 1, Oppgården.
Sonen **Carl Eric** föds den 22 juli 1824 men dör redan den 16 september samma år.
Knappt två år senare den 2 april 1826, föds sonen **Gustaf Ferdinand** som kommer att ta över gården.
Det går bra för Carl Zetterberg och år 1835 blir han Nämndeman, och äger också 4/7 (=28/49) av Kumla nr 4. 1846 har han ökat sitt ägande till 29/49.

Sonen Gustaf Ferdinand gifter sig den 24 november 1853 med **Johanna Ersdotter**, f. 1831 i Rytterne i Westmanland., som har varit piga på Kumla nr 3.

Gustaf och Johanna får sonen **Carl Gustaf** år 1854 och dottern **Johanna Josephina** år 1855. 1858 föds dottern **Edla Maria** och 1859 föds sonen **Adolph Fredrik**. Paret bor kvar på Carl Zetterbergs gård och övertar brukandet då Carl Zetterberg avlider den 25 februari 1861, endast 5 dagar efter sin hustru Maja Caisa som gick bort den 20 februari 1861, Båda gick bort i lunginflammation.

Maja Caisa är då 64 år.

Lovisa Ulrika,

f. 1800 fick ett långt men sorgligt liv.

Hon flyttade till Sånga år 1817 och vistades huvudsakligen där, med undantag av ett par år i Säby, ända till 1825 då hon återvänder till Kumla till svåger Zetterbergs gård. Hon gifter sig den 24 november 1826 med drängen på Malmvik i Lovö socken, **Jan Erik Ersson**, f. 1798. De flyttar till Ekeby samma år. Bor lite till och från i Kumla, men 1832 flyttar paret till Eneby där Jan Erik brukar Eneby nr 2 under åren 1832-1840.

Under åren föds **Jan Erik** 1827, **Carl Otto** 1828, död 1830, tvillingarna **Carl Petter** och **Anders Victor** år 1831, Anders Victor dör av slag den 1 december 1831 och Carl Petter dör den 7 januari 1833. **Sofia Gustafva** föds den 24 oktober 1833 och dör 26 december samma år. Endast Jan Erik överlever ett och ett halvt års dagen.

Familjen flyttar tillbaka till Kumla nr 4 år 1842, där man nu äger 9/49 men återvänder till Eneby nr 2 och brukar hälften av denna gård år 1848. Nu dör också det sista barnet Jan Erik den 17 februari 1849.

Det ensamma paret återvänder igen till Kumla år 1852, nu som inhyses hos Lovisa Ulrikas syster Greta Stina, änkan efter Jan Erik Nässling. Hon äger och brukar de 9/49 som Jan Erik och Lovisa Ulrika tidigare ägde. Här dör Jan Erik den 8 december 1858 av vattusot och lungsot. 60 år gammal.

Nu startar en till synes oändlig flyttcirkus för Lovisa Ulrika. Hon flyttar först till Svanhagen där systerdottern Anna Lovisa Nässling bor. Därefter år 1860 till svågern Carl Andersson i Ekeby, ett par vändor till Väsby nr 1 och 2, till Eneby 1866 och slutligen vid 68 års ålder till Ekeby. Överallt som inhyses. I Ekeby blir hon kvar till sin död av ålderdom den 12 november 1893. Nästan 93 år gammal.

Hedvig Charlotta,

f.1804 börjar som piga redan 1820. Hon arbetar på ett flertal gårdar i Väsby, Sånga och Eneby innan hon gifter sig den 5 november 1837 med drängen i Ekeby, **Johan Berggren**, f. 1809. Man "pendlar" mellan Kumla och Edeby några år innan man flyttar mer permanent till Kumla år 1841, där man brukar den del av nr 4 som tillhör Carl Lennartssons arfvingar. Man blir kvar till 1844 och barnen **Sophia Charlotta** föds den 3 oktober 1842 och dör 19 dagar senare. **Eleonor Charlotta** föds 1844, men blir bara 2 år och dör den 25 mars 1846. Paret äger 2/49 av Kumla nr 4 och brukar denna del tills Hedvig Charlotta avlider den 9 juli 1858. 54 år gammal.

Vid klyvningen av Kumla nr 4 år 1863 blir Johan dräng hos **Erik Johansson** på Kumla nr 1. Johan avlider på Serafimerlasarettet den 22 mars 1865. "Blir svårt ankommen på en Stockholmsresa, förfrusit fötter och skadats före ? intagas på Lazarettet".

Johanna Sophia,

f. 1811, blir piga först på Kumla nr 3 och därefter hos sin svåger Carl Zetterberg på Kumla nr 4. Gör en vända i Sånga för att flytta till Skattberga (Berga nr 1) år 1832. Hon gifter sig med Kyrkvärdsonen och Bondesonen **Carl Andersson**, f. 30 augusti 1814 i Sånga. De flyttar till Ekeby 1849 där Carl arrenderar 19/32 som Nämndemannen **Gustaf Jansson** i Asknäs äger. Sonen **Eric Wilhelm** föds 1838, **Carl August**, f. 1841 och dottern **Sophia Albertina**, f. 1845, **Gustaf Albert** f. 1850, dör 1853 och dottern **Johanna Wilhelmina** f. 1853, död 1854.

Johanna Sophia dör bara 42 år gammal den 9 juni 1854.

Carl gifter om sig med **Anna Margareta Lagerman**, f. 8 augusti 1820 i Timelhed (numera Timmele i Ulricehamns kommun). De fick sonen **Carl Johan**, f. 1859. Anna Margareta dränkte sig i Långtarmen nära Tegelbruket natten mellan 18 och 19 augusti 1860.

Carl Andersson dog den 10 november 1864 i bröstsjukdom. Carl och Johannas enda levande dotter, Sophia Albertina är då 19 år och flyttar som piga till Länsmansbostaden Wäsby nr 3. Carl Johan som är 5 år blir fosterson hos Skolläraren och organisten **Carl Gustaf Wibom** i Väsby.

Om vi nu återvänder till hemmansklyvningen år 1863 känner vi igen några namn.

Greta Stinas son Carl Johan f. 1833, heter Nässling i efternamn.

Maja Cajsas son Gustaf Ferdinand f. 1826, heter Carlsson i efternamn.

Hedvig Charlottas make f. 1809, heter Johan Berggren.

D.v.s. tre av ägarna är arvingar efter Carl Lennartsson, som alltså satt stort avtryck i Kumla.

Den fjärde ägaren är Erik Wilhelm Bolin som sedan år 1858 varit aktiv i alla gårdarna i Kumla utom nr 1.

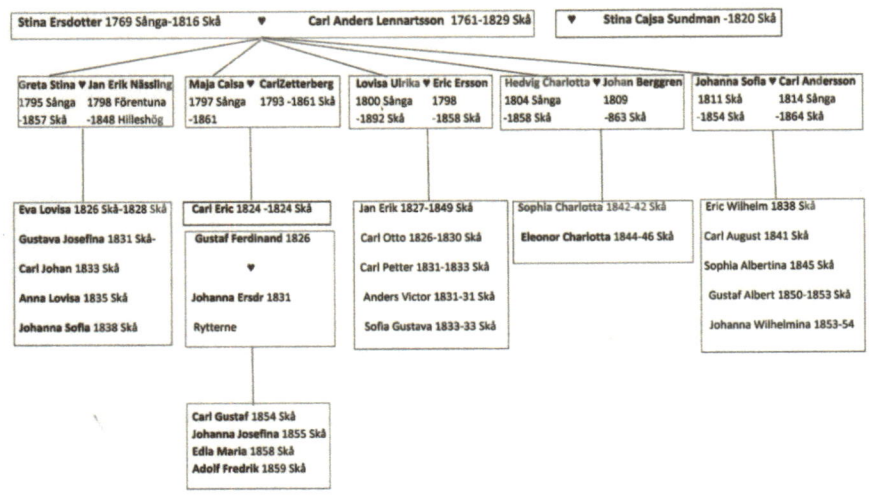

Stina Ersdotter 1769 Sånga-1816 Skå ♥ Carl Anders Lennartsson 1761-1829 Skå | ♥ Stina Cajsa Sundman -1820 Skå

Greta Stina ♥ Jan Erik Nässling	Maja Calsa ♥ CarlZetterberg	Lovisa Ulrika ♥ Eric Ersson	Hedvig Charlotta ♥ Johan Berggren	Johanna Sofia ♥ Carl Andersson
1795 Sånga 1798 Förentuna	1797 Sånga 1793 -1861 Skå	1800 Sånga 1798	1804 Sånga 1809	1811 Skå 1814 Sånga
-1857 Skå -1848 Hilleshög	-1861	-1892 Skå -1858 Skå	-1858 Skå -863 Skå	-1854 Skå -1864 Skå

Eva Lovisa 1826 Skå-1828 Skå	Carl Eric 1824 -1824 Skå	Jan Erik 1827-1849 Skå	Sophia Charlotta 1842-42 Skå	Eric Wilhelm 1838 Skå
Gustava Josefina 1831 Skå-	Gustaf Ferdinand 1826	Carl Otto 1826-1830 Skå	Eleonor Charlotta 1844-46 Skå	Carl August 1841 Skå
Carl Johan 1833 Skå	♥	Carl Petter 1831-1833 Skå		Sophia Albertina 1845 Skå
Anna Lovisa 1835 Skå	Johanna Ersdr 1831	Anders Victor 1831-31 Skå		Gustaf Albert 1850-1853 Skå
Johanna Sofia 1838 Skå	Rytterne	Sofia Gustava 1833-33 Skå		Johanna Wilhelmina 1853-54

Carl Gustaf 1854 Skå
Johanna Josefina 1855 Skå
Edla Maria 1858 Skå
Adolf Fredrik 1859 Skå

Gustaf Ferdinand blir den som tar över ägandet och brukandet av större delen av Kumla 4 till sin död 1883, och 1886 köper P A Johansson den delen av gården. Jan Erik Sörlander i nr 3 köpte redan 1875 Bolins del av gården.

Ett resultat av klyvningen 1863 blev att C J Nässling fick 3 år på sig att flytta sina hus till det sydöstra hörnet av Kumla nr 4, som ännu idag kallas Nässelbacken, och där flera innevånare i Kumla By fortfarande minns huset som stod där. Marken tillhör idag inte längre Kumla utan ingår i Skå-Edeby.

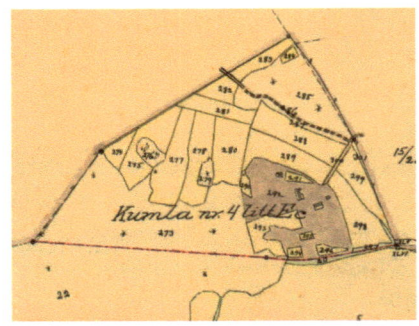

Vilka var då familjen Nässling?
Fiskaren **Hindrik Näsling** och hans hustru **Greta Stina Ekström** bor 1793 på Kronudden på Eldgarn i Färentuna socken. De har sonen **Carl Hindrik**, f. 1787 och dottern **Anna Stina**, f. 1790. På gården bor också **Ekströms Enka** och hennes dotter **Hedvig**, som blir piga på gården. Förmodligen är detta Hustru Greta Stinas mor och syster.

1796 föds dottern **Eva Lisa** på Räfsholmen och **Jan Erik** föds 1798 också på Räfsholmen. **Cathrina Charlotta** föds på Eldgarns krog den 1799 och sonen **Gustaf** föds år 1801. **Daniel** 1805, **Gabriel** 1807 och **Greta Lovisa** 1812. Familjen bor på Ödesmarken från 1812 och här dör Pappa Hindrik år 1815. Mamma Greta dör som fattighjon på Mintetorpet i Sånga 1820.

Jan Erik gifter sig med Carl Lennartssons dotter Greta Stina Carlsdotter 1825, och 1837 övertar Jan Erik 2/7 Kumla nr 4. Familjen flyttar som tidigare nämnts, till Wentholmens Kronogård 1843. När han avlider flyttar Greta Stina tillbaka till Kumla år 1849 och sonen **Carl Johan** f. 1833 tar över brukandet av Kumla nr 4. Ett tidigare missförstånd var att det var Jan Eriks brorson, som också hette Carl Johan, som övertog Jan Eriks del av Kumla nr 4. Detta stämmer alltså inte.

Carl Johan gifter sig den 29 december 1858 i Sånga med Bondedottern I Sundby **Christina Charlotta Carlsdotter**. f. 1835 i Sånga.
De får barnen **Carl Gustaf Leonard**, f. 1860, **Johan Erik**, f. 1862 och **Sophia Charlotta**, f. 1864, **Selma Carolina**, f. 1867, **Herman Gotthard**, f. 1869, **Alma Christina**, f. 1873.

Alla barnen utom Alma Christina som är dövstum, flyttar hemifrån. Mellan år 1900 och 1902 bor dock barnbarnet **Arvid Ferdinand**, f. 1886 i Erstavik där med sina farföräldrar. Carl Johan avlider den 20 juni 1914 och Christina Charlotta den 5 december 1929. Den dövstumma Alma Christina blir omyndigförklarad av Sollentuna Färentuna domsagas häradsrätt den 30 augusti 1930. Hon blir skriven i Brännkyrka i Stockholm den 5 november 1930.

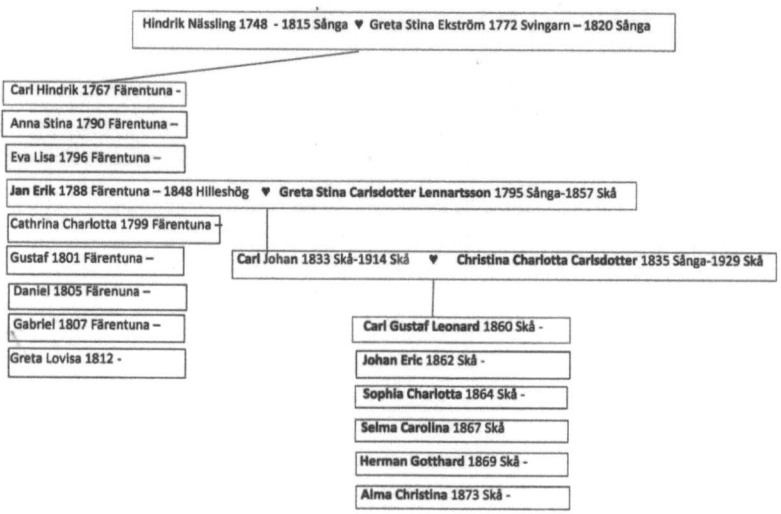

Löjtnant och Grosshandlare **Robert Ljunglöf** på Skå Edeby övertar ägandet och brukandet av 15/196 mantal Kumla nr 4:4. Litt Ec, den 17 september 1925, §230. Köpebrevet utfärdades dock redan den 11 mars 1919 och ansökan gjordes den 17 juli 1919, §456. Då levde

fortfarande hans far, tobaksfabrikör **Knut Ljunglöf** som ägt Skå Edeby sedan 1880-talet, men Robert var sedan 1912 delad innehavare i familjeföretaget Jac Fr Ljunglöf.
Firman var framförallt känd för sin snustillverkning (SBL 2019).

Flera nu levande innevånare i Kumla By kommer ihåg en kvinna som bodde i huset på Nässelbacken. Kumlabor hjälpte också till vid rivningen på 1950-talet, av huset som flyttades från Kumla nr 4:s gårdscentrum på 1860-talet, till Nässelbacken.

Fam Mose

Följande artikel gick att läsa i Örebro läns släktforskares medlemstidning "Strödda annotationer" nr 40 år 2008.

KUMLABÖNDER OCH FAKTORISMEDER ANKLAGAR LÄNSMAN MOSE FÖR OFÖRRÄTTER

Under krigsåren i slutet av 1710-talet skulle armén marschera till Norge och länsmannen fick i uppdrag att se till att allmogen ordnade fram kött till trupperna. Hanteringen av detta gjordes enligt allmogen i Kumla härad på ett oriktigt sätt varför de klagade till landshövdingen...

Böndernas klagoskrift:

Vi hava väl för en tid sedan gjort ansökning hos före detta Baronen General Major och Landshövdingen men nu varande Riksrådet högvälborne Herr Clas Ekeblad över den oförrätt som Länsman Jonas Mose mot oss gjort, varpå vi fuller erhållit en högrättvis resolution, att Expeditions Befallningsmannen Johan Biörkman sig däröfver förklara skulle, men efter det ej är efterkommit, så hava vi ej kunnat underlåta, ånyo detsamma ödmjukeligen för Eders höga Nåde att andraga och omständeligen berätta:

Att när som vi efter Kongl Majts allranådigste placat skulle slakta [...] torka köttet, som skulle levereras och utdelas till regementena som marscherade åt Norge, vilket vi sedan levererade till Länsmannen, men efter det ej var så torrt, som han ville det hava, måste vi taga en del tillbaka.

Två dagar därefter förr än marschen kom, slaktade vi igen, och då vi kom till länsmannen att avleverera det samma, sade han till oss, efter det är ännu färskt, så gömmer och torkar det till dess att Liv Regementet kommer och när de andra våra grannar fingo det höra, tordes de intet komma dit med sitt färska kött.

Natten efteråt kom Länsmannen tillika med två officerare af Kongl Majts Gardie till och togo utur Byrsta by och ifrån Låsesmeden under Kongl Örebro Factori, som ej heller äger mer än 1/4 del uti gården, dess ko ur båset, som snart tidigt var att bära [som skulle kalva], och avskuro av samma öronen och ledde henne bort, då bemälte smed bad att de ville skona dess ko, och istället taga några av dess små Creatur, varmed och så officerarna helt väl varit förnöjda, men Länsmannen sade att det intet ske skulle, och

bad officerarna slå honom, sammaledes haver han ock gjort, och övriga våra grannar, dem ock tre stutar ifrån tagit, och intet ifrån de andra våra gåhlbönder, utan den ringaste betalning undfångit, ävenväl har det sig tilldragit i Åby, Stene och Giärsjö, dem och ifrån tagit deras största och bästa boskaps Creatur.

Över allt slikt otillbörligt förfarande täcktes Eders Höga Nåde ett nådgunstigt och varkunsamt öga hava; Och fördenskull vår ödmjuka bön och anhållan det

icke allenast vederbörande måga av Eders Höga Nåde anbefallit bliva, att sig häröver förklara utan och att en noga Inquisition och undersökning häröfver anställas måtte, på det att vi måtte någorlunda njuta satisfaction för wåra Creatur, och Länsmannen få tilltal för det han således mot oss men intet mot de andra handlat haver.

Vi avbida en nådgunstig och högrättvis Resolution och intill vårt yttersta leverne

Eders Höga Nåde
Ödmjukaste tjänare

Åby
Olof Ohlson
Olof Nillson
Olof Andersson
Folke Svänsson
Pär Bengtson
Lars Tyrehson
Sven Koprals Enka

Byrsta
Pär Svenson
Olof Pärsson
Lars Pärsson
Lars Anderson
Anders Nillson
Nils Lars Enka

Järsiö
Hustru Maria Persdotter
Nils Pärsson

Länsman Jonas Moses svar:

Högvälborne Herr Baron och Landshövding Nådige Herre.

Uppå det klagomål som hos Eders Höga Nåde några av allmogen uti Kumla socken skrifteligen andragit beträffande som skulle jag till Durchmarschernas förplägande särdeles Kongl Majts Gardie oskäligen tillgripit och slakta låtit deras Creatur med mera, med detta min ödmjuka och oförgripliga förklaring;

Nämligen att alldenstund efter undfången Ordres af den 20 juli, 21 september och 20 december nästförledne år, dessa klagande personer med flera i häradet varken uppå strängaste Publicationer och anmaningar eller till alla utsatta stämmor, velat den påbjudna gärden ifrån sig leverera, oaktat varken då 12 Compagnier Gardie uti en flock var komna då var och en av dem med påck och [...] samt hotande fordrade, vad med rätta de åtnjuta borde, vilket dock i anseende till en del av allmogens tröghet icke fanns i förråd, utan av officerarne blev jag nödtvungen att följa dem till de näst belägna byar, Creatur så många att uttaga som de kunde få sin fyllnad utav, vid vilken beskaffenhet jag fant rättvisenligast namngiva och utvisa dem, som varit tredsko och ingen gärd velat godvilligt utgiva, varibland Låssmeden Lars Andersson i Byrsta, var en hos vilken nämnda Officerare taga en ko, men alldeles osannfärdigt är att jag förvägrade den mot andra smärre Creatur få infria eller behålla, fast mindre budit dem slå honom eller någon annan, utan varit glad om jag själv undsluppit hugg, som likväl intet skedde, utan en Lieutnant vid namn Kiörck slog mig med en knölfork, ganska illa och det utan given orsak, så att en lång tid därefter jag hade mycken plåga och värk uti armarna; förutom många andra gånger man måst slikt tractamente tillgodo taga, så

är det ej heller sant att jag skurit öronen av samma ko eller något annat Creatur, ej icke heller slacktat eller [...] utan det gjorde ägarna med sitt folck själva, och även själva återtaga så väl inkråmet som hudarna med vad därtill hörde.

Däremot är i sanning att officerarne kvitterade köttet och ville det efter Hans Majts taxa à ett öre silvermynt straxt i mynttecken betala, men nekades av bönderna, så för myntets skull som det ringa pris på köttet åsatt var att emottagas. Ty blevo slagna penningar uti Lantränteriet för deras räkning Deponerade, därest de stående äro.

Huruledes efter deras angivande några dagar före marschens ankomst jag skulle kunna mottaga färskt eller torkat kött uti Magasinet där att antingen förskämmas, eller intorkningen uppå mitt inseende lämnat, det hemställes aldra ödmjukast under Eders Höga Nådes nådiga omdöme och betänkande, med mera de obefogade mig tillfogat och tillvitat, Gud vet bäst deröver, jag jämväl ett Gott Samvete haver, att jag efter mitt yttersta förstånd uti mitt ringa ämbete alltid sökt göra Kongl Majts tjänst troligen och väl, mina förmän med all hörsamhet och lydno tillhanda gått, samt allmogen med största rätträdighet utan någon egennytta bemött och hanterat icke desto mindre måste på av en del emot all förmodan, finna eftertal och klagomål och änskönt sådant är mycket besvärligt, faller det mig likväl drägligare, än att av mina Högvälborne förmän höra tilltal för försummelse och [...]

Kumla härad består till större delen av Factorie hantvärkare bland vilka finnas motvillighet och styvsinnat folk nog. Hälst när de hava goda och opstickande och sådana som för dem skriva kunna, vilket nogsamt är till skäls av denna deras klagoskrift, borde i dessa tider samma intalas till hörsamhet och lydno emot betjänterna som till äventyrs ej mindre nödigt än deras Factorie arbete wara [...]

Vad jag denna förflutna krigstiden uti mitt ringa ämbete utstått och lidit, det lämnas för denna gången [...]

Varföre jag ock så långt för detta om ett nådigt avsked ödmjukeligen anhållit, men det intet kunnat bekomma, låtit mig därmed benöja och förmodat genom en önskelig frid bliva delaktig av något roligare tillstånd. Av allt detta varder Eders Höga Nåde min oskyldighet uti dessa ohemula angivna mål, Höggunsteligen och visserligen befinnandes, samt att min ringa person nådigare och bättre tankar sättandes såsom den där intill dödsstunden uti Eders Höga Nådes gunst ödmjukeligast vill hava sig innesluten - Med förblivande

Eders Nådes ödmjukaste tjänare

Jonas Mose

Avskrivet och insänt av Birgitta Johansson, Göteborg. Stavningen i texten har inför publiceringen normaliserats.

Källa: Örebro Länsstyrelse Landskontoret D III nr 2 1719-1720. Skrivelser från Enskilda.

Texten som är skriven i början på 1700-talet, handlar om Kronolänsmannen **Jonas Mose**, f. 1670 i Mosjö, idag ett distrikt i sydvästra delen av Örebro. Han framstår som en person som är väl medveten om sin maktposition, nedlåtande mot, och utan större medkänsla för sina medmänniskor, samt med stor vana och stort behov av att få sin vilja igenom. Hans svar ger också ett lismande intryck där han slingrar sig för att bedyra sin oskuld och för att blidka en högre makthavare. En personlighet som inte ger ett positivt intryck.

Artikeln ger också en glimt av hur bönderna och allmogen hade det på den tiden. Hur de kungligas onödiga jakt på större egen makt via krigshandlingar, gick ut över de vanliga människor som bara ville överleva. Det var nog näst intill omöjligt att rätta sig efter överhöghetens plötsliga krav och behov.

Vi vet inte hur ärendet slutade men Jonas Mose fortsatte sin länsmansbana och dog den 1 april 1743 på länsmansgården i Kumblaby, som idag stavas Kumlaby och ligger i Kumla i Örebro län.

Jonas Mose var länsman i Kumla från 1707 ända till sin död 1743. Han gifte sig första gången 1708 med **Margareta Eriksdotter**, och fick sonen **Gustaf** f. 1711, vilken levde som hemmansägare i Mosås ända till 23 januari 1796.

Jonas hustru Margareta gick dock bort samma år som Gustaf föddes och Jonas gifte sig för 2:a ggn med **Sara Eriksdotter Rising** 1688 – 1743. Med henne fick han sju barn mellan 1712 och 1727.

Ett av dessa barn var **Samuel Mose**, f. 20 juni 1722 i Kumblaby, Kumla, Örebro.

Samuel gick i pappas fotspår och blev också länsman i Kumla under åren 1770 – 1789. Han gifte sig med den 26 år yngre **Anna Maria Edsberg,** f. 1748 i Skyberga, Hardemo socken vilket ligger ca 1 mil väster om Kumlaby i Kumla. Okänt vilket år de gifte sig men i vilket fall före 1770 då första barnet föddes.

Självklart börjar man fundera på hur frivilligt äktenskapet var. Var hon verkligen förälskad i mannen, eller var det ett "bra parti"? Hade han ärvt sin pappas ovanstående egenskaper? Eller var han en fantastisk familjefar? Anna Marias föräldrar var Gästgifvaren **Anders Edsberg** i Skyberga Hardemo, f. 1703, död 1779, och **Anna Maria Hallman**, f. 1710. En rad "fina" namn finns bland Anna Marias faddrar, t.ex. **Carl Gustaf von Dübern**, så kanske rörde sig familjen i de lite finare kretsarna där den blivande länsmannen behövde en ung och vacker hustru. Eller stannade han av en händelse vid gästgiveriet och blev betagen av den unga flickan? Spännande att fantisera.

Nåväl, paret bodde i Kumblaby och fick en rad barn, minst sex stycken, där åtminstone fyra överlevde till vuxen ålder.

F.d. Kronolänsman Samuel Mose bodde i Backa, Hardemo, när han 70 år gammal gick bort den 8 augusti 1792 av den "glamorösa" åkomman förstoppning.

Änkan Anna Maria flyttar efter makens död tillbaka till Skyberga där hon är född. Med sig har hon två av sina barn, **Anna Sophia**, f. 1780 i Kumblaby och **Gustaf**, f. 1790 i Sickelsta. Dottern **Anna Sara**, f. 1770 i Kumblaby, arbetar som piga i Kumblaby och sonen **Erik Samuel**, f. 1 mars 1773 i Kumblaby har flyttat till Sköllersta år 1788.

Anna Maria blir kvar i Skyberga ända till 1798 då hon med yngste sonen Gustaf flyttar till Svartsjölandet enligt husförhörslängden i Hardemo år 1795 – 1800.

Skå husförhörslängd är mycket otydlig vad gäller när, vart och vilka från familjen Mose som flyttade till Kumla. Närmast till hands ligger att tyda böckerna som att Erik Samuel, som nu liksom sin far och farfar, tituleras Kronolänsman, står på både Kumla nr 2 och Kumla nr 3 från åtminstone 1799, tidigare husförhörslängd finns ej i Skå socken, men han kan alltså ha kommit tidigare till byn. Även hans mor Anna Maria och hans bror Gustaf bor då också där.

Redan 1801 återfinns dock familjen, d.v.s. Eric Samuel, modern Anna Maria, brodern Gustaf, men också systern Anna Sophia på Wäsby i Skå, där han äger delar av nummer 2 och 3.

Erik Samuels bror Gustaf flyttar år 1806 till Stockholm. Han byter efternamn till **Morssing** och blir viktualiehandlare (specerihandlare) på Kungsholmen. Hans son **Frans Eugene Morssing,** 1831 – 1911, blir också handlare men även 2:e direktör för Stockholms Stads Sparbank samt gifter sig med **Hilda Charlotta Ljungholm**, f. 1849. De får tillsammans sonen **Per Gunnar Morssing** som kommer att bli en betydande del av den kända arkitektfirman Höög&Morssing. Han ritade en mängd objekt med hög standard, främst i Stockholm, i början på 1900-talet, t.ex. Emauskyrkan och St Eriks Palatset, men också utomlands som industribyggnader för L M Eriksson i Paris.

Gunnar Morssing gifte sig 1904 med konstnärinnan **Ise Lilliesköld** som bl.a. startade Marsyateatern 1953 på Österlångggatan, och som också var chef där under tiden 1953-1966 (SBL 1985-1987).

Erik Samuel blir kvar på Väsby i Skå till 1815, då han återvänder till Kumla med fru och barn. F.d. länsmannen Erik Samuel äger och brukar nu 5/16 mantal av Kumla nr 1. Av hans mantalsuppgifter kan vi utläsa att han också brukar de 5/32 som Carl Jonsson i Mörby äger av Kumla nr 1. Han äger och brukar också fortfarande 1/6 mantal Wäsby nr 2, där han har gift sig den 7 februari 1813 med **Catharina Wahlström**, f. 1781.

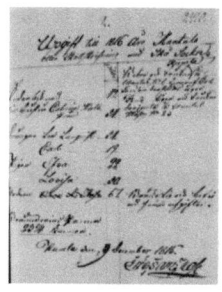

Intressant upplysning för den tiden, är väl också att Eric Samuel Mose bränner 23³/₄ kannor brännvin.

Paret Mose får dottern **Wilhelmina** den 19 oktober 1816. En av hennes faddrar är **Assistenten/Landtjägaren Carl Rulander** som äger gårdarna nummer 2 och 3 i Kumla.

När Erik Samuel flyttar till Kumla 1815 följer modern Anna Maria med dit. Hon är Bräcklig och befriad från avgifter. Hon kommer att flytta till Landholmen i Skå, till sin dotter Anna Sophia, som bor där med maken **Gustav Broman**, f. 1774 och deras dotter **Carolina Charlotta**, f. 1815. Dock flyttar dotterns familj vidare redan 1816 till Södertälje, och modern Anna Maria ansluter åter till Erik Samuel i Kumla, som från 1820 tituleras Bokhållare.

Den 5 augusti 1834 drunknar Bokhållaren, f.d. Nämndemannen Erik Samuel Mose, 61 år gammal. Änkan Anna Maria äger då enligt kyrkboken 6/7 mantal av Kumla nr 1, vilket skiljer sig från bouppteckningens uppgifter. Där står att hon äger 90/168 mantal nr 1, vilket är betydligt mindre. Istället äger hon enligt bouppteckningen dessutom 5/168 Kumla nr 2 och 15/168 Kumla nr 4.

På Kumla nr 1 finns vid Erik Samuel Moses bortgång nedanstående djur och jordbruksredskap, och boets sammantagna behållning efter skulderna blev 1 379:22. För den summan kunde man köpa varor och tjänster för lika mycket som 133 938:- år 2024. Eller motsvarande betalning för lika lång arbetstid som 4 787 802:- år 2024.

Utav detta var fastighetsinnehavet värderat till 333:16, vilket på samma sätt som ovan, motsvarar 32 343:- eller 1 156 155:- (ERS 2011).

Den omedelbara tanken blir att värdet för arbetstiden stämmer bättre med dagens värden än hur mycket varor som kunde köpas, men fastigheter var nog undervärderade jämfört med idag.

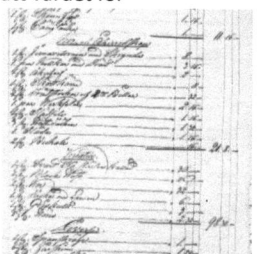

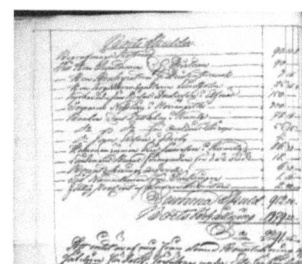

Erik Samuels dotter Wilhelmina bor kvar på Kumla nr 1. Hon har gift sig den 29 november 1834 med Skattebondesonen **Erik Johansson** från Skattberga, f. 1808 i Skå, och de får barnen **Erik Wilhelm**, f. 1835 och **Fredrica Vilhelmina**, f. 1837. Dottern dör dock redan 1840. Därefter föds sonen **Adolf Fredrik** år 1842, och sonen **Emmerik Ferdinand** år 1847.

På den tiden blev mannen skriven som ägaren till fastigheter, så Bonden Erik Johansson står nu som ägare och brukare av gården Kumla nr 1, trots att hans hustru ärvt gården.

Sonen Erik Wilhelm dör den 8 september 1857, på samma dag som sin granne i Kumla By, **Gustaf Reinhold Lagus**. Erik Wilhelm blir bara 21 år gammal, och tyvärr står ingen dödsorsak i dödboken. Wilhelminas mor Catharina Wahlström går bort 5 november 1859, 78 år gammal, och Wilhelminas man Hemmansägaren Erik Johansson dör den 9 maj 1864 av Lungsot.

Det blir Wilhelminas son Adolf Fredrik som efter några "utflykter" blir den som tar över Kumla nr 1. Han blir först furir vid Kungliga Skaraborgs regemente den 5 juni 1873, och tituleras Musiksergant. Därefter gifter han sig 1877 med **Emma Pettersson Johansson**, f. 1852 i Hjortsberga Karlskrona län, och de får dottern **Adele Gertrud Vilhelmina** den 2 juni 1881 i Skå. Familjen flyttar till Apelvik i Sånga den 23 oktober 1886, och därefter går flytten till Finland år 1887.

Emmas syster, Sömmerskan **Maria Pettersson**, f. 1860 i Hjortsberga, som följt med familjen till Sånga, flyttar samtidigt till Sockarby och därefter till Kumla nr 3 i Skå den 5 november 1888. Hon blir dock inte gammal här utan gifter sig den 15 maj 1889 med Stenhuggaren **Karl Gustaf Svensson**, f. 1858 i Sillhövda i Blekinge. Han bor i Fridhem i Sånga, och paret flyttar genast efter giftermålet, den 17 maj 1889 till Amerika.

Vilhelmina Mose Johansson avslutar "Mose-eran" som började i Kumlaby och slutade i Kumla By, när hon dör på Kumla nr 1 av ålderdom (75 år) den 25 augusti 1891. Familjen Mose har då bott i Kumla By i nästan 100 år.

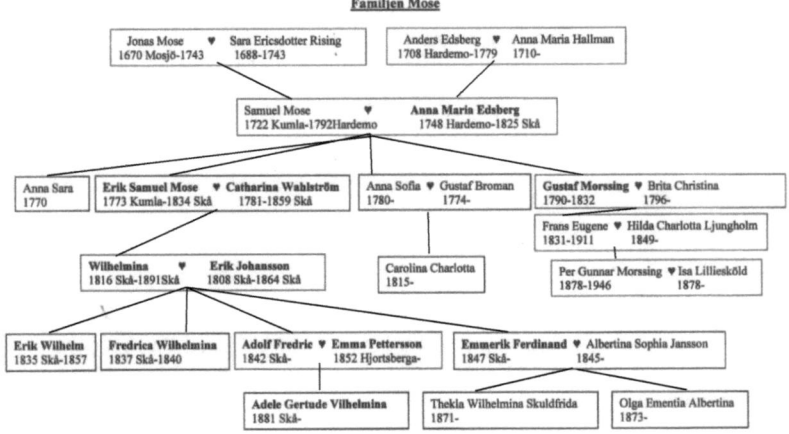

Familjen Rulander

Ca 1703 föds Befallningsmannen **Magnus Rulander**.
Man vet inte hans ursprung, men han var bosatt i Krogsfall, Västra Eneby socken i Östergötland. Han gifte sig 1732 i Kvillinge socken i Östergötland med **Anna Sofia Lidén**, också född 1703 i Lida, Kvillinge socken, och de hade minst 4 söner. Magnus Rulander dör år 1765 i Krogsfall och Anna Sofia dör 1775 också i Krogsfall.

Son nr 2 var **Nils Magnus Rulander** f. 30 augusti 1734 i Läpp, Tidersrum socken i Östergötland. Han arbetade inom postverket och steg i graderna från kopist till postinspektör under 1760-talet. 1782 innehade han titeln assessor, som är en färdigutbildad domare utan ordinarie tjänst. Han dog ogift den 10 maj 1816 i Nikolai församling i Stockholm och efterlämnade en stor förmögenhet om 29 255 riksdaler banco, varav 10 000 var värdet av stenhuset i kvarteret Milon i Stockholm (ABK 2022). 29 255 år 1816 motsvarar ett köpvärde om 4 003 904:- år 2022, men motsvarar 147 534 343:- i betalning för lika lång arbetstid mätt med löneindex för en manlig industriarbetare. Motsvarande siffror för 10 000 är 1 368 622:- och 50 437 308:- (ERS 2011). Han var ogift och bodde vid sin död i stenhuset på Munkbron nr 5 i kvarteret

Milon 10. Detta hus testamenterade han till sin brorson Carl Gustaf Rulander.

Deras 3:e son, Borgaren och sämskmakaren **Magnus Rulander** föds i februari 1737 i Tidersrum socken i Östergötland. Han gifte sig 1766 med **Brita Granbeck**, f. ca 1747. Magnus och Brita fick många barn, minst 7 stycken, men ingen av dessa fick några barn. Alla deras barn är födda i Linköpings Domkyrkoförsamling, och ett par av dem blev framgångsrika. Magnus avled den 13 juli 1793 i Domkyrkoförsamlingen i Linköping, och Brita den 22 januari 1811, också i Domkyrkoförsamlingen i Linköping.
Magnus och Britas son **Nils Petter Rulander** föddes den 11 mars 1775. Han tog studenten i Uppsala år 1792, studerade och var pedagog i Göteborg, och år 1826 var han Kanslist vid Kungliga Postverket i Stockholm. Han dog den 1 november 1840 i Nicolai församlig i Stockholm, och efterlämnade en stor och dyrbar boksamling som såldes på auktion år 1841. Nils bodde vid sin död i ovanstående stenhus på Munkbron i kvarteret Milon. Ett arv efter sin broder Carl Gustaf Rulander som i sin tur ärvt huset av sin farbror Nils Magnus (LG 2016).

Magnus och Brita hade alltså också sonen **Carl Gustaf Rulander**, f. 18 mars 1778, och före år 1810 övertar Assistenten på gamla Ostindiska Compagniet, Carl Gustaf Rulander, ägandet av Kumla nr 3. Förmodligen redan 1806 (LG 2016).

Ostindiska Kompaniet var ett, till att börja med, mycket framgångsrikt handelsföretag, startat 1731. Från Göteborg avgick handelsfartyg till Östasien, främst Kina, och återvände med bl.a. porslin, siden, te och kryddor.

Över hundra resor utfördes, men många fartyg gick också under. Mest känt är Ostindiefararen Götheborg som gick under 1745 och som fick en kopia också med namnet Götheborg tillverkad under åren 1995 – 2003.

Kompaniets affärer gick dock allt sämre och 1813 upplöstes företaget (HS 2023).

Förhör görs hemma på Assistent Rulanders gård den 4 februari 1810. Då konstateras att han har 16 tunnland öppen jord. 20 stycken creatur av större och mindre. 6 st. Svin samt 3 hästar.

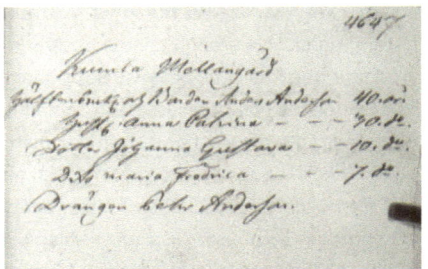

Han har en hälftenbrukare, nämligen **Anders Andersson** f. 1771 i Hillersjö med hustrun **Anna Caisa Vibom** f. 1778 och dottern **Johanna Gustafva** f. 1800. Det är den hälftenbrukaren med familj som bor på gården år 1810.

På Kumla nr 1 finns samtidigt en arrendator, **Anders Andersson**. Han arrenderar halva gården av **Jan Janssons barn**. Andra halvan av nr 1, ägs och brukas av **Carl Sundin**. Det tycks dock inte vara samma Anders Andersson som på nr 3, eftersom denne är född 1773. Landtjägarbostället innehas ännu av **Hindric Gråå Sr**, men hälftenbrukas av Carl Sundin.

Före 1810 finns en intressant familj skriven under Kumla nr 3.
Öfverstelieutnant Gyllenspetz, Dm (Demoiselle) Hedda Scharl. Krusbjörn och sonen Frank Fredric.

Lite undersökningsarbete visar att det rör sig om **Svante Reinhold Gyllenspetz**, f. 1754 på Spelhester, ett klosterhemman i Askeryds socken, som numera ingår i Aneby kommun i Jönköpings län,

och hustrun, Stiftsjungfru **Hedvig Charlotta Crusebjörn**, f. 1757.

Stiftsjungfru är en adlig ogift kvinna som är inskriven i ett jungfrustift, närmast att likna med en pensionsinrättning som gav försörjningsstöd till ogifta adelskvinnor.

Hedvig Charlotta avled i Stockholm den 29 november 1810, och därav kan man dra slutsatsen att familjen funnits i Kumla senast år 1810.

Svante Reinholds far var Löjtnanten **Karl Gustaf Gyllenspetz**, vilken år 1766 dömdes till 100 dagars arrest för incest med två av Svante Reinholds systrar. Han avled, enligt hemsidan Askeryd.se, år 1868 på Bohus fästning (SPH 2014).

Svante Reinhold var Ståthållare och Hövitsman på Älvsborgs Slott under åren 1798 – 1800 (SK 1918). En ståthållare och hövitsman kan beskrivas som befälhavare och förvaltare främst av administrativa uppgifter, ofta av militär art, och Älvsborgs Slott är en tidigare betydelsefull befästning i Göta Älvs mynning vid inloppet till Göteborgs hamn (SK 1918). Eftersom Assistenten Rulander arbetat på Ostindiska Kompaniet som hade sin utgångspunkt i Göteborg, är det inte otroligt att herrarna stött på varandra där.

En intressant historia gällande Svante Reinhold finns nedtecknad i Årstafruns dagbok den 18 januari 1813:
"Närmare mot middagen hitkom en gammal, mager, blek, frusen och mindre välklädd man – sade sig varit Öfverste Lieutenant och heta Gyllenspets anmälde sig först att få arrendera någon Lägenhet till sommarboning, men sedan såsom en lycksökande friare. Han fick i alt, en aldeles fulkomlig försäkran om afslag" (BH 2007).

Svante Reinhold gifte sig för andra gången med Hedvig Charlotta den 27 februari 1787 på Viggeby vid Söderköping. Paret fick två söner. **Frans Reinhold**, f. 22 december 1787 i Skönberga, död 1790 på Viggeby, och **Frans Fredrik**, f. 20 augusti 1794.

Fänrik Frans Fredrik Gyllenspetz dog som Lots och Ålderman i Sandhamn den 8 september 1853 av kolera, farsoten som drabbade så många i mitten på 1800-talet. En av Frans Fredriks söner, **Svante Alfred**, f. 1840 dog av samma åkomma bara 4 dagar före sin far.

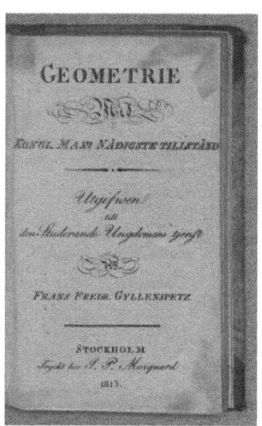

Frans Fredrik måste ha varit en högt utbildad man, ty år 1813 gav han med "Kongl. Majt.s Nådigaste Tillstånd" ut boken **Geometrie**. "Utgiven till den Studerande Ungdomens tjenst" (FFG 1813).
Två stycken informatorer finns upptagna på Kumla nr 3 under familjen Gyllenspetz tid. De har med största säkerhet varit anställda för Frans Fredriks räkning.
Hr Pehr Hallén som hitkommit 1806 i october och bortflyttat 1807, samt **Jan Winnmark**, f. 1775, som kom från Huddunge 1809 och flyttade till Stockholm.

Svante Reinhold Gyllenspetz avled den 17 juni 1818 på Danviks hospital som fribroder, d.v.s. en äldre person som betalat för att få bo på hospitalet. Hospitalet var annars känt som dårhus.

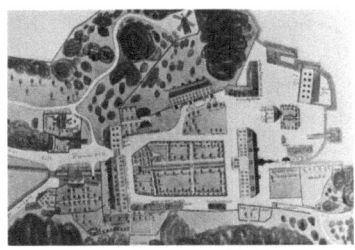 

År 1814 kallas Carl Rulander för Landtjägmästare, och nu brukar han Landtjägarbostället Kumla nr 2. Han äger också Mellangården nr 3 och Anders Andersson brukar båda gårdarna under både 1814 och 1815, men osäkert om Rulander bor på någon av gårdarna.
Men han använder Landtjägarboställets jakthund, har från 1815 även guldklocka, och äger också en Stadsgård i Linköping.

År 1816 tycks Rulander bo på och även bruka Kumla nr 3, ty Anders Andersson flyttade 1815 till Söderberga och ingen annan brukare finns nämnd. Rulander verkar också ha släppt Kumla nr 2.
Pigan **Hedda Pettersson**, f. 1764, som bott hos honom under hans år på Kumla, har blivit ofärdig, och på ägorna bor nu också V. kyrkvaktaren **Gustaf Rytterlund**, f. 1772, med familj.
Året därpå, 1817, bor förutom den ofärdiga Änkan Hedda, också 2 pigor och 2 drängar, men även arbetskarlen Joh. **Eric Öman**, f. 1781, samt hans hustru **Charlotta Greberg**, f. 1788.

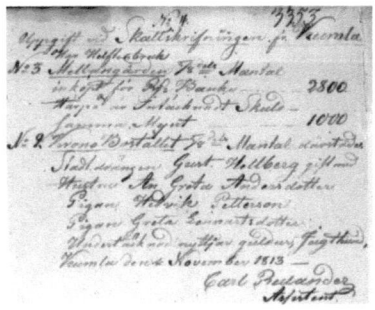 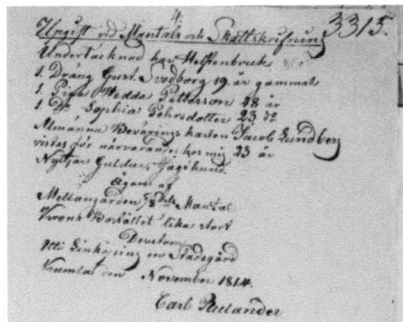

Lovisa Ulrika Ersdotter som bor på Kumla nr 1, har 1817 övertagit brukandet av Kumla nr 2. Lovisa Ulrika kom till Kumla som hustru till Bonden **Carl Carlsson**, men mannen flyttade och dog 1820, så Lovisa Ulrika gifter om sig med drängen **Jan Ersson**, f. 1793, och brukar fr.o.m. år 1818 5/56 av Kumla nr 1 för **Carl Sundins** räkning, och även resten av nr 1 som hon själv äger. Hon tycks också bruka Landtjägarbostället under åren 1818 – 1820. Äktenskapet med Jan Ersson blir dock kort, ty Lovisa Ulrika avlider efter bara ett knappt halvår den 16 januari 1822.

Rulander har alltså släppt arrendet på Landtjägarbostället år 1817. Han äger och bor kvar på Mellangården nr 3 men överlåter brukandet till andra. 1818 är Inspect. **Anders Eklund** f. 1773 med hustrun **Anna Maria** f. 1778 i Råby brukare på Kumla nr 3, och därefter brukar **Erik Pehrsson,** som också äger och brukar 3/8 Väsby, gården under 1819 och 1820.

Under Rulanders sista år som ägare av Kumla nr 3, åren 1821 och 1822 heter arrendatorn **Erik Wilhelm Aurell**, f. 1788 i Sigtuna, som är gift med **Eva Margareta Sjöberg**, f. i Stockholm 1788,

Mantalslängderna för Kumla upphör efter 1820, vilket gör vår upplevelse av byn lite tråkigare. 1819 får vi t.ex. veta att Carl Rulander dricker vin, te och kaffe. Spelar inte kort och avsäger sig tobaksnyttjandet. Han har inte några förgyllningar på sina möbler och inte heller möbler av utländsk härkomst.

Hedda flyttar till Stockholm år 1919 men har då bytt namn till **Ulrika**. Hon dricker kaffe och nyttjar mindre sidenpersedlar, liksom pigan **Greta Stina Carlsdotter**. Även Carls pigor år 1820, **Margareta Ruda** och **Brita** dricker kaffe och nyttjar mindre sidenpersedlar.

År 1816 dog Carl Gustaf Rulanders farbror Nils Magnus och Carl Gustaf ärvde stenhuset på Munkbron, dock flyttade han inte genast dit. Han finns inte upptagen i husförförsboken i Storkyrkoförsamlingen, Nikolai församling förrän år 1824-25 då han står som ägare, men boende i Kumla. Innan dess, från 1819 då den första husförhörsboken för Nikolai församling på 1800-talet finns kvar, och framöver, är hans bror Nils Petter f, 1775 skriven på fastigheten.

Först när Carl Gustaf dör i vattusot den 22 mars 1826, står i dödboken att hans adress är Munkbron, och i Skå kyrkböcker finns Carl Gustaf upptagen ända till 1823, men har varit frånvarande vid de flesta förhören. Förmodligen säljer han Kumla nr 3 under 1822 och flyttar därefter till sitt stenhus i kv. Milon nr 10, idag med adressen Munkbron 5, om han överhuvudtaget bodde där.

Fam Rulander

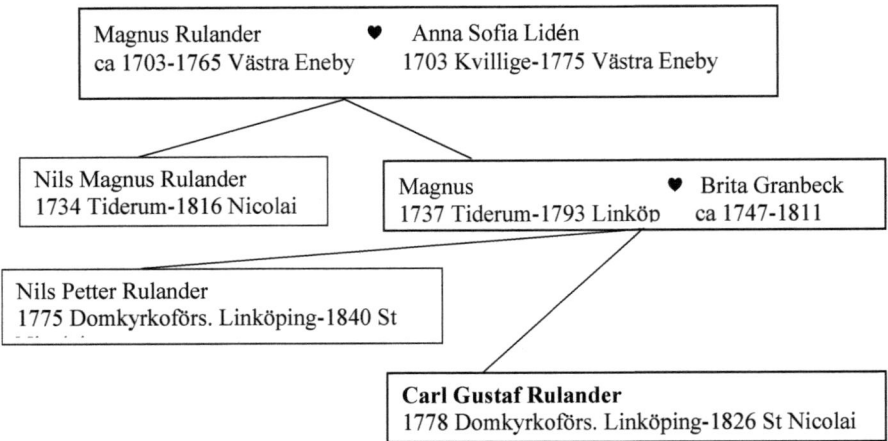

Magnus Rulander ♥ Anna Sofia Lidén
ca 1703-1765 Västra Eneby 1703 Kvillige-1775 Västra Eneby

Nils Magnus Rulander
1734 Tiderum-1816 Nicolai

Magnus ♥ Brita Granbeck
1737 Tiderum-1793 Linköp ca 1747-1811

Nils Petter Rulander
1775 Domkyrkoförs. Linköping-1840 St

Carl Gustaf Rulander
1778 Domkyrkoförs. Linköping-1826 St Nicolai

Familjen Lagus

Det är svårt att tyda de gamla böckerna, och det gäller dessutom att verkligen läsa noggrant, annars kan det bli helt fel. Så här skrev jag från början om familjen Lagus: Något år före 1830 byter Kumla nr 3 ägare. Ny ägare är **Gustaf Reinhold Lagus**.
Fel, fel, fel!
Historien är så mycket mer spännande och fortfarande för mig olöst, ty om man upptäcker en person med ett ovanligt namn, där också någon släkting blivit adlad, så känns det inte konstigt att den personen haft möjlighet att inhandla en gård, men att en vanlig bonddotter köper en gård är mer långsökt, så man tar för givet att maken med det ovanliga namnet är ägare. På den tiden angavs också mannen alltid som ägare även om det var hustruns egendom. Lätt att bli lurad.

Gustaf Reinhold Lagus var född den 24 februari 1781 i Hinnerjoki i Finland. Hinnerjoki ligger ca 5 mil norr om Åbo. Hans föräldrar var predikanten i Kodisjoki, **Gustaf Lagus** och hustrun **Agatha Boëlius**.
Gustaf Reinhold var Löjtnant i Stockholm och skall enligt uppgift ha erhållit Kung Carl XIV Johans medalj. Dock oklart vilken medalj som avses, eftersom det finns flera medaljer utgivna av eller med hänsyftning till Karl den XIV Johan.

Gustaf Reinhold gifte sig den 30 oktober 1824 i Hedvig Eleonora församling i Stockholm med TrädgårdsMästarEnkan **Maria Elisabeth Ersdotter Lindgren** f. den 30 juni 1784 i Hummelsta i Löts socken som ligger en knapp mil väster om Enköping. Hennes föräldrar var Bonden och Kyrkvärden **Eric Ersson** född i Boglösa 1753 och **Catharina Jansdotter** f. 1766 i Löth.
När Maria Elisabeth, eller som det står i dopboken, **Maja Lisa**, föds är det fortfarande morfar, Bonden **Jan Persson**, f. 1735 i Löth och hans hustru **Maria Andersdotter**, f. 1737 i Häggeby, som brukar gården, men Maja Lisas far Eric Ersson tar över brukandet av gården efter sin svärfar, och svärfar Jan Persson övergår till att bli Fördelsman, vilket i princip innebär att han överlåter gården mot att han blir försörjd resten av livet.
Mamma Catharina Jansdotter avled 1803 och dottern Maja Lisa, flyttade till Färentuna samma år, efter att ha träffat TrädgårdsMästaren vid Eldgarns Kungsgård i Färentuna, **Carl Petter Lindgren**, eller som det står i födelseboken, **Carolus Petrus**, f. 7 juni 1776 på Stafsund i Ekerö. Paret vigdes den 26 juni 1803 i Löth.
Eldgarns Kungsgård var väl heller inte riktigt sant. På Eldgarnsö fanns ingen Kungsgård, men i närheten fanns dock Väntholmens gård som var en Kungsgård, men som på den tiden tillhörde Hilleshögs socken.

Carl Petter är son till TrädgårdsMästaren **Lars Lindgren** och hustrun **Catharina Hulting**. Carl Petter har åtminstone tre syskon. **Lars** född 1778, **Charlotta** f. 1782 och **Adolf** f. 1785, Samtliga födda på Stafsund på Ekerö.

Maria Elisabeth och Carl Petter får sonen **Claes** den 21 juni 1807 på Långskär i Färentuna. Man gör därefter en kortare flytt tillbaka till Maja Lisas födelsegård i Löth men återkommer redan 1808 till Mälaröarna, nu till Kiersö på Ekerö, som ägs av Baron **Carl Gripenstierna**, f. 1755, och skriven i Stockholm. Här avlider sonen Claes den 8 februari 1810, bara 2 ½ år

gammal i Bröstsjukdom, och familjen flyttar till Brygga på Ekerö, där dottern **Hedvig Elisabeth** föds den 29 juli 1812.

Året därpå, 1813 går flyttlasset från Brygga, oklart vart, men den 9 april 1818 flyttar man in på Ericsberg i kvarteret Träskfloden i Hedvig Eleonoras församling i Stockholm, som då kallades Ladugårdsland. Den ursprungligen 114 ha stora egendomen låg då i utkanten av Stockholm, men idag har staden vuxit, så att platsen ligger mitt inne i Stockholm på Östermalm.

Ägare till Eriksberg är sedan 1788 Timmermansorden, som än idag bedriver social hjälpverksamhet, och som under åren lämnat 100-tals miljoner i bidrag till både privatpersoner och organisationer.

Här på Ericsberg blir Trädgårdsmästaren Carl Petter Lindgren arrendator, och den 27 september 1818 föds dottern **Sophia**, Men säg den lycka som varar för evigt. Redan den 16 januari 1819 dör Carl Petter i Lungsot.

Hustrun Maja Lisa bor kvar på Ericsberg efter makens död, och nu inträffar det för mig svårbegripliga. 1822 inhandlar Änkan Maria Elisabeth Ersdotter Lindgren gården Kumla nr 3! Hur kan hon ha råd med det? och hur har hon kommit i kontakt med gården? Hon har med största säkerhet köpt gården av Assistenten vid Gamla Ostindiska Compagniet, **Carl Gustaf Rulander**, som förmodligen fortfarande bor på gården fastän han sedan 1816 äger stenhuset på Munkbron nr 5. Maja Lisa har ju bott på Färingsö och har säkert kontakter där, men så spännande att fundera över vilka vägar som kan ha lett till Kumla By.

Det är alltså inte Gustaf Reinhold Lagus som äger Kumla nr 3, utan Maria Elisabeth Ersdotter Lindgren Lagus!

Det hela blir än mer spännande eftersom Maja Lisa den 17 juli 1823 "i smyg" föder den oäkta sonen **Johan Wilhelm**. Han föds i huset nr 2, kvarteret Ö. Wärtan på Regeringsgatan. I födelseboken står att modern är okänd och 38 år. Dock är han inte så undangömd, ty redan 1823 finns han med i husförhörslängden för Ericsberg som hennes son.

Kan Assistent Rulander ha med sonen att göra? Eller Gustaf Reinhold? Men trots giftermålet har Johan Wilhelm inte blivit adopterad av Gustaf Reinhold förrän på senare år och har alltid kallats för "Stiyfson" (Styvson), till och med i Maria Elisabets bouppteckning.

Direkt efter ägarbytet 1822 på Kumla nr 3 kommer också en ny arrendator till gården. Nämligen Trädgårdsmästare **Abraham Marström** f. 1773 i Östra Stenby på Vikbolandet, någon mil öster om Norrköping. Hustrun **Brita Maria Jurell**, f. 1789 i Forssa, och sonen i hans tidigare äktenskap med **Hedvig Christina Hagberg**, f. 1771 i Hagby, **Simon**, f. 1812 i Hedvig Eleonora församling, följde med till Kumla.

Abrahams far var klockare i 2:a generationen i Östra Stenby, **Israel Marström**, f. 1743 på samma ställe, och mamman var **Christina Abrahamsdotter Anjou**, f. 1739 på Gusums bruk i Ringarum, nu Valdemarsviks kommun. Christinas far, **Abraham Arvidsson Anceau (Anjou)** var Nämndeman och Brukssmed på Gusums Bruk och Christinas mor hette **Ölgott Collasdotter**.

När Abraham Marström gifte sig med sin första hustru, **Hedvig Christina** den 30 september 1798, arbetade han sedan ett år tillbaka på Fånö Gård som ligger vid Ekolsundsviken i Löts socken, ca 1 mil sydost om Enköping. En gård med anor från 1200-talet. Här föddes t.ex. den 16 juni 1583 Sveriges Rikskansler **Axel Oxenstierna**. Till Fånö kom Abraham från Solna, och på Fånö Gård föddes sönerna **Claes Abraham** år 1799, **Carl Israel** år 1801 samt **Olof** år 1807.

1810 gick flytten till Stockholm, och Abraham får tjänst hos Baron **Carl Gripenstierna**. Familjen bor då på Grev Turegatan 3 i kvarteret Sperlingsbacke. Här föds sonen **Simon** den 13 januari 1811.

Den 7 maj 1816 dör Hedvig Christina i Vattusot, och 1817 flyttar Abraham och de fyra sönerna till Kersö på Ekerö, som ju ägs av Abrahams arbetsgivare Baron Carl Gripenstierna. Baronen dör redan den 26 juni samma år av Invärtes Slag, men Abraham blir ändå kvar på Sätesgården Kiersö. Han gifter sig där den 19 november 1819 med hushållerskan Brita Maria Jurell och flyttar 1822 med henne och yngste sonen Simon, till Kumla nr 3, samtidigt som Änkan Maja Lisa Ersdotter Lindgren blir ägare av Kumla nr 3.

Man kan misstänka att Maja Lisa Ersdotter Lindgren var bekant med familjen Marström sedan tidigare. Det finns flera platser som varit gemensamma för familjerna, men ingen plats har hittats där familjerna vistats samtidigt. Efter omsorgsfullt letande har dock en gemensam nämnare återfunnits, vilket vi återkommer till nedan.

Brita Maria Jurell avlider den 13 februari 1827 i Infl. Feber. Endast 38 år gammal.

Abrahams äldste son, Claes Abraham, f. 1799 flyttade från Kersö till Enhörna 1822 i samband med faderns flytt till Kumla, men återkommer till Kersö 1826 innan han 1827 blir trädgårdsdräng på Sörsvik under Edeby, grannbyn till Kumla By i Skå. Han gifter sig i Sörsvik den 24 juni 1827 med pigan **An. Cath. Edholm**, f. 1798 i Mariefred. Även hans svärmor **Enkan Br Persdotter Edholm**, f. 1765 i Fellingsbro, flyttar till Sörsvik 1827. Hon kommer närmast från Arnäs. Alla tre flyttar vidare till Jerfälla redan 1828, men förmodligen kan Claes umgås en del med fadern Abraham i Kumla under året de bor i Sörsvik.

Inte långt efter detta går Abraham Marström bort i Slag på Kumla nr 3 den 4 maj 1829. Yngste sonen Simon som bodde kvar i Kumla vid faderns död 1829, flyttade då till Stockholm. Han blev viktualiehandlare, vilket närmast kan beskrivas som delikatesshandlare, och gifte sig med **Victoria Fredrica Grass**, f. 1815. De fick barnen **Victor Hugo**, f. 1844 i Storkyrkoförsamlingen och **Evelina Victoria**, f. 1846. Simon avlider före 1860, då Victoria beskrivs som änka.

Någon källa uppger att **Gustaf Reinhold Lagus** efter giftermålet 1824 med Maja Lisa, övertar och driver Carl Petters arrende på Ericsberg, men i vilket fall, fortsätter paret att vara skrivna i Stockholm även efter införskaffandet av Kumla nr 3. Gustaf Reinhold bevistar ändå ett förhör i Skå år 1830.

Under perioden 1828-1831 bor Skräddaren **Johan Sundell** f. 1804 i Kalmar, hans hustru **Ana Sofia Ringvall** f. i Bälinge 1809 och hennes mor **Maria Andersdotter Ringvall**, f. 1776, på Kumla nr 3. Paret har tidigare varit inhyses i Mörby, och flyttar från Kumla till Troxhammar 1831.

När Abraham Marström avlider 1829 behövs en ny arrendator på Kumla nr 3, och från 1830 blir detta ägarinnans svåger **Anders Berggren** född på Wätö den 8 juni 1786. Det är nu man kan se en koppling mellan familjerna Ersdotter-Lindgren, Ersdotter-Berggren och familjen Marström.

Anders Berggrens familj består av hustrun **Johanna Ersdotter Bogzell** f. i Hummelsta i Löth år 1792. samt dottern **Johana Sophia** f. 1813 på Säteriet Torp i Husby- Oppunda. Johanna är syster till ägaren av Kumla nr 3.

Systrarna Johanna och Maria Elisabeth hade ytterligare minst en syster, Johannas tvillingsyster, **Ulrica Ersdotter,** som dog den 20 juni 1806, bara 14 år gammal, av hetsig feber. Johanna har någon gång under livet, börjat kalla sig: Bogzell. Ingen koppling har hittats, utom möjligtvis att en av tvillingarnas faddrar var Anders Boxell från Nyköping. Det var ju lite hipp som happ med stavningen i kyrkböckerna, så kanske kan han ha med saken att göra. Alternativt kan namnet vara taget efter samhället Boglösa där fadern var född.

Anders Berggren och Johanna gifte sig den 9 november 1810 i Löt, då Johanna bara var 18 år. Johanna bodde då kvar på gården i Hummelsta och behövde inget bevis för äktenskapet, eftersom hon var känd i församlingen. Anders var vid giftermålet trädgårdsmästare på Fånöö Gård.

Här upptäcker man att trädgårdsmästaren Anders Berggren flyttar till Fånöö Gård 1810 och avlöser där trädgårdsmästaren Abraham Marström som flyttar därifrån 1810. Här finns alltså ett samband mellan familjerna.

Anders och Johanna blir inte kvar på Fånöö längre än till 1811, då familjen flyttar till Hedvig Eleonora församling i Stockholm där han får tjänst hos Brandel.

Inte heller här blir familjen gammal utan 1812 går flyttlasset till Säteriet Torp i Husby-Oppunda.

Världen är ju återigen liten, ty detta är en fastighet som 12 år senare, 1825, kommer att inhandlas av min farmors mormors far, **Brukspatron Per Jansson**, f. 11 dec 1787 i Hammar, samt min farmors mormors mor **Anna Catharina Tiderman**, f. 25 mars 1793 i Undenäs. Säteriet Torp kommer därefter att innehas av min släkt ända fram till 1916, och blir framförallt en utgångspunkt för min farmors morfar **Gustaf Bernhardt**, f. 17 maj 1806 i Garpenberg, död 25 juli 1880 på Torp.
Eftersom Familjen Berggren-Bogzell bor kvar på Torp ända till 1826 kan man räkna med att de träffat mina förfäder.

Ärila, numera Ärla, ca 2 mil sydost om Eskilstuna, blir nästa destination för familjen Berggren-Bogzell, och gården heter Wester Hedmora. Granngård med Öster Hedmora, som samme Per Jansson ovan införskaffade år 1850 tillsammans med min farmors morfar Gustaf Bernhardt. Här blir familjen kvar tills Anders blir arrendator på Kumla nr 3.

1830 övertar alltså Anders Berggren arrendet på Kumla nr 3 och familjen Berggren-Bogzell blir kvar på Kumla nr 3 till den 5 maj 1836 då man flyttar till Humlegårdsgatan 11 i Stockholm. Som vanligt blir inte lyckan lång utan Anders Berggren avlider den 23 februari 1837 i Bröstinflammation. Kanske var han redan sjuk i Kumla och att detta var orsaken till flytten till storstaden.

Efter att ha varit ägare i 15 år, kommer så äntligen Maria Elisabet Ersdotter Lindgren att själv flytta till gården 1837. Med följer den äkta maken Gustaf Reinhold Lagus, och 1844 ansluter hennes son Johan Wilhelm som nu är adopterad av Gustaf Reinhold.

1844 flyttar också en kvinna vid namn Maja Stina Kruse in som piga hos familjen Lagus. Detta resulterar i en skarp protest från prästen, ty Maja Stina har begått barnamord.

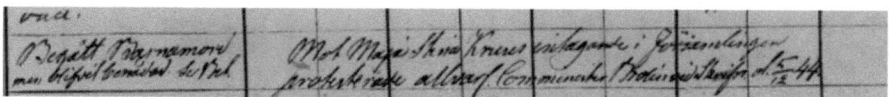

Maja Stina Kruse, f. 3 oktober 1813 i Fasterna. Föräldrarna är Skomakaren Anders Kruse, f. 1783 i Hökshuvud och Maria Holmgren, f. 1784 i Skepthamar.
Maja Stina flyttar som 17-åring till Knutby 1830 för att tjäna som piga. Efter tjänst på ett par gårdar i Knutby flyttar hon till Prästgården i Rimbo 1834.
Prost där är **Johan Wilhelm Örner**, f. 1772 i Film. Ett i Skå känt namn, ty han flyttade år 1819 till Rimbo från Mörby i Skå. Maja Stina flyttar år 1836 till Karby som också ligger i Rimbo socken, och därifrån år 1837 till Wada by, som är kyrkbyn i Vada socken som nu ingår i Vallentuna. Hon tog nattvard där den 10 juni 1838.

Smedjegården var ett fängelse som låg i kvarteret Barnhuset mellan Drottninggatan och Torsgatan i Stockholm.

Maja Stina var dömd den 4 december 1838 till livstids fängelse för barnamord och ankom till Stockholms Norra Correctionsförrättning den 20 mars 1839. "Efter 5 års förlopp skall rapport ingå huru Maja Stina Kruse sig under correctionstiden uppfört".

Den 29 juli 1844: På Kongl. Majt:s Nåd utgången i tjenst till Grosshandlare Åmark. Detta måste vara **Carl Henrik Åmark**, f. 1793 i Söderberke. Han ägde vid denna tid Hägerstalunds Gård, numera ingående i Hansta naturreservat i Spånga. Grosshandlare Åmark avled på lasarettet i Stockholm den 21 maj 1848, av feber som följd av slag.

Tyvärr går inte Maja Stina Kruse att finna på hans ägor. I Skås kyrkobok står att hon anlände till Kumla 1844 från Sthlm Norra Correctionsförrättn, så kanske kom hon aldrig till Grosshandlare Åmark, utan direkt till Kumla By.

Kvinnor som barnamördare var inte ovanliga i de tider då det var en skam att vara ogift mor. Man såg helt enkelt ingen annan utväg än att döda sitt nyfödda barn.

Det är okänt vad som föregick Maja Stinas dom, men en mycket snarlik historia finns att läsa i boken "Utan fräls oss ifrån ondo" av **Ana Porss**. En historia med ofattbara likheter med "vår Maja Stinas". Den handlar om pigan **Maja Lisa Elg** som blir gravid på prästgården och där fadern uppgavs vara baron Johan Kruse. Maja Lisa dömdes 1845 till halshuggning men benådades efter 11 år på tukthus (PA 2017).

Kumla Bys barnamördare blev bara kvar i byn något år. Hon flyttade till sin mor på gården som är döpt till Krusenberg och drevs av hennes bror. I kyrkboken står antecknat att hon har begått barnamord och är sjuklig och enfaldig.

Maja Stina Kruse gifter sig i Rimbo den 28 oktober 1852 med Skräddaren **Fredrik Malmgren**, f.1811 i Husby Långhundra. Paret får två barn som dör i tidig ålder. De tar också hand om flera barnhusbarn. Fredrik avlider den 5 februari 1890 och Maja Stina den 27 april 1897, båda i fattigstugan.

Från och med 1847 tar Maria Elisabet Lindgren Lagus son **Johan Wilhelm** över arrendet av Kumla nr 2, Landtjägarbostället. Han är nu gift med **Christina Carolina Carlsdotter**, f. 1821 i Stockholm. Mellan åren 1848 och 1857 får paret inte mindre än 10 barn, inklusive en trillingfödsel år 1851, men endast tre av dessa överlever sin 2-års dag. **Agnes Maria Haralda**, f. 1848, **Johan Reinhold Gotthard**, f. 1849 och **Carl Wilhelm** f. 1856.

Tyvärr finns inga dödsorsaker angivna på alla dessa barn. Inte nog med detta, utan under samma period har också ägaren till Kumla nr 3, tillika Johan Wilhelms mor gått bort den 12 mars 1853. Även Johan Wilhelms svärmor, änkan **Christina Carlsson**, f. 1788, som flyttat in på Kumla nr 2, gick bort den 12 juli 1857 med "gott minne in i döden" enligt dödboken, och slutligen dör också Gustaf Reinhold Lagus den 8 september 1857. Om honom kan man läsa i dödboken: "En aktningsvärd man". Inte heller för dessa personer finns tyvärr någon dödsorsak angiven.

Så mycken sorg i Kumla!

På samma uppslag i dödboken som Gustaf Reinhold och en av Johan Wilhelms döttrar, finns dessutom **Erik Wilhelm, 21 år,** son till **Eric Johansson** och **Wilhelmina Mose** i Kumla nr 1. Han dog samma dag som Gustaf Reinhold. Samma dag också drängen **Erik Wilhelm Lindgren** som tjänstgjorde hos Johan Wilhelm Lagus. "Igenfunnen drunknad vid Prestviken, 20 år gammal". Samt bara två veckor tidigare, **Carolina Sophia** dotter till Stat.drängen **Joh. Petter Sundström** och **Hedvig Charlotta Petersdotter** i Kumla. 11 månader gammal.

Ca 1856 släpper Johan Wilhelm Lagus arrendet på Kumla 2 och brukar nu endast Kumla nr 3. Nu äger han också Kumla 3. Han har ärvt gården efter sin mor och i hennes bouppteckning är Kumla nr 3 upptaget till ett värde av 3000 Riksdaler Banco, vilket motsvarar värdet av varor för 340 653:- år 2022. Eller värdet 13 215 851:- för lika många arbetade timmar för en industriarbetare år 2022. Boets totala värde uppgick till 4 231 Riksdaler Banco som motsvarar 480 434:- resp. 18 638 756:- som ovan (ERS 2011).

I boet efter maken Gustaf Reinhold Lagus, fyra år efter Maria Elisabets död, finns naturligtvis inte Fastigheten Kumla 3 upptagen och behållningen uppgår nu till 145 Riksdaler Banco vilket likt ovan motsvarar 13 205:- resp. 427 649:- (ERS 2011).

Som arvingar är i båda bouppteckningarna upptagna 1. sonen/adopterade stjufsonen Lantbrukaren J W Lagus. 2. Dottern **Hedvig Elisabeth Lindgren Mineur,** samt 3. Aflidna dottern Sofia Lindgren Wallenstrands omyndiga dotter **Hildegard Sofia Augusta Theodolinda Wallenstrand.**

År 1858 ger Johan Wilhelm upp Kumla och köper och flyttar till Hofvingsberg i Danviks församling i Stockholm. Idag är gården framförallt Henriksdals trafikplats vid Danviksklippan. Här fortsätter barnafödandet och också eländet. Förmodligen har man dålig kontroll på kyrkböckerna, men så som födelsedagarna är angivna i Danvik-Sicklaös födelsebok kan man kanske förstå varför barnen inte överlevde. Märkligt också, om detta är sant, att hustru Christina Carolina överlever. **Claes Gustaf** föds 25-28 december 1858, och **Oscar Ludvig** föds 13-19 maj 1860, men dör den 7 mars 1861. Även sonen Carl Wilhelm som föddes 1856 dör ett par månader senare, den 26 maj 1861. Fortfarande bara 3 levande barn av en barnaskara på 12 st.

Kanske har Johan Wilhelm fått kontakt med Gustaf
Reinholds släktingar ty den 4 oktober 1862 emigrerar
familjen till Finland, vilket inte varar längre än till 1864 då
familjen återfinns på Nytorget nr 45 (också benämnt
Stadsträdgårdsgatan) i kvarteret Bondesonen större.
Fasigheten ägs av slaktaränkan **Margareta Catharina
Färnström**, skriven i kvartersnumret 6, som också äger
kvartersnummer 5 och kvartersnummer 10 i samma
kvarter. Hon har ladugård om 4 kor.

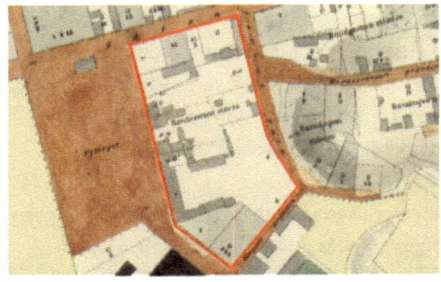
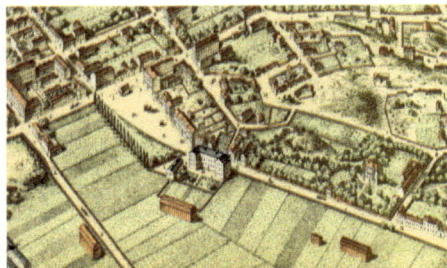

1863   1870-tal

Delar av kvarteret från den tiden finns ännu kvar, om än förändrat ett flertal gånger, och är
idag till viss del skyddat.

Från och med familjens återkomst efter
"Finlandstrippen" tillhör de alla den Finska
Församlingen, även kallad Fredriks församling. Deras
kyrka ligger mitt emot Stockholms Slott. Hit har man
rätt att höra om man är född i Finland, är barn till
någon som är född i Finland, är make, barn eller
efterlevande till någon som har tillhört
församlingen. Eftersom Johan Wilhelm var
adopterad av Gustav Reinhold som var född i
Finland, fick familjen rätten att tillhöra församlingen.

Johan Wilhelm är nu slaktare och har bilagt till Handels-Collegiumdom Slagterirättigheter.
Detta betyder att han erhållit **Burskap**, d.v.s. den lagliga rätten att utöva ett yrke i en stad,
och att åtnjuta de förmåner som tillhör borgare. Johan Wilhelm betalar här 340 Riksdaler i
årshyra. Han finns kvar här t.o.m. 1871. Under sina sista år benämns han som handlanden.

År 1873 den 17 november bor Johan Wilhelm på Stadsträdgårdsgatan 51 och dör av Smittkoppor, 50 år gammal.

Johan Wilhelms efterkommande fortsätter tyvärr hans tragiska livsbana. Endast tre av hans minst 12 barn har ju överlevt småbarnstiden.

Kvar finns **Agnes Maria Haralda** som går bort som Borgaredotter på Stadsträdgårdsgatan 45 den 10 juni 1867, 19 år gammal.

Johan Reinhold Gotthard gifter sig med **Emma Charlotta Sivers**, f. 15 augusti 1853 i Norrköping och får dottern **Hedvig Aurora** den 28 februari 1876. Äktenskapet blir upplöst.

Claes Gustaf har blivit postexpeditör och gifter sig med **Alma Magda Fredrika Mellbine**, f. 1863 i St Nikolai församling i Stockholm. De får sonen **Gotthard Wilhelm** den 4 februari 1896 som lider av medfödd allmän svaghet och avlider i hemmet samma dag. Hustrun dör också i hemmet 1½ månad senare, den 25 mars 1896, av organiskt hjärtfel.
Claes Gustaf själv går bort den 12 oktober 1900 i Hedvig Eleonora församling i Stockholm i Hjärnblödning, 42 år gammal.

De minst 12 barnens mamma, Christina Carolina f. Carlsson, som levt förvånansvärt länge med tanke på alla förlorade barn, avlider även hon några månader efter sonhustrun, den 6 september 1896. Hon anmäldes till understöd från något Wälgörenhets sällskap redan 1892.

Gustaf Reinhold Lagus fick inga egna barn och berättelsen om den framgångsrike Löjtnanten, Ägaren och Brukaren av Kumla nr 3, som egentligen ägdes av hans hustru, fick ett sorgligt slut.

Ett minne efter hans hustru ska dock finnas bevarat i Skå Kyrka.
Enligt en konsthistorisk inventering över kyrkorna i Färentuna Härad gjord av Armin Tuulse 1957 och utgiven av Sigurd Curman och Johnny Roosval på uppdrag av Kungliga Vitterhets Historie och Antikvitets Akademien, skänktes till Skå Kyrka år 1852 en bokdyna i svart sammet med initialerna MCL i silver på framsidan, där initialerna skulle åsyfta på givaren, fru Maria Christina Lagus i Kumla. Problemet är ju bara att ingen med det namnet har funnits i Kumla.

Familjen Lagus

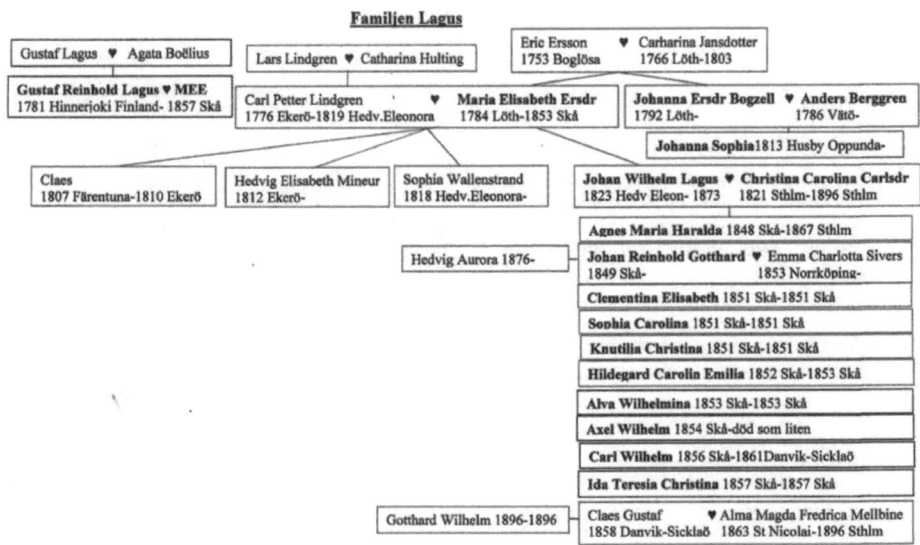

Gustaf Lagus ♥ Agata Boёlius	Lars Lindgren ♥ Catharina Hulting	Eric Ersson ♥ Carharina Jansdotter 1753 Boglösa 1766 Löth-1803

Gustaf Reinhold Lagus ♥ MEE
1781 Hinnerioki Finland- 1857 Skå

Carl Petter Lindgren   ♥   **Maria Elisabeth Ersdr**
1776 Ekerö-1819 Hedv.Eleonora   1784 Löth-1853 Skå

Johanna Ersdr Bogzell ♥ Anders Berggren
1792 Löth-   1786 Vätö-

Johanna Sophia1813 Husby Oppunda-

Claes 1807 Färentuna-1810 Ekerö	Hedvig Elisabeth Mineur 1812 Ekerö-	Sophia Wallenstrand 1818 Hedv.Eleonora-	**Johan Wilhelm Lagus ♥ Christina Carolina Carlsdr** 1823 Hedv Eleon- 1873 1821 Sthlm-1896 Sthlm

Agnes Maria Haralda 1848 Skå-1867 Sthlm

Hedvig Aurora 1876-

Johan Reinhold Gotthard ♥ Emma Charlotta Sivers
1849 Skå-   1853 Norrköping-

Clementina Elisabeth 1851 Skå-1851 Skå

Sophia Carolina 1851 Skå-1851 Skå

Knutilia Christina 1851 Skå-1851 Skå

Hildegard Carolin Emilia 1852 Skå-1853 Skå

Alva Wilhelmina 1853 Skå-1853 Skå

Axel Wilhelm 1854 Skå-död som liten

Carl Wilhelm 1856 Skå-1861Danvik-Sicklaö

Ida Teresia Christina 1857 Skå-1857 Skå

Gotthard Wilhelm 1896-1896 — Claes Gustaf   ♥ Alma Magda Fredrica Mellbine
1858 Danvik-Sicklaö 1863 St Nicolai-1896 Sthlm

Oscar Ludvig 1860 Danvik-Sicklaö-1861 Dito

Familjen Bolin

När **Johan Wilhelm Lagus** med familj flyttar från Kumla år 1858 övertar **Erik Wilhelm Bolin,** f. 10 maj 1820 i Odensala, arrendet på Kumla nr 2. Han övertar också ägandet av Kumla nr 3, samt att han förmodligen till att börja med också bor på Kumla nr 3.

Hans hustru heter **Brita Catharina Sundberg**, f. 14 juli 1814 på Hölö. De ingick äktenskap den 4 november 1845, och enligt Skås kyrkobok har de också med sig fosterdottern **Emilia Maria Ottilia Thelin**, f. 4 mars 1850 i St Clara församling i Stockholm. Där står också att Emilias föräldrar var "Hoflakejen Anders Reinhold Thelin och hustrun Ulrika Larsdotter Sundström". Deras fosterbarn går dock inte att finna i St Claras dopbok för 1850.

Nämdemannen Erik Wilhelm och hans hustru kommer närmast från "Lamarudd" på Lovön, där de bott sedan 1845 som arrendatorer på Grubbeholm, som inte återfunnits på karta, men förmodligen legat i närheten av Lambarudd.

Hans föräldrar Trädgårdsmästarn **Eric Christoffer Bolin**, f. 1796 i Tillinge, som ligger ca en halv mil väster om Enköping, och **Anna Lovisa Grönvall**, f.1850 i Sollentuna, kom som arrendatorer till Lambarudd från Spånga 1841 med 7 syskon till Erik Wilhelm, och flyttade vidare till Tingshuset i Sånga år 1844. Bara någon km ifrån Kumla By. Erik Christoffer är då Tractör. Han avlider här den 24 mars 1847, och änkan Anna Lovisa Grönvall gifter om sig med Trädgårdsmästaren **Melker Haglind**, f. 1802, också boendes i Tingshuset.

Erik Wilhelm själv kom till Lambarudd först 1842 efter att ha varit dräng på Stora Ängby i Bromma under ett års tid.

Med Erik Wilhelm Bolins ankomst till Kumla börjar en turbulent och svåröverskådlig tid i byn. Den 11 mars 1861 flyttar **Johan Fredrik Ersson**, f. 1826 i Botkyrka in på Lantjägarbostället Kumla nr 2. Han har med sig sin familj som består av hustrun **Anna Brita Hellström**, f. 1827 i Huddinge och en dotter född 1852. Han övertar arrendet på Kumla nr 2 och blir kvar till 1865.

Förmodligen bor och brukar Bolin själv Kumla nr 3 ända till 1865, men flyttar märkligt nog som arbetskarl, 1866 till Kumla nr 2, när Kumla nr 3 den 7 april 1866 får en ny arrendator. Dock äger Bolin fortfarande nr 3.

Den nye arrendatorn på nr 3 är **Johan August Wahlberg**, f. 1829 på Wermdö. Hans hustru är **Carolina Gustava Österman**, f. 1835 i Ryttinge på Wermdö.

Johan och Carolina Gustava hade sex barn som var födda på Wermdö, samt föddes ytterligare en dotter i Skå.

Familjen blir inte gammal i Kumla ty Johan August avlider i lunginflammation efter bara drygt ett år som arrendator på Kumla nr 3, den 15 juni 1867.

Redan innan Johan August dör och änkan Carolina Gustava med sina barn flyttar från Kumla till Rindö i Waxholm den 17 oktober 1867 kommer en ny familj till Kumla nr 3.

Kyrkböcker saknas för aktuella år på Värmdö, men man kan ändå anta att det är Johan Augusts syster med familj som flyttar in på Kumla nr 3 redan den 16 november 1866. Man kan fundera på varför. Är Johan August sjuk redan då, så familjen kommer för att hjälpa till, eller varför överger man fastigheten nr 217 i Ekuddskvarteret i Waxholm som man äger. I vilket fall är det f.d. Timmermannen **Carl Johan Johansson**, f. 1833 i Raki i Livland som kommer hit från Waxholm med sin hustru **Vendela Christina Wahlberg**, f. 1826 på Wermdö. Vendela har före äktenskapet den oäkta dottern **Ida Aurora**, f. 1851 på Wermdö, samt har paret 4 gemensamma barn. Även Carl Johan Johansson blir arrendator på Kumla nr 3, men redan den 11 november 1868 flyttar också han och hans familj från Kumla till Wermdö. Nu träder en helt okänd ägare in på Kumla nr 3. **Anders Gustaf Svensson**. Det enda vi vet om honom är att han är skriven i Stockholm. Inget står huruvida han bott här och i så fall när. Inte heller när han övertog ägandeskapet, men någon gång mellan slutet av 1868 och början av 1871 äger han Kumla nr 3. Mycket oklart vem som brukar gården. Erik Wilhelm Bolin bor fortfarande på Kumla nr 2 och möjligtvis arrenderar han också nr 2. Han har dock inte brukat nr 3 sedan april 1866, men ändå fortsatt stå som ägare tills den okände Anders Gustaf Svensson övertagit ägandet.

Från den 17 mars 1871 får i alla fall Kumla nr 3 återigen en ny ägare och brukare. Trädgårdsarrendatorn **Johan Petter Pettersson,** f. 1819 på Munsö, kommer närmast ifrån Husby på Munsö. Han är gift med **Christina Söderlund**, f. 1814 i Norrsunda i dagens Rosersberg. De har 3 barn födda 1843, 1847 och 1851. Samtliga födda på Munsö. Familjen flyttar till Bromma i Sånga den 12 april 1875. Varpå **Jan Erik Sörlander** tar över Kumla nr 3.

För att återgå till Erik Wilhelm Bolins vidare öden så avlider hans hustru, Brita Catharina Sundberg den 13 december 1872 av magplågor, när de fortfarande bor på Kumla nr 2.

På Troxhammar nr 4, Orrburn, bor smeden **Carl Gustaf Dahlberg**, f. 1823 i ett eget hus. Hans hustru i 2:a giftet, är **Carin Ersdotter**, f. 1836 i Fryksände, Värmlands län, samt har de dottern **Carolina Hildegard**, f. 1871 i Skå.
Carl Gustaf dör den 30 december 1872 av kräfta i magen, och änkan Carin och dottern Carolina flyttar 1873 till Kumla nr 2, där Erik Wilhelm Bolin bor och har blivit änkling ungefär samtidigt som Carin. Båda flyttar från Kumla nr 2 till Kumla nr 4 under 1873. Där är det nu **Jan Erik Sörlander** som är ägare och brukare, men själv bor Jan Erik i nr 3.
Carins dotter Carolina Hildegard avlider bara två och ett halvt år gammal på Serafimerlasarettet den 9 januari 1874 av en brännskada. Erik Wilhelm Bolin och Carin Ersdotter får därefter sonen **Carl Johan Wilhelm** den 6 augusti 1874. De gifter sig den 6 augusti 1875, och den 8 november 1875 flyttar Bolin med hustru och barn till Hillersjönäs i Hilleshög, efter 17 år i Kumla.
På Hillersjönäs är han först ägare och därefter torpare. Följer man hans vidare öden flyttar han som torpare, med familjen till Svensborg i Huddinge 1878, och därefter till Brännkyrka 1879. Han avlider 1896 på Sabbatsbergs sjukhus.

Familjen Sörlander

Den 24 mars 1875 flyttar f.d. Häradsdomaren **Jan Erik Sörlander** f. 11 oktober 1815 i Wärstaborg, Häggeby, Uppsala län, till Kumla nr 3 som ägare och brukare. Jan Erik köper också 5/28 mantal av Kumla nr 4.
Häggeby ligger ca 1 mil norr om Bålsta. Hans far var Timmermannen **Anders Sörlander**, f. 1774 i Skuttunge, och mamman var **Maria Tenstedt**, f. 1775. Jan Erik träffar sin hustru **Sofia Ersdotter,** f. i Bro 1820 när han arbetar som dräng på gården Stora Säbyholm, där hon är piga, och paret gifter sig den 26 september 1841 i Lossa. Man bor några år på Smidön i Lossa, där även Sofias far, mor och syskon bor. Pappan är **torparen Erik Andersson,** f. i Lagga 1786 och mamman är **Maja Lisa Berggren**, f. 1803 i Ryd.

Jan Erik hamnar, tillsammans med hustrun, i ett intressant mål mot sin svärmoder som handlar om bouppteckningen efter Sofias pappa som avled 1843 av "vattusot". Delar av målet kan läsas i bilaga 5, Utdrag ur Brogårds arkiv.
I bouppteckningen kan man bl.a. läsa: "Så som närvarande vid Bouppteckningen voro mågen Sörlander som för sörjt sin sverfader i sin skjukdom då Hustru Maria Elisabet Berggren förläten somar begaf sig ifrån sin man i dess skjukdom för att söka något annat."

Änkan Berggren anklagar sin dotter och svärson för att ha uppgivit falska uppgifter i bouppteckningen samt att dottern okvädad sin mamma vid bouppteckningstillfället. Ett antal vittnen kallas in och målet kommer att pågå vid ett flertal tillfällen med vitesförelägganden. Tyvärr vet vi inte domslutet, men det beskriver ett underbart stycke historia varur man kan föreställa sig mycket beträffande de inblandades personligheter.
Jan Erik tar över torpet på Smidön efter svärfaderns död och då paret Jan Erik, som för övrigt i födelseboken endast är döpt till Johan, och Sofia flyttar till Kålartorp i Bro 1847 kallas han Jordtorpare. Detta innebär att torpet lyder under en jordbruksegendom, samt att han som alla torpare fått tillgång till bostad och en liten bit mark att försörja sig på, mot att han utför dagsverken eller andra tjänster åt markägaren. Han behöver dock inte betala skatt för sitt torp.
Jan Erik är framgångsrik och under sin tid på Kålartorp blir han bonde, d.v.s. han betalar nu skatt för sin fastighet.
1852 flyttar familjen till Qvista, som också ligger i Bro. Jan Erik är bonde och blir nu utnämnd till tolvman, vilket är en av tolv stycken nämndemän i områdets häradsrätt. Häradsrätten är i princip föregångaren till dagens tingsrätt på landsbygden, där nämndemännen utsågs bland just bönderna. Innan familjen flyttar tillbaka till Låssa år 1867 har Jan Erik också blivit kyrkvärd.
Han blir nu arrendator på Lilla Lund på Dävensö. En ö i Mälaren som bl.a. på 1300-talet ingick i ett byte med jord i Sockarby i Sånga. Ön är idag mest känd som Zlatan Ibrahimovics egendom.

Jan Erik blir också Häradsdomare. En hederstitel för den äldste i tjänst varande nämndemannen i Häradsrätten. Häradshövdingen utsåg Häradsdomaren till nämndens ordförande och talman.

Protokoll hållet vid Kommunalstämma med Låssa socken i skolhuset vid Freden den 26 augusti 1873, På grund av skrivelse från t f kronolänsman Agrell den 19 juli 1873 angående val för Låssa socken av ny nämndeman i den avgångna häradsdomare J E Sörlanders på Dävensö ställe, utsågs hovkamrer och arrendator på Ålbrunna lagmansboställe G Sandberg vid Säbyholm. Han har att med protokollsutdrag inställa sig inför Bro Häradsrätt vid hösttinget och avlägga domareden.
Ut supra In fidem L G Nordquist
Uppläst och justerat betygar Wallenström, C Andersson

Efter tiden på Dävensö är det dags för flytten till Kumla. Med sig har Jan Erik hustrun **Sofia Ersdotter Sörlander** f. i Bro den 20 mars 1820 samt barnen **Johan Ragnar** f. 2 april 1861 och dottern **Hilma Ottilia** f. 7 april 1865. Båda födda i Roslags-Bro. Paret har dessutom fött tre äldre döttrar, varav endast **Sofia Matilda**, f. 3 april 1851 lever.

Sofia Matilda har redan tidigare flyttat till Skå efter det att hon den 8 september 1872 gift sig med **Karl Gustaf Lindgren** och hon bor nu på Mörby nr 1. Paret får tre barn. **Gustaf** som kommer att leva på komministerbostället Mörby nr 2. **Evelina** flyttar till Skattberga nuvarande Berga nr 1 och **Irma** som kommer att bo i Kumla.

Jan Erik avlider den 15 maj 1884, varpå hans arvingar som består av hustrun och de tre barnen, övertar hans ägor i Kumla.

Sonen **Johan Ragnar** var sedan den 14 april 1883 gift med **Agnes Eriksson** från Östnibbla, f. 1861 i Sånga, och kommer att leva hela sitt liv i Sundby i Sånga. Han får sex barn varav två dör som mycket små. Han väljer att följa sin mågs exempel och hänger sig den 20 mars 1893 på Sundby nr 2. Hans barn är då mellan 3 och 10 år. Begraven i Skå.
Jan Erik Sörlanders yngsta dotter **Hilma Ottilia** gifter sig den 23 november 1882 med **Herman August Hermansson** från Svartsjö Ladugård f. 18 april 1861 i Stockholm, och paret övertar brukandet av Kumla nr 3 efter faderns död.
Herman August är dräng på Svartsjö Ladugård och har här efternamnet **Olsson**. Notering finns dock i kyrkboken att han har börjat kalla sig för Hermansson.
Herman August kom knappt 15 år gammal till Bro som barnhusbarn från Vallentuna den 26/1 1876.
Inte helt otroligt att Jan Erik Sörlander var inblandad i hans ankomst till Svartsjö Ladugård från Nygårds Rote i Bro den 3 nov 1877, då Herman August är 16 år. Han kom som

"tjenstegosse" i sällskap med familjen Widegren som arrenderat Nygård i Bro, där också Herman August bodde.

Johan August Widegren f.1834 i Settersta, Nyköping, var arrendator på Nygård i Bro och var gift med **Maria Ulrika Karolina Widmark** f. 1839 i Hammarby. Tillsammans får paret Widegren sammanlagt 5 döttrar, varav två föds i Sånga. Bokhållaren **Per Erik Edvard Widmark**, vilken förmodligen är släkt med Widegrens hustru, anländer samtidigt till Svartsjö.

Bro och Lossa hade gemensamma kommunalstämmor vid den tiden och många tecken tyder på att Jan Erik Sörlander och Johan August Widegren kände varandra sedan tidigare.

Protokoll fört vid allmän Kommunalstämma med Bro och Låssa socknar i Bro kyrkas sakristia den 18 maj 1873.
*Till ledamöter i taxeringskommittén som sammanträder vid Tibble gästgivargård den 17 juni klockan 10 utsågs för Bro: Wiman Lejondal, BergBrogård, **Widegren Nygård**.*
*för Låssa: Tauvon Toresta, Sandberg Säbyholm, V Post Ådö. Suppleanter: Carlsson Vallby, **Sörlander Dävensö**. Sandberg utsågs att hämta bevillningsberedningens förslag hos undertecknad och vid ett vite av 10 Rdr avlämna det hos taxeringskommittén.*
Ut supra In fidem L G Nordquist
Uppläst och justerat samma dag intygar Söderberg Wallenström

Familjen Widegren kommer även i fortsättningen att betyda mycket för Herman August, eftersom han för andra gången i sitt liv kommer att byta sitt efternamn. Den här gången till just Widegren.

Han och Hilma Ottilia Sörlander får sönerna **Ivar Herman Rudolf** f. 18 april 1883 i Sånga och **Karl Konrad Kristian Widegren** f. 27 juli 1889 i Skå.

Endast 29 år gammal ser dock Bonden på Kumla nr 3, Herman August Widegren, f.d. Hermansson, f.d. Olsson, ingen annan utväg än att hänga sig den 14 augusti 1890. Han begravs enligt dödboken i tysthet, allt efter den tidens regler. En självmördare ansågs inte värdig en riktig begravning och placerades oftast utanför kyrkogårdens murar.

Svårt att veta orsaken till hans beslut, men bara tre månader efter händelsen flyttar drängen **Karl Gustaf Vallin** f. 27 april 1861 i Väsby nr 2 i Skå, från Troxhammar till Kumla nr 3 som dräng, och ett år senare, den 11 december 1891, gifter Hilma Ottilia om sig med honom. Kanske har självmordet med detta att göra? Paret får en gemensam dotter, **Torborg Sofia Ottilia** f. 14 april 1892, endast 4 månader efter giftermålet, men dottern avlider efter bara 1 månad, 23 maj 1892.

Jan Erik Sörlanders arvingar äger fortfarande Kumla nr 3, 35/168 mantal, men Hilma Ottilia Sörlanders make Karl Gustaf Vallin är nu arrendator och brukare, också för 5/28 mtl Kumla nr 4.

Änkan efter Jan Erik Sörlander, Sofia Ersdotter Sörlander avlider den 30 juli 1906, vilket resulterar i att både Kumla 3 och 4 får många delägare. 1910 och 1911 sker därför hemmansklyvningar av både Kumla nr 3 och nr 4.

Barnbarnet Irma och hennes make J A Johansson får Kumla 3:2. Dottern Hilma Vallin erhåller Kumla 3:3 som kommer att bli Kumla nr 5, och de fyra barnbarnen efter sonen Johan Ragnar Sörlander erhåller Kumla 3:4, vilket idag benämns Östmarken.

Resultatet för Kumla nr 4, där Litt Eb och Litt Ed skiftas, blir att barnbarnet Irma och maken J A Johansson också erhåller Kumla 4:6 som består av två skiften.
Johan Ragnars arvingar får Kumla 4:7 också i två skiften, och slutligen får Hilma och Karl Gustaf Vallin två skiften med benämningen Kumla 4:8. Den del som haft beteckningen Litt Ec är den del av Kumla nr 4 som tilldelats C J Nessling och som kommer att tillhöra Skå-Edeby.

År 1932 har Johan Alfred Johansson också tagit över Litt Ef, som ägdes av Sörlanders arvingar och nu äger och brukar han 155/392 mtl Kumla nr 4. Han äger också 70/168 mtl Kumla nr 3, men Vallin, brukar den marken.

Hilma Ottilias son **Ivar Herman Rudolf Widegren** är notarie och flyttar, 33 år gammal, från gården den 20 november 1916, men hans bror **Karl Konrad Kristian Widegren**, gift med **Maria Lovisa Olsson**, f. 11 januari 1896 i Sånga och uppvuxen i Kumla nr 2, övertar arrendet av Kumla 3:3 och dör först 16 juni 1947 av prostatacancer med metastaser. Hans mamma Hilma Ottilia finns kvar på gården åtminstone till 1946

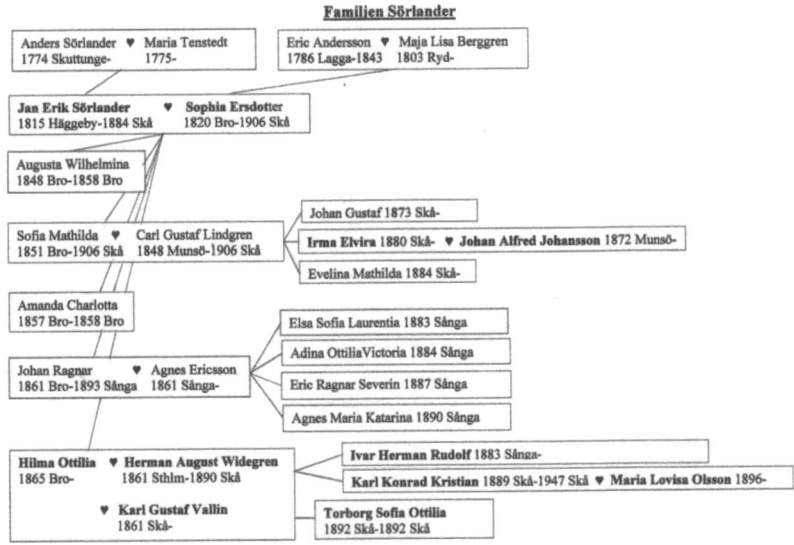

Jan Erik Sörlanders arvingar finns fortfarande kvar i byn år 2024. Två barnbarns barnbarn och fyra barnbarns barnbarns barn är fast boende i Kumla By 149 år efter hans ankomst till byn.

Familjerna Lindgren

Familjen Lindgren nr 1

Den 22 december 1790 föddes Snickarmästare *Gustaf Lindgren* i Stockholm. Han gifte sig den 23 oktober 1820 med **Christina Margareta (Stina Greta) Ersdotter**, f. 1799 på Östergården i Björkö, vilken ingår i Adelsö socken men också är en egen ö, mera känd som Birka. Paret bodde vid giftermålet på Tullportsgatan 5 i kvarteret Sturen Större i Katarina församling i Stockholm. Första barnet, **Johan Gustaf Lindgren** föddes här 1821. Därefter dottern **Charlotta Gustava** år 1829 på Philgatan nr 3 i kvarteret Beckbrännaren, också i Katarina församling i Stockholm.

År 1832 den 21 november, flyttade familjen till Skärviken i Skinnskatteberg i Västerås län, och kort därefter föddes här sonen **Carl Theodor** år 1833.

Efter endast drygt två år, den 19 maj 1835, dör Gustaf i "Lungsot med förkylning". Paret har också under äktenskapet fått ytterligare 2 döttrar som var avlidna vid tiden för faderns död. Enligt dödboken har Gustaf levt ett anständigt liv.

Efter makens död, återvänder makan Stina Greta den 27 juli 1835 till hembygden i Adelsö socken. Nu till Gredby by. Med sig har hon de två yngsta barnen.

Dottern Charlotta Gustava hamnar redan 1836, 7 år gammal, på Östergården på Björkö hos sin mormor **Brita Jansdotter**, f. 1764, som är änka efter bonden **Erik Jansson**, också född 1764. Gården brukas nu av Charlotta Gustavas moster, **Anna Cajsa Ersdotter**, f. 1792 och hennes make Skattebonden **Anders Jansson**, f. 1787, samtliga födda på Adelsö.

Lillebror *Carl Theodor*, som bara är 2 år när familjen återvänder till mammas födelseort Adelsö, bor till att börja med tillsammans med mamma, men i samband med att mamma *Stina Greta* gifter om sig den 24 mars 1845 med Enklingen Bonden **Erik Jansson** i Lindby, f. 1793, hamnar Carl Theodor, liksom sin syster, som fosterbarn på Östergården på Björkö. Mamma Stina Greta avlider i tyfus den 14 februari 1850 på Lindby.

Charlotta Gustava bor kvar som piga på Östergården på Björkö och gifter sig som 22-åring den 20 februari 1851 med drängen **Johan Fredrik Andersson**, f. 1822 på granngården Björkös Uppgård. Hennes storebror Johan Gustaf, som då bor på Sättra på Adelsö, är giftoman.

Redan 4 juni samma år föds sonen **Johan Sivert**.

Johan Fredrik tycks vara en duktig man, eftersom redan 1853 så äger och brukar han Mörby nr 1, ½ mantal i Skå.

Barn nr två, sonen **Carl Alfred** föds den 26 mars 1854, och barn nummer tre **Tekla Charlotta** föds den 27 oktober 1857. Lyckan varar dock inte länge, utan pappa Johan Fredrik får lunginflammation och dör den 8 mars 1860. Ägandeskapet till Mörby nr 1 övergår då till hans barn, men gården kommer att brukas av Charlotta Gustavas nye make, ty hon gifter om sig den 18 oktober 1861 med trädgårdsmästaren **Johan Ludvig Torsell**, f. på Stenby Gård på Adelsö år 1820. De får den gemensamma sonen **Ernst Ludvig**, f. 1867.

Familjen flyttar också till Lovö 1867, men bor åter på Mörbys ägor 1877, då Charlotta Gustavas storebror Johan Gustaf har tagit över ägandeskapet av Mörby nr 1.

Det går bra även för *Carl Theodor* som gifter sig med **Carolina Sofia Jansdotter**, f. 1832 på Lundkulla på Adelsö. Familjen bor många år vid Lullehovs bro på Lovö, där också dottern **Amalia Theodora** föds år 1867. Man bor därefter några år på Carlhem som tillhör Troxhammar nr 5, men återvänder till Lundkulla på Adelsö 1874, där dottern **Hulda Sofia** föds 1874. Carl Theodor dör som hemmansägare och kyrkvärd på Lundkulla, den 6 juni 1909, av Bröstkatarr. Hans hustru Carolina Sofia gick bort redan tidigare, den 15 augusti 1906 av Slag.

Gustaf Lindgrens äldste son *Johan Gustaf Lindgren*, som vid familjens återvändande år 1835, är knappt 14 år, skrivs inte in på Gredby utan flyttar direkt till Sättra på Munsö. Där blir han kvar som dräng till 1848 då han gifter sig den 20 februari med bonddottern på Bonavik, **Johanna Charlotta Brodin**, f. 13 mars 1825, Munsö socken.
Sonen **Carl Gustaf** föds den 18 december samma år, och dottern **Johanna Charlotta** den 14 september 1855. Pappa Johan Gustaf Lindgren är då torpare på Ängsvaktartorp på Munsö. Under en period har han också varit rättare på gården Sättra på Adelsö.
1856 flyttar familjen till Troxhammar i Skå där Johan Gustaf brukar och arrenderar nr 6, samt också brukar kronofogdebostället Troxhammar nr 4.
1865 återvänder han dock till Munsö och blir arrendator på Utholmen. Runt 1877 övertar han också ägandet på Mörby nr 1 ½ mtl, som hans systerbarn tidigare ägde, och nu låter han sin son Carl Gustaf bruka den gården.
Johan Gustaf bor kvar på Utholmen, får befattningen nämndeman och dör här, 62 år gammal den 16 februari 1884 av, som det kallades förr, kräfta. Han begravs dock i Skå.
Johan Gustaf Lindgrens son *Carl Gustaf Lindgren* flyttade från Utholmen på Munsö år 1872, till Lossa socken och blev där brukare på Norrskog som var ett torp på Devensö ägor, nu tillhörande Bro som ligger mellan Kungsängen och Bålsta nordväst om Stockholm.
Arrendator på Devensö var f.d. Häradsdomaren och Nämndemannen **Jan Erik Sörlander**. En av hans döttrar var **Sophia Matilda Sörlander**, f. 1851 i Bro. Tycke uppstod, och giftermålet sker den 8 september 1872. Paret får sonen **Johan Gustaf Lindgren**, f. 23 mars 1873, och de återvänder 24 mars 1875 till Mälaröarna. Nu till Ekerö, där Bonden Carl Gustaf arrenderar Nybble Gård. Därifrån flyttar familjen 1878 till Mörby nr 1, ½ mantal, i Skå, som nu ägs av hans far Johan Gustaf Lindgren på Utholmen i Munsö.

Genom sitt giftermål har Carl Gustaf skapat kopplingen till Kumla nr 3, ty hustrun Sofia Matilda Sörlander är dotter till Häradsdomare Jan Erik Sörlander som flyttar in på Kumla nr 3 år 1875.
Carl Gustaf och Sofia Matildas son **Johan Gustaf** föds redan 1873 i Lossa. Deras dotter **Irma Elvira**, föds 1880 i Skå och därefter följer **Evelina Mathilda**, f. 1884 också i Skå.

Irma Elvira kommer att ytterligare stärka banden mellan familjen Lindgren och Kumla, ty hon gifter sig med **Johan Alfred Johansson** som framöver övertar stora delar av Kumla nr 3 och 4.

| Gustaf Lindgren ♥ Christina Margareta Ersdotter |
| 1790 Sthlm-1835 Skinnskatteberg 1799 Björkö- |

Johan Gustaf Lindgren ♥ Johanna Charlotta Brodin
1821 Cath förs-1884 Munsö 1825 Munsö-

Charlotta Gustava ♥ Johan Fredric Andersson
1829 Catharina förs- 1822 Björkö-1860

Carl Teodor ♥ Carolina Sofia Jansdr
1833 Skinnsk- 1832 Adelsö-1906

Johan Sivert
1851 Adelsö-

Carl Alfred
1854 Skå-

Tekla Charlotta
1857 Skå-

Amalia Theodora
1867 Lovö-

Hulda Sofia
1874 Adelsö-

Carl Gustaf Lindgren ♥ Sophia Mathilda Sörlander
1848 Munsö-1906 Skå 1851 Bro-1906 Skå

Johan Gustaf Lindgren 1873 Lossa-

Irma Elvira 1880 Skå-

Evelina Mathilda 1884 Skå-

Johanna Charlotta
1855 Munsö-

Familjen Lindgren nr 2

Ännu en *familj Lindgren* kommer att ha stor betydelse för Kumla By.

Ester Wilhelmina Lindgren, f. 3 februari 1908 på Nytorget 45 i kvarteret Bondesonen Större i Katarina församling i Stockholm, gifter sig den 20 december 1930 med **Johan Gustav Emil Johansson** som kommer att bli Ägare och Brukare av Kumla nr 3:2.

Världen är ju som vanligt mer än liten, ty Ester föds på samma adress som en annan av ägarna till Kumla nr 3 flyttade till 47 år tidigare. **Johan Wilhelm Lagus** med familj bodde på samma adress mellan åren 1864 – 1871. Han arbetade då som slaktare och hyrde av Slagterienkan **Margareta Catharina Färnström**.
Johan Wilhelm Lagus brukade delar av Kumla, både nr 2 och nr 3 under perioden 1847-1858. Han hade dock bott längre i Kumla, då hans mamma **Maria Elisabeth Ersdotter Lindgren** var ägare till Kumla nr 3.

Ester hade minst 5 syskon. **Sigrid Arvida**, f. 1888, **Gerda Amalia**, f. 1892, **Karl Elis**, f. 1897, **Erik Arvid**, f. 1901 och **Elsa Matilda**, f. 1911. Elsa Matilda var också född på Nytorget 45.
Deras föräldrar var **Karl Arvid Lindgren**, f. 1858 på Högsrum i Fliseryd, Kalmar län, död i arterioclerosis (åderförkalkning) 1945 på Skånegatan 1 i Högalids församling i Stockholm, och

Johanna Amalia Lager, f. 1862 i Allhelgona socken (numera Mjölby kommun) i Östergötland, död 1944 i cancer på Södersjukhuset i Stockholm.

Esters farmor, Karl Arvids mamma, **Johanna Israelsdotter**, föddes 1823 på Krogstorp (Kroxtorp) i Fliseryds socken. Hon kom från en familj där pappa Bonden **Israel Carlsson**, enligt kyrkboken var född 1761 i Fliseryd, samt där mamma **Stina Lisa Larsdotter** var född 1794 i Mönsterås.

Johanna Israelsdotter var trolovad med Inspectoren **Carl Olof Lindgren**, f. 1826 i Taxinge. Han blev också Karl Arvids far, men trolovningen upplöstes genom skiljebrev 1863.

Esters farfars far, Carl Olofs far, var Sockenskräddaren **Jan/Johan Lindgren**, f. 1790 i Taxinge, och hans farfars farföräldrar Skräddaren **Lars Petter Lindgren**, f. 1766 i Stockholm och hustrun **Anna Andersdotter**, f. 1759 i Länna, död 19 april 1822.
Lars Petter gifte om sig med **Lisa Bergholm**, f. 1769 i Dunker och död i Taxinge 1847, då "njuter hon fattigstöd". Alla dessa personer bodde på Sågbacken i Taxinge.
Lisa Bergholms föräldrar var Soldaten **Maths Näsman** och hustrun **Caisa Jacobsdotter** i Gavelstugan i Dunkers socken.
Esters farfars mor, Carl Olofs mor, var **Stina Catharina Olsdotter**, f. 1792 också i Taxinge.

Ester Lindgrens mor, *Johanna Amalia Lager* kom från en militärfamilj som bodde på Lagmansberga Storgård, som ligger i byn med samma namn. En by från medeltiden som eventuellt är ursprung till familjens efternamn. Ty på gården har också bott minst en annan familj med namnet Lager utan att man enkelt finner ett släktskap. Så troligtvis var namnet Lager ett soldatnamn som följde gården, som ligger strax öster om Vadstena.

Morfar till Ester var **Korpralen Johan Lager**, nr 87 1:a regementet, f. 1811 i S:t Pers församling, tidigare kallad Vadstena Landsförsamling, och död år 1900 i Allhelgonaförsamlingen i Östergötland. Esters mormor var **Anna Greta Andersdotter**, f. 1817 i Fivelstad, (nu tillhörande Motala kommun) död 1898 i Allhelgona i Östergötland. Hennes föräldrar var **Anders Carlsson** och **Brita Stina Persdotter** i Risberga.
Johan Lager var också Gratialist, vilket betyder att han fick pension (gratial) från Vadstena krigsmanshuskassa.
Esters morfarsfar var även han militär. När Johan, som egentligen var döpt till Johannes, föddes bodde hans föräldrar i Granby i S:t Pers församling i Vadstena. Pappan var Vicekorpral **Samuel Granquist**, f. 1777, vilken senare steg i graderna till Korpral, gift med **Lisa Pehrsdotter**, f. 1774 i Örberga socken, numera i Vadstena kommun.
För att återgå till Ester Lindgren, så kommer flera av hennes släktingar att ha nära band med Mellangården i Kumla. Hennes föräldrar, Karl Arvid och Johanna Amalia, flyttar in på övervåningen i Mellangården runt år 1930, och i början på 50-talet, efter föräldrarnas död, flyttade även Esters syster Gerda in på övervåningen. Hon bodde kvar där till sin död 1957.

114

Karl Arvid och Johanna Amalia är båda begravda i Skå.
Kvar i byn finns fortfarande namnet Lindgren representerat via Esters brorson **Jan Erik**, som lämnat uppgifterna om farföräldrarnas och faster Gerdas boende i Mellangården.

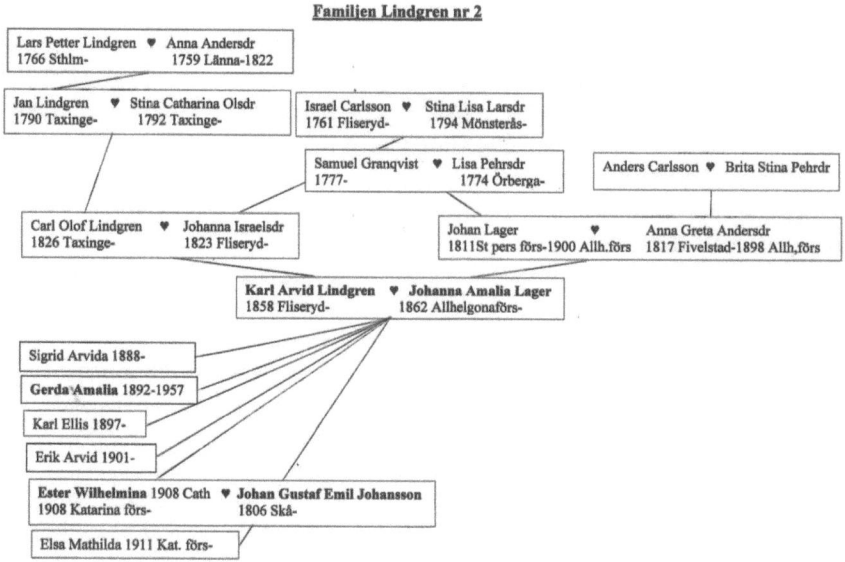

Familjen Lindgren nr 2

Familjen Lindgren nr 3

Den tredje familjen Lindgren hade sin hemvist i Kumla nr 2, Lantjägarbostället, 5/8 mantal. Hit flyttar, och arrenderar, den 5 november 1885, **Johan Fredrik Lindgren**, f. 1848 i Knivsta. Hans familj består av hustrun **Karolina Kristina Larsson Forsström**, f. 1838 i Hilleshög, samt barnen **Johan Julius**, f. 1877 i Skå, **Hilma Karolina**, f. 1879 i Skå samt **Fredrik Wilhelm**, f. 1883 också i Skå. Paret gifte sig den 7 juli 1875 och hade tidigare också dottern **Mathilda Charlotta**, f. 12 september 1875, som avled den 6 april 1876 av magsjuka.

Johan Fredrik kommer närmast ifrån, och som brukare av, Törnby nr 1, 5/48 mantal i Skå, som också kallades Törnudden. Han anlände som dräng till Törnby år 1873 och övertog arrendet av 9/16 mantal Törnby nr 1 den 18 juli 1875.

Johan Fredriks föräldrar var **Lars Lindgren**, f. 1807 i Thoresund, som ligger mellan Stallarholmen och Mariefred, och **Stina Lotta Andersdotter**, f. 1822 på Menhamra i Ekerö. Paret gifte sig på Ekerö den 7 juni 1846. Stina Lotta hade då den oäkta dottern **Albertina Sophia Charlotta**, f. 1845 i Ekerö.

Johan Fredriks far Lars föddes med efternamnet **Pehrsson**, ty hans far hette **Pehr Ersson**, f. 1784 i Kärnbo, vars kyrkoruin idag ligger i västra kanten av Mariefred. Hans mor hette **Anna Larsdotter**, f. 1774, och de bodde i Egala i Toresund. Modern Anna återfinns inte i dödboken, men Pehr Ersson gifter om sig den 24 juni 1810 med **Johanna Katharina Bremer**, f. 1784 i Norrtälje.

Johan Fredriks far, Lars Lindgren flyttar runt på olika gårdar i sin födelsesocken Toresund tills 1826 då han flyttar till Hedvig Eleonora församling i Stockholm. Okänd adress. Han återfinns därefter som dräng i Mada i Över Enhörna 1843 och har då bytt efternamn till **Lindgren**. På gården Mada finns också pigan **Stina Lotta Andersdotter** som är född på Ekerö, och båda flyttar till Ekerö 1845 där de gifter sig och bor på Kersö.

1847 går flytten från Kersö till Ledinge i Knivsta där Johan Fredrik och hans syster **Johanna Wilhelmina**, f. 1851 föds.

Lars med familj, hinner med flera flyttar i Knivsta innan man hamnar i Håbo-Tibble socken i april 1853 och därefter i Håtuna socken år 1855, båda socknar sydväst om Knivsta.

Därefter återvänder familjen till Mälaröarna 1856. Nu till Hogsta på Lovön. Inte heller här blir man kvar länge, utan landar på Tofta på Adelsö och därefter till flera olika destinationer på Adelsö fram till 1870 då Johan Fredrik, som 22-åring lämnar familjen. Han blir skriven på församlingen och kallas nu sjöman innan han den 12 november 1871 lämnar Adelsö.

Johan Fredriks föräldrar skrivs också på församlingen och mamma Stina Lotta dör den 6 november 1874. Lars är 80 år när han går bort den 22 december 1887, fortfarande skriven på Adelsö församling. Mycket tyder ändå på att han har kontakt med sin son Johan Fredrik, eftersom han blir begravd i Skå där sonen då bor på Kumla nr 2.

Johan Fredrik kommer att bruka Kumla nr 2 i femton år mellan 1885 och 1899 då han blir arrendator på Neglinge Gård i Nacka.

Han avlider på Högalids Vårdhem den 18 december 1931 av cardiosclerosis, d.v.s. åderförkalkning i hjärtat.

Familjen Lindgren nr 3

```
Peter Ersson        ♥ Anna Larsdotter
1784 Kärnbo-          1774
                    ♥ Johanna Catharina Bremer
                      1784 Norrtälje

                                              Lars Petersson Lindgren ♥ Stina Lotta Andersdr
                                              1807 Toresund-            1822 Ekerö-

                                                        Albertina Sofia Charlotta 1845 Ekerö

        Johan Fredrik Lindgren ♥ Karolina Kristina Larsdr Forsström
        1848 Knivsta-1931 Högalid    1838 Hilleshög-                        Johanna Wilhelmina
                                                                           1851 Knivsta

    Mathilda Charlotta    Johan Julius    Hilma Carolina    Fredric Wilhelm
    1875-1876             1877 Skå-       1879 Skå-          1883 Skå-
```

Familjen Johansson

Den 3 april 1883 flyttar **Per August Johansson**, f. 17 februari 1837 i Vintrosa, Örebro län in på Lantjägarbostället Kumla nr 2, 5/8 mantal. Han är sedan 29 oktober 1865 gift med **Eva Persdotter**, f. 3 maj 1837 i Hässla, Nyköpings län.

De var båda Baptister. En gren av den kristna protestantiska tron, där man gör ett medvetet val av sin tro och endast kan bli medlem i församlingen genom ett vuxendop som man själv begär efter det att man tagit ställning till bibeln och den kristna tron. De kallades också separatister. Baptismen var tämligen ny i Sverige. De första dopen skedde här i mitten på 1800-talet. Många baptister blev från början illa sedda och behandlade eftersom de vägrade döpa sina nyfödda barn för att låta dem själva ta ställning till sin tro, samt utfördes dopen av personer som inte var präster, vilket var ett allvarligt brott.

Per August är född i en stor familj som varit trogen sin hembygd i mer än 100 år. Redan år 1775 bor Per Augusts farfars far, Nämndemannen **Sven Andersson**, f. 1733 och hans hustru **Karin Ersdotter**, f. 1718, på gården Tofvestorp i Hidinge socken, Örebro län.
Karin avlider 1793, men Enklingen Sven lever kvar på gården som fortsättningsvis brukas av sonen **Sven Svensson**, f. 1763, som är gift med **Lena Larsdotter**, f. 1766 i Wintrosa, förr även benämnt Vinteråsa, och som ligger mindre än en mil nordost om Hidinge.

Hemmansägaren Sven och hustrun Lena, som är Per Augusts farföräldrar, har barnen **Lars**, f. 1788, **Sven**, f. 1792, **Cathrina**, f. 1794, **Andreas,** f. 1798, **Johannes**, f. 1800, **Peter**. F. 1803, **Anna**, f. 1806 och **Stina**, f. 1808. Samtliga födda på Tofvestorp, Hidinge socken.
Sonen Johannes, som också kallas för både Jan och Johan, vilket som tidigare nämnts, inte var ovanligt i kyrkböckerna förr, har fortsättningsvis fått fel födelseår, ty i böckerna står att han är född den 18 mars 1801, men i verkligheten är födelseåret 1800. Han benämns nu också **Johan Svensson**. Johan gifter sig den 29 november 1821 med **Anna Lisa Nilsdotter**, f. 1802 i Vintrosa, och blir torpare på Arfvaby nr 1, 1/2 mantal som ligger en halvmil norr om Vintrosa. År 1827 "flyttar" familjen till Arfvaby nr 2. Flyttar står inom citationstecken därför att gårdarna oftast ägdes av flera personer och det är svårt att veta hur de bodde på gårdarna. Om de delade hus eller om det fanns flera hus så att varje ägare hade sitt eget. Kanske flyttade man inte fysiskt bara för gården bytte ägare.
Sonen **Lars Johan** föds redan den 26 januari 1822. Därefter **Anders Gustaf** år 1824, **Anna Lovisa** f. 1827, **Matilda Augusta**, f. 1830, ytterligare en **Anders Gustaf** den 1832 och slutligen **Pehr August** år 1837. Dödböcker saknas för dessa år, men man kan utgå ifrån att Anders Gustaf som föddes år 1824 avled som liten, eftersom det kommer en "ny" Anders Gustaf år 1832. Inte heller Matilda Augusta blir gammal, utan avlider 1831.
Yngste pojken **Per August** flyttar till Munsö som 22-åring år 1858. Han arbetar som dräng på Wäsby och Söderby, gör ett års avstickare till Hargs Gård i Skånela mellan 1863 och 1864 men återvänder till Husby Gård på Munsö där han arbetar som statardräng och träffar sin

hustru, pigan **Eva Persdotter**. De gifter sig den 29 oktober 1865. Per August blir därefter torpare på Smedstorp och arrendator på Bonavik, hamnar på socknen 10 november 1874 men är åter torpare den 14 mars 1875 på Gåsnäs, där familjen blir kvar ända till flytten den 3 april 1883, då Per August blir arrendator på Landtjägarbostället Kumla nr 2, 5/8 mantal i Skå.

De har fyra pojkar med sig. **Carl August**, f. 13 december 1865, **Johan Alfred**, f. 27 mars 1872, **Gustaf Emil**, f. 18 maj 1876 och **Isak Ferdinand**, f. 21 november 1880. Samtliga födda på Munsö.
Per August och Ewa tar tillsammans nattvarden för sista gången redan den 24 augusti 1864. Därefter tar Per August ensam nattvarden ett par gånger, sista gången den 14 juli 1872 på Smedtorp, och i Munsös kyrkbok för 1881-1885 kan man läsa följande om paret: "fanatiskt separatistiskt sinnad, eljest allvarlig, taga ej nattvarden inom lutherska kyrkan". Båda omdöptes 1882. Om sonen Carl August född 1865 läser man: Icke confirmerad, vill ej confirmeras, gick en tid 1881 och "läste" för pastor.

År 1886 har Per August lämnat Kumla nr 2, men istället blivit ägare och brukare av 145/392 mantal Kumla nr 4.
Per August och Eva överlämnar sin del av Kumla 4 till sonen Johan Alfred år 1906 och kommer från den 17 november 1908 att bo hos sonen Carl August på Sundby nr 4, Annehill. Per August och Eva förblir uttryckligen baptister, och en orsak till att de söker sig till Sundby kan vara att på Sundby nr 1 finns, eller bildas, ett Baptistkapell. Per August dör på Annehill den 29 augusti 1914 och Eva den 25 juli 1923.

Per Augusts äldste son **Carl August** tituleras styrman. Han är gift med **Anna Andersson**, f. 1867 i Mora och från den 18 april 1896 är han ägare till, och bor på Sundby nr 4, ½ mantal i Sånga.
1906 delar Carl August egendomen, behåller 7/100 mantal som döps till Annehill, och samtidigt övertar brodern Isak Ferdinand resterande 43/100 mantal av Sundby nr 4.
Hustrun Anna dör den 14 mars 1911 och Carl August gifter om sig den 9 april 1912 med **Elin Kristina Lindblom**, f. 1871 i Vagnhärad, i Sörmland. Hon kommer närmast från grannbyn Sockarby. Carl August är ej konfirmerad men vigseln sker enligt lagen den 9 april 1912. Paret förblir barnlöst men adopterar **Ingrid Elisabet f. Andersson**, f. 1921 i Maria församling i Stockholm. Man har också under långa perioder haft fosterbarn. Carl August dör på Annehill den 4 augusti 1945.
Gustaf Emil emigrerar till Amerika den 6 mars 1897.
Johan Alfred har under åren 1891 till 1900 gjort utflykter till Lossa 1891 och till Hedvig Eleonora 1897, men runt 1900 är han tillbaka i Kumla, och gifter sig den 9 mars 1901 med **Irma Elvira Lindgren**, f. 7 februari 1880 på Mörby nr 1 i Skå, och fortfarande boende där.

1906 blir det stora förändringar i familjen Johansson. Från sin pappa övertar Johan Alfred ägandet och brukandet av 145/392 + 5/84 mantal Kumla nr 4. Han äger dessutom 5/168 mantal Kumla nr 3.

År 1913 har han totalt 65/168 + 5/168 mantal Kumla nr 3, samt 145/392 + 2 st 5/84 mantal Kumla nr 4.

Paret har under tiden i Kumla fått 4 barn. **Alfrida Margareta (Greta)**, f. 12 januari 1902, **Karl Alfred**, f. 6 oktober 1903, **Johan Gustaf Emil**, f. 26 mars 1806 och **Klas Hjalmar Valdemar**, f. 15 februari 1910.

År 1932 äger Johan Alfred stora delar av både Kumla nr 3 och Kumla nr 4, men också en del av Kumla nr 1, Almarken som också kallas Almbacken.

Redan innan Johan Alfred dör den 30 december 1956 kommer hans egendom i Kumla att delas mellan hans 4 barn.

Greta kommer den 22 juni 1929 att gifta sig med **Ernst Harald Rosén**, f. 1903 i Katarina församling i Stockholm. Paret övertar Kumla 4:6 och Kumla 4:7.

Karl gifter sig den 11 oktober 1930 med **Signe Karolina Nilsson**, f. 1909 i Fridlevstads församling i Blekinge. Han övertar Kumla 4:2.

För *Gustav* sker vigseln den 20 december 1930 med **Ester Vilhelmina Lindgren**, f. 1908 i Katarina församling i Stockholm. Han övertar Kumla 3:2.

Klas gifter sig den 20 november 1937 med **Eva Kristina Broberg**, f. 1910 i Sånga. Han hade lungproblem och det var tänkt att Sjövillan skulle bli hans bostad.

I och med broder Carl Augusts delning av Sundby 4, 1/2 mantal, är **Isak Ferdinand** ägare till Sundby 4, 43/100 mantal sedan 1906. Han gifter sig den 16 april 1910 med **Johanna Kristina Blom**, f. 1885 i Oviken, Jämtland, som då är piga på gården. De har dottern **Elsa** som är född under oklara förhållanden före äktenskapet 13 oktober 1909 i Adolf Fredriks församling, Stockholm. Oklara därför att hon inte återfinns i Adolf Fredriks dopbok. Kanske beroende på familjen Johanssons tro att inte döpa sina barn som små. Elsa har under en kortare period varit fosterbarn hos **Karl Gustaf Leonard Nässling** som är född på Kumla nr 4 år 1860. Han var dräng på Kumla nr 3 i början på 1880-talet, men har nu familj på Fiskartorpet i Sånga.

Isak Ferdinands och Johanna Kristinas dotter **Birgit Kristina** föds inom äktenskapet den 24 september 1910 i Sånga. Därefter kommer en lång rad av barn. **Per Harald**, f. 1913, **Eva Ingeborg**, f. 1915, **Inga-Maja**, f. 1919, **Karin**, f. 1922, **Anna Elisabet**, f. 1924 och **Bengt Isak**, f. 1925, samtliga i Sånga.

Isak Ferdinand avled den 5 november 1959 i Sundby.

Familjen Johansson

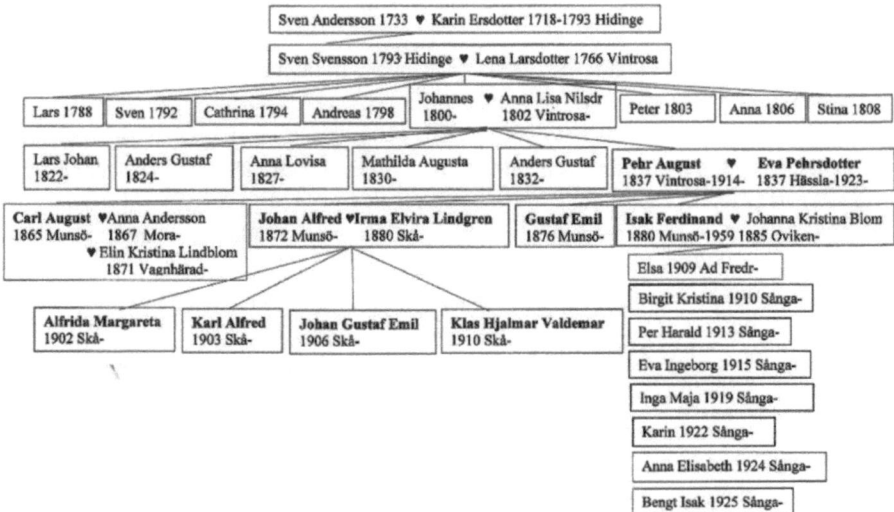

Sven Andersson 1733 ♥ Karin Ersdotter 1718-1793 Hidinge

Sven Svensson 1793 Hidinge ♥ Lena Larsdotter 1766 Vintrosa

| Lars 1788 | Sven 1792 | Cathrina 1794 | Andreas 1798 | Johannes ♥ Anna Lisa Nilsdr 1800- 1802 Vintrosa- | Peter 1803 | Anna 1806 | Stina 1808 |

| Lars Johan 1822- | Anders Gustaf 1824- | Anna Lovisa 1827- | Mathilda Augusta 1830- | Anders Gustaf 1832- | Pehr August ♥ Eva Pehrsdotter 1837 Vintrosa-1914- 1837 Hässla-1923- |

| Carl August ♥Anna Andersson 1865 Munsö- 1867 Mora- ♥ Elin Kristina Lindblom 1871 Vagnhärad- | Johan Alfred ♥Irma Elvira Lindgren 1872 Munsö- 1880 Skå- | Gustaf Emil 1876 Munsö- | Isak Ferdinand ♥ Johanna Kristina Blom 1880 Munsö-1959 1885 Oviken- |

Elsa 1909 Ad Fredr-

Birgit Kristina 1910 Sånga-

| Alfrida Margareta 1902 Skå- | Karl Alfred 1903 Skå- | Johan Gustaf Emil 1906 Skå- | Klas Hjalmar Valdemar 1910 Skå- |

Per Harald 1913 Sånga-

Eva Ingeborg 1915 Sånga-

Inga Maja 1919 Sånga-

Karin 1922 Sånga-

Anna Elisabeth 1924 Sånga-

Bengt Isak 1925 Sånga-

Drottning Kristina

Bland "de äldre" generationerna i Kumla By finns ett rykte som säger att Mellangården, Kumla nr 3, skulle ha varit Drottning Kristinas jaktslott eller jaktstuga.

Denna information var ett av de påståenden som fick mig att närmare undersöka byns bakgrund. Kunde det finnas någon riktighet i den gamla sägnen?

En annan person med stark anknytning till byn, **Ulla Johansson**, hade som en del i en kurs för ett antal år sedan, gjort ett litet arbete i det intressanta ämnet. Jag tog tacksamt emot ett exemplar av hennes utredning men tyvärr hade tiden för hennes arbete inte varit tillräcklig för en undersökning så långt bak i tiden.

Drottning Kristina var det enda överlevande barnet till krigarkungen **Gustaf den II Adolf**. Hon föddes den 8 december 1626. Direkt efter födseln uppstod tveksamheter om hennes kön. Hon har själv beskrivit att hon föddes luden, med segerhuva och med mörk röst. Kungen själv hade förväntat sig en son, men godtog sin dotter och gav order om att hon skulle fostras som en pojke.

När Gustaf II Adolf stupade vid Lützen den 6 november 1632 blev Kristina drottning av Sverige. Hon var då bara nyss fyllda 6 år, så hennes mor, **Maria Eleonora av Brandenburg**, var till att börja med hennes förmyndare. Maria Eleonora visade sig dock bli mentalt påverkad av makens död, och hon fråntogs vårdnaden av Kristina redan 1634. Från början uppfostrades hon därefter av sin faster **Katarina Karlsdotter Vasa**, som dock gick bort redan 1638. Under de kommande åren delades ansvaret för Kristinas uppväxt av ett flertal personer. Bl.a. började hon redan vid tolv års ålder lära sig om statsangelägenheter av **Axel Oxenstierna,** som mer eller mindre styrt Sverige sedan Gustaf II Adolfs död.

År 1644 fyllde Kristina 18 år, blev myndig och övertog regeringen. Hon kröntes under stor pompa och ståt i Storkyrkan i Stockholm 1650. Under hennes tid som drottning försämrades dock förhållandena för allmogen. Hon utsåg nya adelsmän på löpande band och skänkte också otaliga gods till adeln, som inte heller behövde betala skatt, varpå statens ekonomi blev urholkad och allmogen allt fattigare.

Kristina var intresserad av kunskap och hade lätt att lära. Redan när hon var 20 år talade och skrev hon latin, franska, tyska och holländska. Hon lärde sig också grekiska, italienska och spanska.

Kultur, konst och religion var också stora intressen. Hon var inte nöjd med den lutheranska tron, och läste alltmer om katolicismen. Den tro som hennes farfars far **Gustav Vasa** så intensivt motarbetat och till sist också infört den lutherska kyrkan i Sverige efter att ha brutit med det katolska överhuvudet påven.

Kristinas religiösa grubblanden ledde till att i februari 1654 meddelade Kristina att hon skulle abdikera, och den 6 juni 1654 skedde avsägelseceremonin på Uppsala slott. Redan nästa dag lämnade hon Sverige för att i princip aldrig återkomma. Endast ett par mycket korta besök gjordes under resten av hennes liv. Hon blev katolik och hennes slutmål var Rom där hon avled den 19 april år 1689.

Nu när vi undersökt Kristinas liv i Sverige är det dags att ta itu med huruvida det kan ligga någon sanning i att Kumlas Mellangård varit hennes jaktstuga.

Att Kristina hade ett stort intresse för jakt är välkänt och omtalat, och eftersom hon skulle uppfostras som en pojke fick hon också tidigt lära sig ridkonsten och att hantera vapen.

Under 1639 vistades Kristina, som trettonåring, 5 månader på Kungsuddens kungsgård i Kungsör, för att undvika pesten som härjade i Stockholm. Det var hennes farfars far, Gustaf Vasa, som grundade kungsgården på 1500-talet. Under sin vistelse i Kungsör uppförde hon på Jägaråsen, ett par mil norr om Kungsör, enligt sägnen, en ridbana i form av en cirkelformad labyrint. Hon kallade den för Rundelborg. Den kallas också Drottning Kristinas ridbana, och är numera ett uppskattat turistmål.

Hennes skicklighet som jägare beskrivs också i nedanstående utdrag ur And. Fryxells skrift "Berättelser ur svenska historien", 1841:

> Dels för helsa, dels för nöje idkade Kristina un-
> der denoa tid allehanda kroppsöfningar. Hon dansade
> gerna och väl. Uti ridt och jagt blef hon ovanligt
> skicklig, och kunde till häst och under fyrsprång skju-
> ta en hare i loppet. Också var hon några år serdeles
> begifven på detta nöje; och det hände icke sällan, att
> hon uttröttade större delen af sitt hof, och kunde följas
> af blott de starkaste och mest oförtrutna jägare. Ge-
> nom dylika öfningar blef hon härdad, till en för hen-
> nes kön och stånd ovanlig grad. Helsan var dock i
> sig sjelf vacklande. Så väl under denna tiden, som
> sedermera under hela sin regering, blef Kristina ofta
> angripen af svåra sjukdomar, härrörande från osunda
> vätskor. Hon sjelf trodde anlagen härtill blifvit grun-
> dade under vistandet hos modern, dels genom brist på
> rörelse, dels genom den törst, som Kristina ofta flera
> dagar å rad frivilligt underkastade sig.

Så helt klart var Kristina en hängiven jägare, MEN, om hon bara skulle ha besökt alla de platser som kallats för Drottning Kristinas Jaktslott eller Jaktstuga, skulle hon förmodligen inte hunnit jaga alls. Hundratals, för att inte säga tusentals hus har rykte om sig att vara Drottning Kristinas Jaktslott eller Jaktstuga. De flesta inte ens byggda före eller under Kristinas livstid.

Det mest kända är kanske Drottning Kristinas Jaktslott på Otterhällevägen i Göteborg som man kan hyra för fester och sammankomster. Man tror att det är byggt i slutet av 1600-talet eller i början av 1700-talet, alltså efter Kristinas livstid i Sverige.

Bara i tidningen Dagens Nyheter den 26 januari 2016, har Mats Areskoug skrivit om 9 st Jaktslott och stugor belägna i Stockholms närhet. Västberga Gård, Herrängens Gård, Tullinge Gård, Stora Sköndal, Hellstens malmgård på Södermalm, Hallonbergen, Nygården på Adelsö, Tynningö och Viggbyholm.

Svenska Jägareförbundet har annonserat Skedhults säteri utanför Eksjö vid sjön Norra Vixen, som Kristinas Jaktslott. Här har i nutid Svenska Jägareförbundet Kronobergs län huserat.

I Gävle är det Christinedal i Skogmur (Andersberg) som pekats ut att vara Kristinas Jaktslott.

Tovastugan i Ripsa socken, numera Nyköpings kommun utpekas av Sörmlands Museum som Drottning Kristinas Jaktstuga.

Ulricehamn ståtar med Brunnsnäs Säteri där torpet Hästhagen ligger. Folkmunnen berättar att Hästhagen var Jaktgård åt Drottning Kristina och Herrskapet Stenbeck på Torpa.

Hedesunda hembygdsförening noterar att Hadeholm utpekats som Drottning Kristinas Jaktslott, men uttrycker i samma andetag att detta nog inte är troligt eftersom Kristina reste från Sverige redan 1654 och att endast några bönder bodde i Hade då.

Exemplen tycks aldrig ta slut och ovanstående slutsats om Hadeholm, får nog tyvärr gälla även för Mellangården i Kumla By.

Kristina föddes alltså 1626. När Kristina bara var 4 år, finns den första kartan över Kumla bevarad. Tyvärr finns inga namn nämnda på kartan, men man kan notera att det inte finns några skillnader i beskrivningen av gårdarna i byn, utan alla brukas lika.

Jordebok finns därefter för åren 1640, 1643 och 1645. Nu börjar kanske Kristina bli stor nog för att kunna jaga. Hennes ålder är 14, 17 och 19 år. Tyvärr har bönderna fortfarande inga namn, men gårdarna brukas fortfarande lika. Allt tyder på att Mellangården, som på kartan från år 1630, eventuellt är utritad som nummer 4, brukas exakt som de övriga gårdarna.

Först år 1646, när Kristina är 20 år, får vi namn på gårdarnas brukare, men tyvärr inte alla eftersom Jordeboken är skadad just där. Nu brukar i alla fall Jöran, Thomas, ? och Clement de fyra Kumla-gårdarna.

I första bevarade mantalslängd från 1651 anges Jöran, Mårthen, Klämmat och Michall som brukare. Två av dem känner vi igen från 1646, nämligen Jöran och Clement/Klämmat, men står de i rätt ordning? Vem brukar vilken gård? Troligt kanske att Jöran brukar gård nummer 1, eftersom han står först i båda böckerna, men på kartan endast några år tidigare, är det Bostället som är markerad med nummer 1. Vi hittar också samma 4 namn för åren 1653 och 1654, så förmodligen har dessa 4 män bott i byn sedan 1651, och två av dem, Jöran och Clement åtminstone sedan 1646.

Om vi utgår ifrån att Axel Oxenstierna var den som främst var Kristinas läromästare, och att han startade detta uppdrag på allvar när hon var 12 år, och att hon som 13-åring tillbringade flera månader i Kungsör, så kan vi förmodligen räkna bort tiden före 1640 när vi undersöker möjligheterna till Kumlas Mellangård som Jaktstuga. Vi kan nog helt bortse Mellangården som Jaktslott. I så fall hade inte gårdarna beskrivits som lika, ty det fanns med säkerhet inte 4 slott i Kumla.

Kvar är perioden 1640-1654 för Jaktstugans eventuella existens. Vi har på annan plats följt Mellangårdens öde sedan gården brukades av Mårthen Mårthensson 1651. Alltså kan vi ta bort ytterligare några år som möjlig Jaktstuga. Kvar finns nu åren 1640 – 1650, de år då Kristina är mellan 14 och 24 år. Eftersom Kristina knappast bodde någon längre tid i sina Jaktstugor, finns ju naturligtvis möjligheten till att någon bodde och tog hand om stugan när hon inte var där, och i så fall finns en möjlighet att Mellangården varit utgångspunkt för Kristinas jakter, men visst vore det rimligt att det någonstans i böckerna varit nämnt att Kristina använt någon av Kumla-gårdarna som jaktstuga och på grund av detta fått skatten reducerad!

Det tråkiga svaret på frågan om Kumlas Mellangård som Drottning Kristinas Jaktstuga är nog tyvärr att: NEJ, Mellangården har inte varit Drottning Kristinas Jaktstuga!

I vilket fall kan man konstatera att eftersom gården brann 1653 och inte var återuppbyggd år 1654 då Kristina abdikerade och lämnade Sverige, så har i vart fall nuvarande byggnad på Mellangården inte varit Drottning Kristinas Jaktstuga.

Det finns i alla fall kopplingar med Kristina inte långt från Kumla By.

I Svartsjö slottspark finns ett träd som kallas Drottning Kristinas Lind. Den har också kallats Gustav Adolfs träd.

Linden är mycket speciell med sina inte mindre än 7 stammar. Linden tros vara planterad på 1620-talet och alltså ca 400 år gammal. En historia är att Gustaf II Adolf planterade linden, upp och ner vid dottern Kristinas födsel. Under linden står en marmorstaty föreställande Gustaf II Adolf och Axel Oxenstierna. Den beställdes av Gustaf III år 1784 och man vet inte vem som gjort den. Statyn är vintertid skyddad av ett litet "hus".

Drottning Kristina är ju populär, så även Drottning Kristinas Lind finns i flera exemplar. I detta fall på riktigt på Grönsö Slott, också på en ö i Mälaren, planterad 1623. Exemplaret på bilden är dock Kristinas lind på Svartsjö.

Källor och litteratur

Digitala källor

https://sok.riksarkivet.se/svar-digitala-forskarsalen, (SVAR)
har utan tvekan varit den huvudsakliga hjälpen. Alla persondata om Kumla Bys innevånare har hämtats från nedanstående digitala handlingar

1537-1621 Upplands Landskapshandlingar .

1640-1646 Jordeboken för Stockholms län

1651   Mantalslängden för Maria Eleonora Livgeding

1652-1653 Jordeboken för Stockholms än

1653   Mantalslängden för Stockholms län

1654-1665 Mantalslängden för Uppsala län

            Jordeboken för Uppsala län

1666 -1718 Mantalslängd för Hedvig Eleonoras Livgeding

            Jordeboken för Hedvig Eleonoras Livgeding

Från 1686   Kyrkböcker runt om i Sveriges församlingar

1721-1820 Mantalslängd för Stockholms län

1799-1946 Skå Kyrkoarkiv

https://www.lantmateriet.se/sv/kartor/vara-karttjanster/Historiska-kartor/ (LMS)
Lantmäteriets hemsida med de historiska kartorna och tillhörande akter har bidragit med ovärderlig kunskap om byns historia, både beträffande marker och befolkning

http://creativecommons.org/licenses/by-se/3.0 (W)
Wikipedia är tillsammans med Riksarkivet och Lantmäteriet den största källan till kunskap, dock är rekommendationen att befästa publicerade fakta med andra källor
Ovanstående länk leder till licensen CC BY-SA 3.0 vilken **Wikipedias** texter lyder under

https://www.geni.com/people/Nils-Magnus-Rulander (ABK)
Anders B Köhler 2022

https://svenskahogtider.com/2022/10/25/ (AM 2022)
Mattias Axelsson 2022

https://www.geni.com/people/Svante-Reinhold-Gyllenspetz (BH 2007)
Årstafruns berättelse om Svante Reinhold

https://www.historia.se (ERS)
Edvinsson, Rodney, och Söderberg Johan, 2011.
A Consumer Price Index for Sweden 1290-2008. Rewiew of Income and Wealth, vol 57(2), sid 270-292
Prisomräknare från medeltiden till 2100

https://digital.ub.umu.se/relation/409626 (FFG 1813)
Geometrie med kongl. Maj:ts nådigaste tillstånd utgifwen till den studerande ungdomens tjenst
Umeå Universitet, samling

https://fho.sls.fi/uppslagsord/ (FHO)
Förvaltningshistorisk ordbok, Svenska litteratursällskapet i Finland 2016, http://fho.sls.fi, hämtad 2023
Förklarar de svåra orden inom förvaltningarna
Verket är licensierat under Creative Commons Erkännande 4.0 Internationell (CC BY 4.0).

https://www.historiesajten.se/handelser2.asp?id=57 (HS)
historiesajten 2023

https://riksarkivet.se/Sve/Publikationer/Filer/Skatter (KB)
Landsarkivet i Uppsalas småskriftserie nr 3, nätversionen 2008
Sekler av skatter, Karin Bendixen

https://www.ksla.se/wp-content/uploads/2012/06/14.-Bondeklassens-starkta-stallning-sid-194-210.pdf (KSLA)
Kungl. Skogs- och Lantbruksakademin 2012

https://www.famgus.se/Genealogi/famgus-genealogi-OID-Rulander.html (LG)
Frälsefogden Magnus Rulander, Leif Gustafsson 2016

https://raa.diva-portal.org/smash/get/diva2:1288557/FULLTEXT01 (RAA)
Ättebackar och ödegärden, Clas Tollin, Riksantikvarieämbetet 2000

https://www.saob.se/ (SAOB)
Beskriver svenskt skriftspråk från och med 1521 utgiven av Svenska Akademin, 2021

https://sok.riksarkivet.se/sbl (SBL)
Svenskt biografiskt lexikon 2019

https://slakthistoria.se/ (SH)
Magnus Bäckmark 2017

https://www.gg-kamratforening.se/arkivet/alvsborg/hovitsman.htm (SK)
Ståthållare och hövitsmän á Älvsborgs Slott, Särtryck ur Svensk Kustartilleritidskrift häfte 1, 1918
Samlade av Albert Gyllenkreutz

https://askeryd.se/spelhester.htm (SPH)
Berättar historien om familjen Gyllenspetz på klosterhemmanet Spelhester 2014

https://forum.rotter.se/index.php?topic=135879.0 (UK)
Rötters anbytarforum, Mimer, Uhrvik Karin 2016

https://www.ukforsk.se/subjects/enheter.htm (UKF)
Upplands-Bro Kulturhistoriska forskningsinstitut
Äldre svenska måttenheter efter Engström 1883, Nusvensk ordbok och Nationalencyklopodin (NE) 2014

Tryckt litteratur

Bjurling Oscar (BO)   Karl VIII:s Jordebok över Färingsö   Ekonomisk-Historiska Föreningen i Lund 1977

Burell Sven (BS)   Torpen under Svartsjö   Färingsö Hembygdsförening 2003

Bygd och Natur (BoN)   Torpinventering   Riksförbundet för Hembygdsvård 1990

Edvinsson Rodney (ER)   Penningvärde och inflation i det Svenska riket under kopparmyntfotens tid   Historisk Tidskrift för Finland 101. 2017

Ferm Olle, Johansson Mats, Rahmqvist Sigurd (FJR)   Det medeltida Sverige Attundaland   Riksantikvarieämbetet 1992

Hannerberg David (HD)   Centrala och officiella svenska Spannmålsmått från 1500-talets mitt till 1665   Kungl. Skogs- och Lantbruksakademin 1946

Hallström Gunnar (GH1)   Mälaröarnas Historia   Bokförlaget Mälaröarnas Historia 1969

Johansson Birgitta (JB)   Kumlabönder och Faktorismeder anklagar länsman Mose för oförrätter   Örebro Släktforskare Strödda Annotationer nr 40 Örebro Länsstyrelse Landskontoret D III nr 21719-1720. Skrivelser från Enskilda

Lundberg Ehnström Gunilla, Danielsson Bo (LD)   Hur hittar jag mitt torp i arkiven   Landsarkivet i Uppsala 2023

Lindstedt Karl (LK)   Svenska Meterboken   Hjalmar Linnströms Förlag 1883

Löwnertz Susanne (LS)   De svenska skatternas historia   Landsarkivet i Uppsala 1983

Porss Ana (PA)   Pigan gömde barnliken under golvet   Släkthistoria 6/2017

Roeck Hansen Birgitta (BRH)   Bönder och Ståndspersoner   Nordic Academic Press 2010

Samzelius Hugo (SH)   Jägeristaten: Antckningar om Svenska väldets skogs- och Jaktväsen   Zetterlund&Thelanders Boktryckeri AB 1915

Wahlström Torbjörn,

Opublicerat material

Burell Sven (BS 2001)

Roeck Hansen Birgitta (RHB 2024)

Bildförteckning

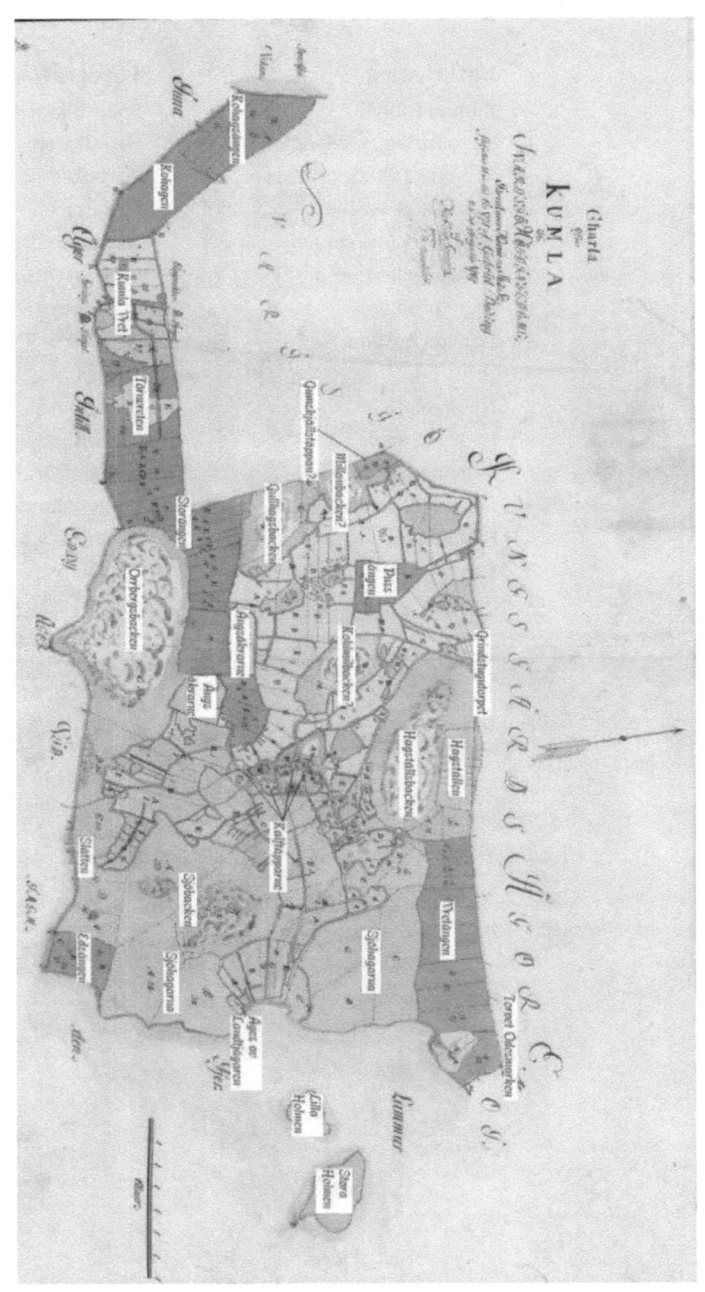

130

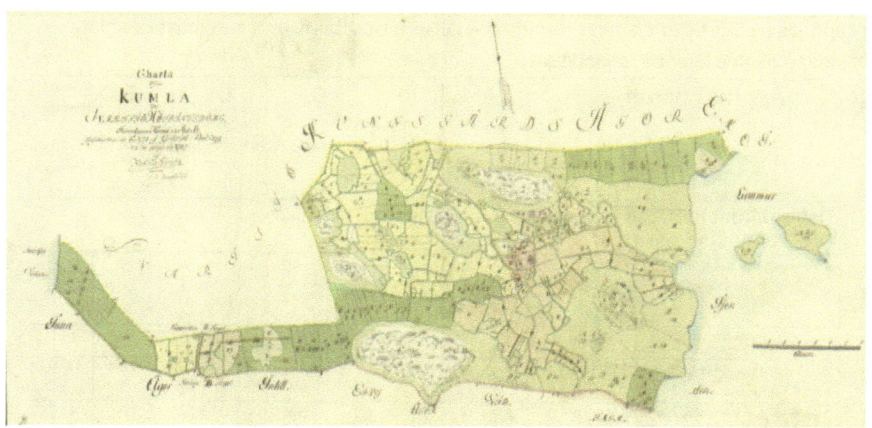

Charta öfver KUMLA Uti SVARTSJÖ HÖFDINGEDÖME, Färentuna Härad och Skå
Sn författad til en del 1771 af Gabriel Boding och det öfriga År 1787 af Ant:Ulr.
Berndes genom J:G:Jernefeldt

År 1788 den 8 Februari på Laga Vinter Tinget med Färentuna Härad, är denna Delning öfver
Kumla gillad och fastställd; Betygar På Härads Rättens Vägnar
J: Bodin Carlsson

BESKRIVNING

År 1771 Den 4 Junii efter Landshöfdingen och Riddaren afKongl; Majests Nordstjerne
Orden, Högvälborne Grefven, Herr Jacob Johan Gyllenborgs Remiss af d.6 April samma år,
företog undertecknad OrdinarieLandtmätare en Laga StorSkiftesdelning uti Kumla i Skå
socken, hvilken by bestär utaf följande Hemman och Öresland:

A 5/8 Mantl: Krono Skatte, åbos af Bonden Eric Jansson men äges af	
dess hustru och består af	10⅛ Öresl
B 5/8 Mantl: Krono, är anslagit til LandtJägare Boställe och innehafves	
Nu af Landtjägaren Hinr: Gråå består af	10⅛ Öresl
C 5/16 Mantl: Krono Skatte, äges af HäradsDomaren Eric Jansson uti Eneby,	
men bebos af bonden Jan Pehrsson, består af	5¼₆ Öresl
D 5/16 Mantl: Krono Skatte, äges af Nämdemannen Jan Jansson uti	
Nibbla, men åbos af bonden Ands Stafsson, äfven	5¼₆ Öresl
E 5/8 Mantl: Krono Skatte, äges af bonden och Åbon Jan Jansson,	
består likaledes	10⅛ Öresl
	40½ Öresl

Sedan ägorna voro afmätte och å Charta författade, Samanträdde samtl: ofvannämde Grannar och Jordägare utom HäradsDomaren uti Eneby, som i sitt ställe befullmägtigade åbon Jan Pehrson, Samt å Kongl: Maijests och Kronans vägnar, var efter vederbörliga Ordres för Landtjägare Bostället tilstädes Härads Bokhållaren Nordbom, hvilka åsämjades at låta dela nedan nämde ägor på följande sätt:

Nr	Ägornas namn	A Eric Janss		B LandtJägar Bost		C Eric Janson HäradsDo		D Jan Jansson Nämdeman		E Jan Jansson		Skiftenas Innehåll	
		Tunl	Kl	Tunl	Kl	Tunl	Kl	Tunl	Kl	Tunl	Kl	Tr	Kr
	Östra Gärdet består af Lerjord dels grund dels djup, innehåller:												
1	Dels grund och stenig dels djup Lerjord	2	9 3/16	2	9 3/16	1	4 11/32	1	4 11/32	2	9 3/16	9:	4
2	Något sämre jord	-	13½	-	13½	-	6¾	-	6¾	-	13½	1	2:
3	Bästa och djupaste Lerjorden blandad med någon Svartmylla	3	16¾	3	16¾	1	24⅛	1	16¾	3	16¾	14	1
4	Sämre Lerjord hvarest A, har linda för åker, räknat Til en halfpart emot dess storlek	1	½	1	½	-	16¼	-	16¼	1	½	4	2
5	Stenig och grund Lerjord	1	4¼	1	4¼	-	18 3/8	-	18 3/8	1	4¼	4	1!
6	Ängsåkrarne, hvilka förblifva efter gammalt, utan vidare delning, består af Ler och Svartmylle jord +											2	1!
b	Är en liten åkerbit af LandtJägarens hage uptagen och äges af samma gård, och ej til delning inräknas												
	Summa	8	12 3/16	8	12 3/16	4	6 3/32	4	6 3/32	8	12 3/16	35	3:
	Västra Gärdet, som ock til större delen består af lerjord lades uti följande skiften												
7	Någorlunda djup jord	1	22 1/4	1	22 1/4	-	27⅛	-	27⅛	1	22 1/4	6	2:
8	Sämre och stenig jordmon	2	16	2	16	1	8	1	8	2	16	10	
9	Likaledes	2	11¼	2	11¼	1	6 5/8	1	6 5/8	2	11¼	9	1:
10	Af samma dock ganska grundt i backarne, med linda räknat för åker	1	13 ¼	1	13 ¼	-	22 5/8	-	22 5/8	1	13 ¼	5	2(
11	Lera, icke mycket grund	1	29 ¼		29 ¼	-	30 3/4	-	30 3/4		29 ¼	7	2:
12	Ängsåkrarne kallade, hvilka på lika sätt som i förra gärdet nyttjas efter gammal											1	2(
	Summa	9	28	9	28	4	30	4	30	9	28	41	1(
13	Uti detta beskrefne gärde är en linda. Pussängen kallad består af Starrvall Storängen består til större delen af hårdvall, kan uti medelmåttiga år gifva Lass hö	-	26	-	26	-	13	-	13	-	26	3	8
14	God och tufvig hårdvall	-	20 3/4	-	20 3/4	-	10 3/8	-	10 3/8	-	20 3/4	2	1!

132

15	Ej så mycket bärande gräsmark	-	28½	-	28½	-	14¼	-	14¼	-	28½	3	1£
16	Något Svartmylla											4	
		1	4	1	4	-	18	-	18	1	4		1£
17	God hårdvall	1	-	1	-	-	16	-	16	1	-	4	
18	Ganska ringa bärande och skarp hårdvall	-	26 3/4	-	26 3/4	-	13 3/8	-	13 3/8	-	26 3/4	3	1
19	Äro ängstycken som nyttjas efter gammalt,af hvilka 2 små bitar bärgas för hvars och ens ängs åker	-	-	-	-	-	-	-	-	-	-	4	-
	Summa	4	16	4	16	2	8	2	8	4	16	22	-
20	Edsängen skarp hårdvall, nyttjas nu såsom kalfhage	-	26	-	26	-	13	-	13	-	26	3	£
21	Kalftäpparne, hvilka så jämkas, at C och D, fick af												
/22/	backen 22 instänga et stycke om 8 kapl: som brusto för dem emot de andre Grannarne, som dels hade sin fyllnad vid byn, dels uti den så kallade Gumskjällstäppan under No 23, då LandtJägaren til												
/23/	de öfrige byamännen afstådt sin förr innehafde tomt. B, E, 21 den de sjelva komma at dela sin emellan												

Sålunda vara förrättadt, öfverenskommit och afslutat

Betygas af

Gabriel Boding genom **Jer: Lissman**

Beskriving til Chartan Öfver den Sednare Delningen uti Kumla by, I Svartsjö Län, Färentuna Hd och Skå Sn

År 1787 Den 22 Maii företogs af undertecknad Ordinarie Landtmätare till följe af Kongl: Maijests Befallningshafvandes d:2 siste Martii afgifne förordnande med Storskifts delnings fullbordande uti Kumla by i Svartsjö Län, Färentuna Härad och Skå Sockn, hvarvid efter förut kungord Laga Termin sig infunno, innehafvaren af LandtJägare Bostället, LandtJägaren Herr Joh: Hind: Gråå, jämte Skatte Jordägarna Conducteuren Thore Thorsson, Erland Nyström, Bönderna gl: Eric Jansson, u: Eric Jansson, Jan Jansson och Olof Jansson. Som ingen Krono fullmägtig för LandtJägare Bostället var närvarande, ehuru om dess förordnande hos vederbörande blifvit anhållit, Så kunde ej något afslutas angående sättet til delningen utan det blef ny Termin utsatt så väl til Delningens värkställande, som Rågångarnas upgående omkring Byens ägor, och ytterligare anhållan gord om krono fullmägtig för ovan berörde Boställe. Imedlertid företogs med de odelte ägors affattande.

Den 26 Junii

Emedan resningen nu var fulländad, samt Rågångarne omkring ägorna upgångne och Rörlagde som af det der öfver hållne särskilta protocoll inhämtas kan, blefvo samtlige

½ tunnlandet mer uti Sjöbacken än Opgården; den gamla delningen tyckes väl vara mindre riktig i anseende till lotternas storlek men som den samma är förrättadt efter markens läge och godhet, så ansågs någon annan än förenämde ändring onödig.

Slutligen förentes vederbörande angående Holmarne sålunda at Landt Jägare Bostället- Op- och Nedergårdarne behålla den Stora Holmen hädan efter som hit intils, samt Millangården den lilla Holmen, men som sistberörde holme i anseende til godheten öfverträffar den Stora, så afstod Mellangården sin del uti vret ängsbacken, hvilken delas endast emellan de öfrige 3ne gårdarne på sådant sätt, at alla stöta till sjön med sine lotter.

För öfrigt i agt tages, at så väl Fiske. Som sjöfoder nyttjas samfällt uti Lammarfjärden.

Sålunda vara öfverens kommit och Rätteligen anfördt, betygar År och Dag som förut

På Embetets Vägnar
Anton Ulrik Berndes
Genom
J. G. Jernefelt

Som ovanstående protokoll förmäler vara af samtlige Kumla Bya-män öfverenskommit, intyga såsom närvarande vittnen.

Anders Andersson   Carl Matsson
Nämndeman

I anledning af ofvanstående förening blefvo ägarne å Chartan på nedanstående sätt efter följande Öretal delte:

Lit: A:	Opgården 5/8 Mantal Krono Skatte äges af gl; Eric Jansson, och består af	10 1/8 Örel
B:	Landt Jägare Bostället 5/8 Mantal Krono, innehafves nu af Landt Jägaren Joh: H: Gråå består af	10 1/8 do
C:	Halfva Millangården 5/16 Mantal Krono Skatte, äges af Conducteuren Thore Thorsson och består af	5 1/16 do
D:	Andra hälften af Millangården 5/16 Mantal Krono Skatte, äges af Ehrland Nyström och består af	5 1/16 do
E:	Nedergården 5/8 Mantal Krono Skatte äges af Bönderna A; Eric Jansson, Jan Jansson och Olof Jansson samt består af	10 1/8 do
	Summa	40 ½ Örel

vederbörande sammankallade, så sig instälte utom Nämdemännen Anders Andersson ifrån Mörby och Carl Matsson ifrån Stortorps, hvilka kommo at biträda förrättningen, Krono Befallningsmannen Ädel och Välbetrodde Herr Pehr Rosenlöf Pettersson, at enligt kongl: Maijests Befallningshafvandes under d: 9 i denna månad afgifvne Ordres, såsom Krono fullmägtig bevaka Landt Jägare Boställets rätt, på gl: Eric Janssons vägnar dess måg Pehr Ersson i Eknäs enligt af dato, samt samtla förenämde vederbörande: hvarefter och sedan det til denna förrättning utgifne förordnande för den blifvit upläsit: Om ägornas delande på följande sätt blef öfverenskommit:

Hvad Gårdstomterna beträffa, tages Landt Jägare Boställets gårdstomt och Trädgård til grund, hvar efter de öfrige hemmanen bekomma sina uti byn i händelse något skulle fela uti storleken, tages fyllnaden til Nedergården uti Kohlmil backen.

Vidkommande Gärdesbackarna tildelas Landt Jägare Bostället och Opgården den så kallade Sjöbacken berörde Boställe den norra och Opgården den södra Ändelotten, sedan slätten som der uti är belägen ofvanför Edsängen utmed Edby gärde och sträcker sig til vägen som går åt Edby blifvit delt uti 4-lika stora delar; Då der emot Mellan- och Nedergårdarna bekomma hela den så kallade Orrbergs backen, hvilken väl i anseende til vidden öfverträffar Sjöbacken, men består af bara kala berg, äfven tilkommer Landt Jägare Bostället den västra och Opgården den Oa delen af Hagställs backen med torpen och de til dem hörande täpporna, utom Hagställen hvilka delas uti 4 lika stora delar, vägen som går ifrån byn till Grindstugu Torpet uttages til 9 alnars bredd utifrån åkerkanten räknadt och Landt Jägare Bostället nyttjar opåtalt sin nyss upmurade källare ehuru platsen kommer at tilhöra Opgården: Såsom svarande emot ofvan berörde Hagställs backe tilldelas Mellan- och Nedergårdarne Gullhagsbacke, samt fyllnad uti Kohlmil, mellan- och de öfriga backarne uti gården, hvarvid i agt tages det Landt Jägare Bostället får behålla sitt åkerstycke och Kohlmilbacken oberäknadt.

De öfriga små gärdesbackarne som äro af mindre värde. Nyttjar hvar och en mitt för sin åker.

Ytterligare i agt tages vid backarnes delande att 6: alnar lemnas ifrån åkerkanten tagit til diken och renar hvarist åker stöter intil backe.

Vretsängen delas i anseende til dess ojämnhet uti 3e skiften på tvären uti hvilka samma läge följes som vid åkergärdens delande blifvit i agt tagen.

Ängen Törnvreten delas med kjeden utan någon geometrisk uträkning, hvarvid observeras at 10 alnar bred väg af oskifta blifver lemnadt, och at backen ansees för lika med den öfriga marken.

Vretarne förblifva som de förut äro delte: dock tilsees och jämkas så at hvar och en får sin tilständiga storlek.

Vidare kommo vederbörande öfverens om Kohagen som stöter til Svartsjöviken, at den delen deraf, som är närmast sjön och ända upåt til källrännilen lägges til äng och delas så at alla ghårdarne stöta till sjön med lika breda lotter, den öfriga delen deraf nyttjas til samfällt hage.

Sjöhagarna förblifva som de förut äro delta utan någon vidare ändring än den at Landt Jägare Bostället som har ½ tunnland mindre än Opgården oagtat marken är lika god för det

Nr	Ägornas namn	A		B		C		D		E		Skiftenas Innehåll	
		Tunl	Kl	Tunl	Kl	Tunl	Kl	Tunl	Kl	Tunl	Kl	Tr	Kr
24	GårdsTomterne hvarvid brister för Lit:E 5 Kapl:, hvlka berörde Litter får uti Kohlmylbacken enligt föreningen	-	23	-	23	-	11½	-	11½	-	18	1:	23
25	Uti Vretängen	-	23	-	23	-	11½	-	11½	-	23	1	28
26	I Samma äng	1	10	1	10	-	21	-	21	1	10	5	8
27	Äfven i Samma äng	2	2½	2	2½	1	1¼	1	1¼	2	2½	8	10
28	Kohagsängen	1	26	1	26	-	29	-	29	1	26	7	8
29	Vreten hvaruti Litt:E har 73/4 Kapl. För litet och Lit:A 7¼ Kapl: för mycket, hvarföre Lit:A afstår et stycke uti Gärdet betecknadt med 8 om 7¼ Kapl: til Lit:E +	2	4¼	2	4¼	1	2⅛	1	2⅛	2	4¼	8	17
30	Slätten uti Sjöbacken	1	28½	1	28½	-	30¼	-	30¼	1	28½	7	18
31	Hagställen	1	2¼	1	2¼	-	17⅛	-	17⅛	1	2¼	4	9
32	Hagställs, Gullhags Millan och Kohlmil backarne, uti hvbilken sistnämde Lit:E har de 5 Kapl: som brister uti dess gårdestomt, men här proportionaliter belöper	17	5½	17	5½	8	18 3/4	8	18 3/4	17	5½	68	22
33	Sjö och Orrbergs backarne enl: föreningen och markens godhet	8	26	9	26	8	31½	8	31½	18	31	46	18
34	Sjöhagarne efter gamla delningen	7	-	6	-	6	10	4	16	6	22	30	16
35	Vret ängsbacken hvaruti Lit:C et D afståt sin andel	-	15 2/3		15 2/3	-	-	-	-	-	15 2/3	1	15
36	Stora holmen som nyttjas samfält af Lit: A, B,E innehåller											3	24
37	Den lilla holmen som äfven nyttjas samfält af Lit:C et D Innehåller											1	3
38	Ängen Törnvreten hvilken deltes med kjeden, innehåller utom vägen											6	14
39	Kohagen som nyttjas samfält innehåller											6	12

Sedan denna delning på marken blifvit utstakad, afstod Landtjägaren Gråå för mera beqvämlighet till Nedergården sin öd uti den å Chartan med Nr 23 tecknade Täppan emot det nedanför dess gårdstomt belägne backstycket Nr 23 äfvenså afstod Ehrland Nyström til Conducturen Thure Thorsson sin del uti den å Chartan med Nr 22 tecknade Täppan mot den vid byn belägne och å Chartan med Lit:C Nr 21 betecknade Kalftäppan.

Sålunda vara rätteligen Delt och förrättadt, betygar År och Dagar som förut

På Embetets Vägnar

Ant Ulr Berndes genom J.G. Jernefelt

Rågångs Beskrifning

År 1787 d: 19 Juni i anseende til den förestående delningen företogs af underteknad Ordinarie Landtmätare med Rågångarnes upgående omkring Kumla Bys ägor uti Svartsjö Län, Färentuna Härad och Skå Sokn, vid hvilket tillfälle enligt förut kungjord laga Termin sig infunno utom Nämdemännen Anders Andersson ifrån Mörby och Carl Matsson ifrån Stortorp, hvilka kommo at biträda förrättningen, Krono Befallningsmannenn Ädel och Högagtad Herr Pehr Rosenlöf Pettersson at enl: Kongl: Majests Befallningshafvandes d; 9 i denna Månad afgivna Ordres såsom Krono Fullmägtig bevaka det uti berörde By belägne LandtJägare Boställets rätt. Jämte innehafvaren deraf, LandtJägaren Herr Joh: Hin: Gråå, Skattejordägarna Conductiuren Thore Thorsson, Ehrland Nyström, å gamla Eric Janssons vägnar dess Måg Jan Jansson enl: fullmagt af dato, u: Eric Jansson; Jan Jansson och Olof Jansson. För Svartsjö Kongsgård, hvars ägor gränsa til denna bys, Notarien Ädel och Högagtad Herr Henr: Argillander; för Edby och Tuna motstötande ägor på Fru Vahlströms vägnar som är ägarinna af berörde Gårdar, Notarien Ädel och Högagtad Herr Pehr And: Hjertstedt.

Vid efterfrågan om några Chartor öfver de nästgräntsande Gårdarne voro at tilgå framtedde herr Notarien Hjertstedt en af Framledne landtmätaren Sven Månsson, år 1630 eller 1640 författade och år 1778 uti Kongl; General Landtmäterie Contoriet Renoverade Charta öfver Edby, såsom och en af Herr Ordinarie Landtmätaren Gabriel Bodring år 1753 uprättade Charta öfver Tuna.

Herr Notarien Argillander framgaf äfven en Charta öfver alla Svartsjö Kongsgårds ägor, hvilken af flere särskilte Chartor på Nådig befallning är 1770 af Kongl: Gonl Landtmäterie Contoiret blifvit sammanfogad.

Som öfver Kumla ägor ingen annan än den af underteknad utur Provincie Landtmäteri Contoiret uttagne Concept Chartaan uprättad år 1771 af Herr Ordinarie Landtm: Gabr: Boing var til hands på hvilken endast åkergärden och en del ängar voro aftagne, så förfogade man sig ut på marken för at efter de nästgrätsande ägors Chartor undersöka Rågångarnes riktighet, hvarmed början gordes emellan Kumla och Edby ägor vid No 1 utmed stranden utaf Lammarfjärden hvarest gärdsgården som skiljer desse byars ägor tager sin början och går nästan Linia Recta til No 2 et gärdsgårdshörn hvarest ängarne sluta och stöta tilsamman och åkergärden vidtaga här ifrån utvisade Edby Chartan vidare skillnaden efter renen af Edby åker, men som vederbörande kommo öfverens at upsätta gärdesgård uti skillnaden, så proponerade Herr Notarien Hjertstedt at skillnaden skulle ömsas 6 alnar in på Kumla gårdsbacke ifrån berörde ren såsom den kröker sig til No 3 en nedsatt påle, samt derifrån Linea Recta til No 4 äfven en påle hvar emot bemäldte Herr Notarie förklarade sig nöjd at låta skillnaden gå ifrån sistberörde nummer i rät linia til No 5 et gärdsgårdshörn vid Edby hage, samt derifrån efter gärdesgården till No 6 och 7 et hörs på berörde gärdesgård ehuru Edby Charta utvisar den samme längre in på Kumla gårdsbacke, men detta voro Kumla Byamän så mycket mera nöjd som Notarien äfven utfäste sig at upsätta och vid magt hålla gärdesgården ifrån No 2 och så långt som utaf hela räckan räknadt ifrån berörde nummer til No 7 på Edby mantal belöper kvar emot Kumla byamän får på sin andel en stor del förut upsatt gärdesgård hvilken bemäldte Notarie til dem afstod hvarest i agt tages at vägen dessa byar emellan kommer at förläggas och således ingen grind at upsättas; Vidare går skillnaden enl: Edby Chartan ifrån No 7 efter gärdesgården emellan Kumla äng och Edby hage och äng till No 8, några utom ordning liggande stenar under gärdesgården, hvrest Edby ägor luta at gräntsa til Kumla och Tuna vidtaga. Som följa här ifrån enlt Tuna Chartan efter gärdesgården ängarne emellan till No 9 et gärdesgårdshörn emellan Kumla vret och Norrängs Torpet, samt der ifrån till No 10 äfven et gärdesgårdshörn vid Landsvägen derifrån öfver vägen till No 11 Kumla vrets gärdesgårdshörn, Herr Notarien Hjertstedt utfästa sig at lemna Kumla boerne körväg öfver Tuna mark ifrån landsvägen til deres hage; ifrån No 11 går skillnaden vidare ostridig efter Tuna Charta och gärdesgården till No 12 et knä på berörd gärdesgård samt der ifrån til No 13 några stycken uti vallen nedsunkne stenar vid gärdesgårdshörnet emellan Tuna äng och Kumla hage, samt derifrån efter gärdesgården till No 14 och så efter gärdesgården till Svartsjöviken.

Ytterligare continuerades med rågångens upgående ifrån Svartsjöviken emedan Svartsjö Kongsgård och Kumla ägor, hvarifrån gärdesgården hvilken befanns sådan som Kongsgårdens Charta den utvisar å ömse sidor årkännes för rätta skillnaden till No 15 derifrån til No 16 et hörn på berörde gärdesgård, samt derifrån til Landsvägen och ängsvaktareTorpet, hvarest blef befunnet at några berörde Torp tilhörige uthus blifvit upsatta med sine gaflar in på Kumla vret, hvilket då dessa hus ånyo koma at upsättas bör rättas och ändras, vidare går skillnaden efter gärdesgården som af Chartan sees kan till No 17 et hörn på berörde gärdesgård och derifrån til No 18 äfven gärdesgårdshörn No 19 til No 20 och 21 knän på ofta berörde gärdesgård, samt derifrån efter gärdesgården til grinden vid Grindstugu torpet vidare et stycke efter gärdesgården in emot til Kumla så kallade hagställen hvarest gärdesgården efter Kongsgårdens Charta skulle gå rät ända till Kumla Vrets äng, men befants på marken vara ansenligen krökter in på Kongsgårdens hage hvilket Herr Notarien Argillander påstod skulle ändras och rättas der emot prosterades af Kumla Byamän med påstående at denna gärdesgård ej annorlunda varit i manna minne än den nu är. Efter något övervägande stadnade vederbörande å ömse sidor uti det beslut at flytta gärdesgården och låta skillnaden gå sådan som Kongsgårdens Charta den samma utvisar och vidare af Chartan sees kan; vid Kumla vrets äng befants och at gärdesgården på sina ställen blifvit stängd några alnar in på Kumla äng, hvilket att kommer at ändras och rättas efter Kongsgårdens Charta på sätt som at Kumla Charta inhämtas kan och går skillnaden yttermera til No 22 et gärdesgårdshörn vid Torpet Ödesmarken, samt derifrån efter gärdesgården til No 23 vid stranden utaf Lammarfjärden.

No	Den 23
	Företogs enl: vederbörandes begäran med Rörläggningen uti de upgångne Rågångarne, hvilkas beskaffenhet äro följande
1.	Ett nyss nedsatt 5 stena rör vid stranden utaf Lammarfjärden under gärdesgården emellan Kumla och Edby Ängar, hjertstenen är 4½ quartr uti och 6 qr ofvan jord något kantig, men på den S: sidan flat och 4½ qr bred, väl omskolad . visar tillika med sidostenarna skillnaden efter gärdesgården til
2.	Et gärdesgårdshörn hvarest ängarne sluta at stöta tilsammans och åkergården vidtaga här nedsattes en visare 1½ qvartr uti och 4 qv ofvan jord med rundagtiga kanter, spitsar sig upåt, är väl omskolad, samt har en utliggare 6 alnar ifrån sig, ifrån hvilken skillnaden går som af Chartan sees kan til
3.	En nu nedsatt visare 2 qv: uti och 3 ofvan jord med 3 qvs breda flata sidor hvilka visa skillnaden linea recta til
4.	Äfven en nyss nedsatt visare 2 qv: uti och 4 ofvan jord, någorlunda flatsidaig 3 qv: bred och visar skillnaden uti rät linea til
5.	Et gärdesgårdshörn hvaruti en visare nedsattes 1½ qv: uti och 4qv: ofvan jord med 4-qvarters breda flata sidor som visa skillnaden efter gärdesgården til
6.	Äfven et gärdesgårdshörn nedanför et berg, hvar ingen visning är ed några stenar anlagd skillnaden går efter gärdesgården til
7.	Et gärdesgårdshörn emellan Kumla Storäng och Edby beteshage, hvar uti et lagt 5 stena Rör blf nedsatt, hjertesten är 4 qv: uti och 6 ofvan jord med en afsats mit på väl omskolad, visar med sine kanter och sidostenar efter gärdesgården til
8.	Några utmed gärdesgården uti kanten af en backe utan ordning liggande stenar, här sluta enl Chartarne Edby ägor at gräntsa intil Kumla och Tuna äng vidtager som följer här ifrån efter gärdesgården til
9.	Et knä på gärdesgården vid NorrängsTorpet var uti en visare lades 2 qv: uti och 4 ofvan jord, samt 4 qv ofvan jord, fyrkantig visar med sin vassa kant efter gärdesgårgården til
10.	Et gärdesgårdshörn vid Landsvägen och Kumla åkervret hvarest nedsattes en visare 2 qv uti och 4 qv ofvan jord samt 4 qv bred visar öfver vägen til
11.	Äfven et gärdesgårdshörn vid Kumla vret på Väst; sidan om Landsvägen hvar uti en visare nedsattes 2 qv uti och 3 ofvan jord, visar efter gärdesgården til
12.	Et knä på Kumla vrets gärdsgård, derest en visare 2 qv: uti och 4 ofvan jord visar med sin öfversta kant efter gärdesgården til
13.	Några stycken uti vallen nedsunkne stenar vid gärdesgårdshörnet hvarest et Laglt 5 stena rör blef nedlagd , hjertestenen är 1 aln uti och 1½ aln ofvan jord. 3 kantig väl omskolad, visar tilbakas med sina sidostenar efter gärdesgårdarne til och ifrån sig.

14.	En nyss nedsatt visare uti kanten af en backe vid gärdesgården 2 qv: uti och 3½ qv: ofvan jord, visar efter gärdesgården til Svartsjö viken, närmare sjön kunde ej något råmärke läggas i anseende til den sanka vallen.
15.	En ny nedsatt visare straxt invid gärdesgården som är emellan Kongsgårdens äng och Kumla kohage, 1½ qv: uti och 4 qv: ofvan jord visar fter gärdesgården, närmare sjön kunde i anseende til den sanka vallen ej något råmärke läggas
16.	Et gärdesgårdshörn hvar uti et Lagl 5 stena Rör blef nedsatt varandes hjertestenen 1 aln uti och 1½ aln ofvan jord, nästan 4-kantig, väl omskolad visar med sine kanter och sidostenar skillnaden som går först efter gärdesgården och sedan som af Chartan ses kan til
17.	Äfven et gärdesgårds hörn emellan Kongsgårdens och Kumla ängar, har blef lika som vid föregående hörn et Lagl 5 stena Rör uprättadt hjertestenen är 1 aln uti och 6½ qv ofvan jord, 3qv: bred, 4 kantig 1 qv: tjock uptil, visar med sine kanter och sidostenar efter gärdesgården som går til
18.	Likaledes et gärdesgårds hörn, hvarest och blef et Lagl: 5 stena Rör nedsatt, hjertestenen är utur berg sprungd mångkantig 1 aln uti och 1½ aln ofvan jord visar med sine kanter och utliggare eftergärdesgården som går til
19.	Et hörn å gärdesgården vid Kumla gärde, hvarunder mit uti et dike, et Lagl: 5 stena Rör lades hjertestenen är 1 aln uti och 1½ aln ofvan jord,3 qv: bred och ½ aln tjock på V: sidan, visar tillika med sidostenarne efter gärdesgården som går här ifrån til
20.	Et knä på gärdesgården, hvarest en visare nedsattes 3 qv: uti och 4 qv: ofvan jord, 4 kantig visar med hela sin skapnad efter gärdesgården, vidare til
21.	Äfven et knä på berörde gärdesgård hvarest en visare nedsattes 2qv: uti och 4 ofvan jord, visar skillnaden som går först efter gärdesgården och sedan på sätt som Chartan utvisar til
22.	Et gärdesgårds hörn vid Torpet Ödesmarken och Kumla vrets äng hvar under et Lagl: 5 stena Rör lades hjertestenen är 1 aln uti och 2 ofvan jord, flatsidig visar med sin ägga och sine sidor skillnaden efter gärdesgården först och sedan efter den på Chartan upprickade lineen til
23.	Et 5 stena Rör som lades straxt vid stranden utaf Lammarfjärden under gärdesgården, hjertestenen 1 aln uti och 2 alnas ofvan jord, 1 aln bred på den norra sidan nedre vid 3 qv: tjock på den sidan som vettar åt sjön, visar med sin ofversta ägga och sina sidostenar efter gärdesgården tillbaka.

Sålunda voro upgångit Rörlagt och befunnit, Intygar År och Dagar som förut

På Embetets vägnar

Ant Ulr. Bendes genom J.G. Jernfelt

Bilaga 2 Laga skiftet 1835-1839

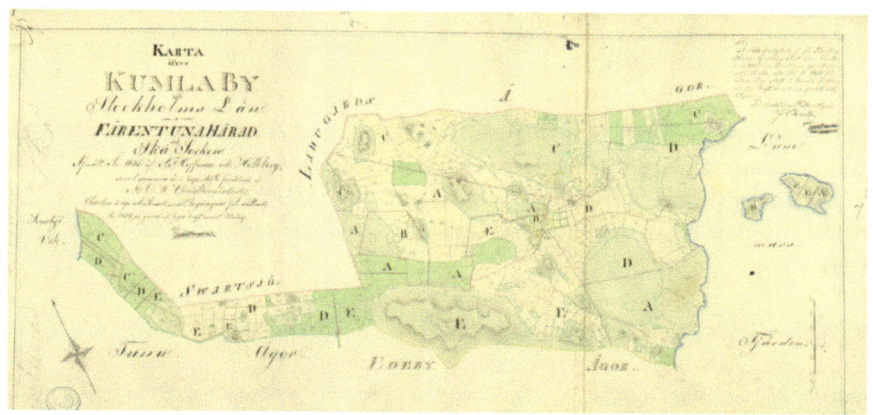

År 1835 den 12 Maj infunno sig undertecknad Commissions Landtmätare uti Kumla by, Skå Skn, Färentuna Had af Stockholms Län, för att till följd af bilagde förordnande uti Laga Skifte fördela nämde by, hvarvid, enligt vederbörligen skötta kallelser och kungörelse följande delägare Ombud och Gode Män sig inställde, näml:

Gode Män:

Kyrkovärden Jan Jansson i Widfärna

Do Jan Carlsson i Bromma

Af delägarne:

Herr Lieutnant Lagus		5/8 dels mantl	
Erik Jansson	30/56		
Ass Lindmans barn, styrman Fredriksson	5/56	5/8	
Nämdl Zetterberg	135/192		
Eric Jansson Uppg.	70/392		
Jan Eric Nessling	10/392		
Jan Ersson	60/392		
Carl Lennartsson gm omyndiga döttrar, Förmyndare Jan Ersson och Zetterberg	20/392	5/8	
Landtjägare Bostället, Innehafvaren deraf LandtJägaren And. Elg		5/8	2½ mtl

Såsom ombud för bostället tillstädeskom å Kongl: Majsts och Kronans vägnar, Herr Lieutnant Brolin

Af angränsande hemmans Innehafvare var Tillstädes Herr Brukspatron Hejdenstrand För Edeby och Svartsjö Ladugård

§1

Sedan ofvan omförmäldta förordnande blifvit för vederbörande uppläst, blef Laga Jäf ej anmäldt hvarken mot Skiftesmannen eller Gode Männen, eller mot förrättningens behörighet för öfrigt.

§2

Parterna företedde en karta öfwer Kumla ägor upprättad dels 1771 af G Boding, dels år 1787 af Berndes genom Jernefeldt, hvilken sedan undersökning och mätning å marken nu förutgått, befanns ej äga den tillförlighet att ett lämpeligt Laga Skifte kunde enligt densamma werkställas. Hvarför och ny Reforming af Kumla ägor kommer att så fort ske kan för sig gå.

Den 8 september 1835

§3

Sedan de uti Protocollet för den 12te sistledne Maj antecknade delägare i Kumla Sammanträdt, och antecknad Landtmätare företedt den öfwer Skifteslaget nu upprättade kartan, börjades med ägornas gradering, och hwarmed fortsattes den 9de, då graderingen afslutades på sätt det öfwer densamma serskildt upprättade Instrumentet närmare utvisar, hwilket Instrument samma dag uppsattes och justerades, samt erkändes In- och Afräkningsfordran i densamma wara behörigen upptagen

§4

Den 12 september

S:D: Woro åter vederbörande församlade, då och sedan afgjort blifvit, det något ägoutbyte icke kommer i fråga som J: E: Nessling och Jan Ersson tillkännagifvit, det de tillsamman af Eric Janson köpt hans i Nedergården ägande 5/28 dels mtl, blef öfverenskommit om följande plan till fördelning uti Laga Skifte af Kumla ägor:

    LandtJägarebostället håller för 5/8 dels mtl: Boställets nu innehafvande tomtplats med åker der nedanför, åker i Östra gärdet närmast tomten, åkern öster om Asphagen, äng mot Kungsgårdens ägor, till Sjön, vidare: åker i Westra gärdet, mot tomten och Kungsgårdens ägor till La Gullhagen tillika med denna hage; Backen vid tomten, samt Asphagen och täpporna deromkring; Äng närmast Kungsgårdens ägor vid Svartsjö vik, samt hage derofvanför.

    Herr Lieutnant Lagus för 5/8 mtl bekommer sin nu innehafvande tomt och trädgård, all på honom belöpande andel uti åker af Östra gärdet derutanför, Sjöhagen vid Östra gärdet samt det återstående uti Wretsängen mot Lammarfjärden, äng med skogen kring den så kallade Rosenlunds tomt, vidare, äng vid Swartsjö wik samt hage derofvanför.

    Nedergården för 5/8 mtl tilldelas; det återstående af Östra gärdet samt fyllnad i vestra gärdet nämast tomten; äng vid dessa gärden, samt fyllnad af äng närmast Herr Lieutnant Lagus skifte vid Rosenlunds; Plogerna på andra sidan detta Lieutnantens skifte, till beteshagen, derest intet i plogen denna gård bekommer vid lot. Om skifte af Nedergården serskildt kommer att vidare att öfverläggas

142

Dike öfver Lillängen
dike genom ängen vid
Swartsjö vik och dike
genom Wretängen tages af markskifte.

Uppgårdens för 5/8 dels mtl: Det återstående af vestra gärdet. Edsängs
täpporna med hagen norr om dessa, stora Gullhagen; det återstående af Storängen; samt ett
skifte i ängen vid Swartsjö wik, samt nu innehafvande tomt med täpporna deromkring,
(Utaf mark oskifte aftages: Wäg till bykällare med plats deromkring;) Wäg till Bostället, med
tjenligt utrymme dervid: väg öfver Bostället mark till Wretsängen; Wäg genom tomten
öfver ägorna till Stora Landsvägen; Wäg från stora Landsvägen till ägorna vid Swrtsjö wik,
samt nödig vattnings-wäg vid hagen derintill; väg från tomten till Uppgårdens skifte vid
Edsängstäpporna.
La Holmen tillfaller Herr Lieutnant Lagus och den större holmen delas mellan de öfrige
grannarna.

Att sålunda woro till alla delar föreblifvet; betygar
På Embetets wägnar
M O W Christiernin
Förestående protocoll är för oss uppläst och vorden härmed justerat
Kumla d. 12 Sept 1835
G.R.Lagus; J.G.Brolin; S Johansson; Carl Zetterberg; Anders Elg; Jan Ersson; Jan
Eric Nesling;
Bestyrkes af oss vid föreningen biträdande Gode Män;
Jan Jansson   Johan Carlsson
I Wifärna   i Bromma

Den 29 september
§5.

S.D. Sammanträdde i Kumla by Gode Männen Jan Jansson i Wifärna och Johan Carlsson i
Bromma tillika med Kumla bys delägare: Protocollet för den 12te sistledne Maji förut
antecknade men Hr Lieutnant Brolin oaktadt om sammanträdet behörigen underrättadt lät
sig icke afhöras.

§6.

Sedan rörläggning i alla de å kanter utmärkta skiftesarean för sig gått, träffades emellan
parterna följande föreningar:

Hvad åbyggnaderna å Nedergårdens tomt beträffar, få de i sina nuvarande
platser qvarstå i närvarande ägares lifstid, hvarvid likväl det är för hvarje af dem obetaget att
om några skulle villja uppföra en ny åbyggnad, att då sätta dem å nu erhållet tomtskifte.

Angående ståndskog afgjordes, det den som till någon af sina grannar i följd af
detta skifte afträdt sparad skog, får afverka densamma inom loppet af fyra år, räknadt från
skiftets afslutande, dock skall den Aspskog Eric Jansson emnar borttaga ur sin f.d. hage wara
inom 3ne år derifrån bortförd.

Till at förvandla åkermarken vid Edby wikern till äng, erhåller Eric Jansson af sina grannar .... för hvarje Geometriskt Tunnland dess del eller för 2: .... Eric Jansson och Bostället, hvilka nästa höst måste beså det gärde som då skördat, skola i och för denna genom såning i stubbgärdet minskande af .... Erhålla En Tunna säd för hvarje geometriskt Tunld. Eller Eric Jansson för 10 Tndl 13 kpldl. 10 T<u>n</u> 13 kp<u>n</u> säd, och bostället för 14 Tnld 20 kpldl 14: T<u>n</u> 20 kp<u>n</u> säd, hvilka äfven af dem som skyldiga äro att säden utgifva kan få lösas efter i orten gångbart pris. Dessutom skola Eric Jansson och Bostället hafwa Ett ökad dagswerke med karl, för hvarje geometriskt Tnld, till uppkörning af detta gärde, och hvarje sådant dagswerke räknadt till 2 R..... För öfvrigt gjordes ej något slags anspråk på ersättning för wanhäfd jord, ståndskog eller plantering, eller ersättning uti hö o.d. under den tid odlingen påstår.

Ingen tillåtes att nästa år göra några inhägnader till Wårland uti nu varande trädesgärdet.

Stängseln uti Sädesgärdet skall wara uppförd till såningstiden år 183? , men uti Trädesgärdet, hagar och ängar till den i Juli nästkommande år. Stängseln mot främmande byar förblifver så delad som tillförene, och uti de ny skiftes linaerna ville delägarne sig emellan den sjelvfwa fördela hvilket äfven blifver förhållandet med utbyte af gamla stängsel skiften.

Uppgården håller grinden vid Storängen och vid Stora Landsvägen; Bostället håller grind uti skillnaden mellan Östra gärdet och Storängen samt vid Gråwreten; Mellangården håller grind vid egen tomt och vid Sjöhagen; Nedergården håller grind uti Linean mellan Nedergården och Uppgården i Storängen samt vid egen tomt. Led håller hvar och en der så höfves, vid egen gärdesgård.

De nu indelade wägarna öfvertages genast till framtida underhåll.

Fiskevattnet uti Swartsjö wik och Mörby fjärd, med Sjöfoder och Wasstägt förblifver gemensamt.

(Byens gemensamma Brunn med timring, tak, hink, ho och vind underhålles af hvarje gård 2 år hvarje gång, och börjar nu Bostället att underhålla detta, hvarefter Uppgården, Mellangården och Nedergården o.s.v: hålla 2 år hvarje. Detta underhåll af brunnen öfvertages d. 14 Maj nästa år, sedan densamma med tillbehör blifvit af byamännen gemensamt i ståndsatt)

Bostället tillåtes att när vattnet i Brunn skulle brista, få köra sådant från sjön, och i ? fall taga väg norr om Mellangårds Trädgård.

Tillträde af de nya skiften sker Sädesgärdet till såningstiden nästa höst, och i Trädesgärdet, ängar och hagar d. 1 januari samma år.

§7.

Genom lottning afgjordes det alla detta skifte tillhörande handlingar skola till bymännens gemensamma begagnande förvaras å LandtJägare bostället och äger närvarande Boställs Innehafvaren att å dem meddela skiftesmannen qvitto till den kraft och verkan Kgl: skiftesstafgar förmår.

§8.

Räkningen öfver Arfvodet för detta skifte, af Gode Männen behörigen granskad, erkändes till sina grunder vara enlig med Kgl: förordningen af d. 18 Oct. 1834.

§9.

Derefter och sedan parterna förklarat sig ingenting vidare hafva att till detta protokoll anföra eller något mot detsamma att invända, uppläsates 13§ i 18 Cap: af Kgl Majsts stadgar hvarmedelst de blifva underrättade om tiden och sättet till anförande och besvär öfver det härmedelst afslutade skiftet af Kumla bys alla ägor.

Att sålunda wara till alla delar förelupet, Betygar på Embetets wägnar M O W Christiernin som förestående protokoll är för att uppläst, och förklara vi oss till alla delar nöjda med det härmed afslutade skiftet.

Kumla d. 29 september 1835 G. R. Lagus E Johnsson Anders Elg Jan Ersson Carl Zetterberg Jan Erik nesling

Bestyrkes af oss vid skiftet biträdande Gode Män

Johan Carlsson i Bromma   Jan Jansson i Wifärna

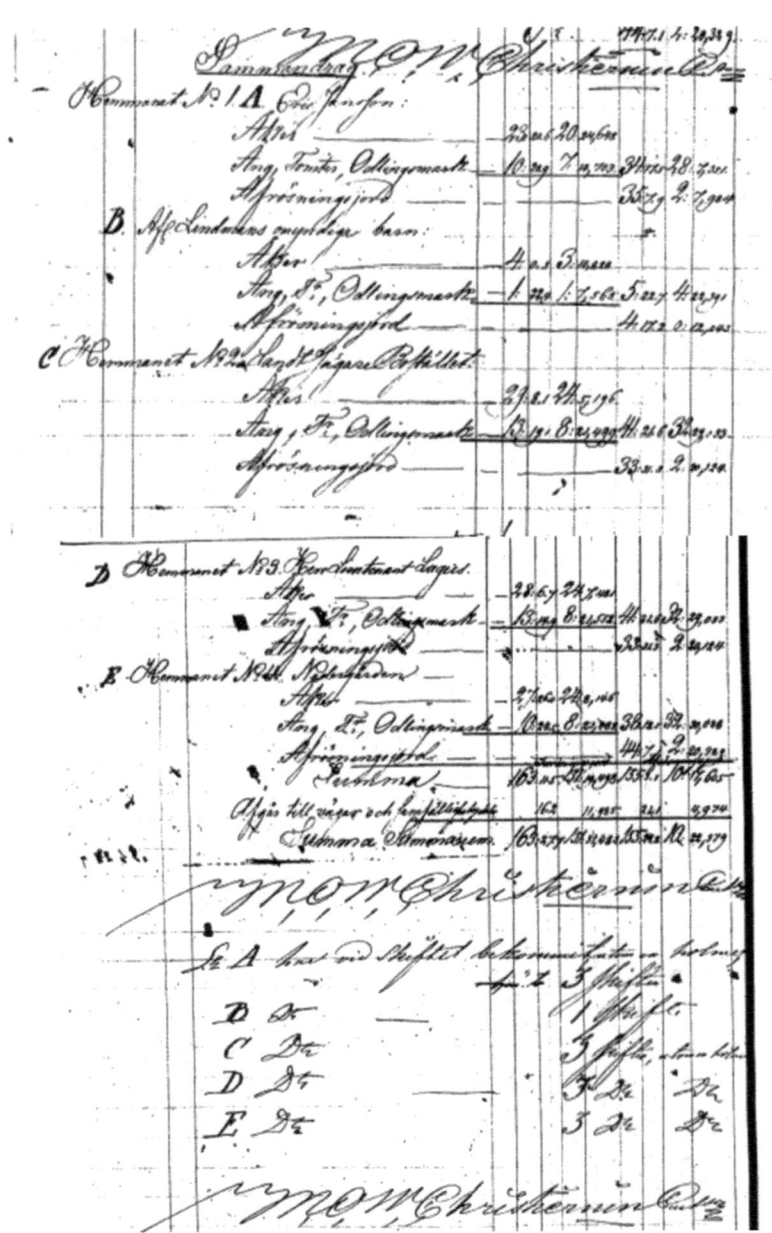

Utdrag af Färentuna Härads Ägodelnings Rätts protocoll, hållet wid Swartsjö den 21 september 1839.

S.D. Jämlikt Ägodelnings Rättens beslut wid sammanträde i Kumla, Skå socken, den 16 sistledne Juli, företogs till widare handläggning den af Hemmansägaren Eric Johansson derstädes wäckte tala om jemkning uti det år 1835 af dåwarande Commissions Landtmätaren Bowallius, hvilken blifwit till Rättens biträde i denna sak förordnad, äfvenson constituerade Kronoombudet för LandtJägare bostället, Kronolänsmannen, ...
Eric Johansson i Kumla ...... Herr Secreteraren Anders Hjertson, samt af Kumla byamän, följande: LandtJägaren Elg , Herr Lieutnanten Lagus, Carl Zetterberg, Eric Jansson, Jan Eric Nessling och Jan Ersson.

Herr Commissions Landtmätaren Bowallius uppwiste i anledning, af det honom wid Rättens sista sammanträde gifna uppdrag, dels af honom upprättadt Graderings instrument öfwer alla ägorna till Kumla by, derutinnan woro upptagne de å upprätttade Chartan antecknade nummer på ägofiguren samt följde den gradering som wid 1835 års skiftesförrättning blifwit bestämd och sedermera wunnit laga kraft, hvaremot ny uträkning skett så wäl af hwarje ägofigurs resningsinehåll som af det i följd af graderingen uppkommande taxeringsbelopp. Wid jemförande af detta Graderings instrument, med Herr Stads Ingeniören Christiernins, befanns att uti det sistnämde uträkningsfel blifwit begångne å tjugusex serskildta ställen, deraf de, rörande ägofigurerne 131, 205 och 215 woro de betydligaste. De skiljaktigheter som uppstått genom förenämde fel i uträkningen emellan delningarna, inhämtades i öfrigt af twänne nu gjorde sammandrag det war efter Christiernins delning och det andra efter den nu förrättade, hvilka sammandrag lydde sålunda:

Sammandrag efter Laga skiftes delningen uti Kumla

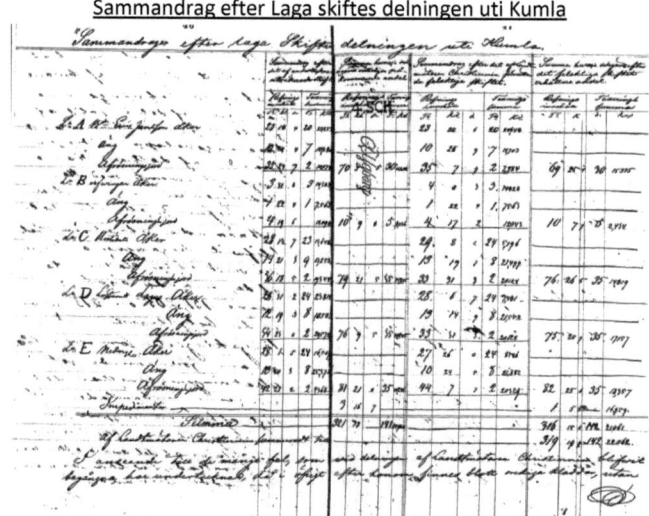

I anseende till de många fel som vid delningen af Landtmätaren Christernin blifvit begångna har undertecknad då i öfrigt efter honom finnes blott orediga kladdar, utan ledning af dem, funnit den förändringens uti delningen uppkommit, att Herr Lieutnanten Lagus skall lemna till LandtJägare bostället, af mig föredragne ägo figuren No 41 äng 1¼ grad 21 Kapl i resningen som gör 16.000 Kl i taxeringen; hvilket jag får äran tillkännagifva. Stockholm den 18 september 1839. N.J.U. Bowallius.

Tilläggande vid genomgående häraf, kan Commissions Landtmätaren Bowallius, att en hvar af delägarna innehade den mark som efter den af Herr Commissions Landtmätaren uppgjorde läggning borde enhwar tillkomma, med undantag att hemmanet Lit D fått i inrösningsjorden tjuguett kappland i refnings innehåll, med 16,800 i taxeringsvärde mera än hemmanet Lit C, hvilket Herr Commissions Landtmätaren i sin uträkning iakttagit och föreslog bara utgå af ägofiguren 41.

Herr Lieutnanten Lagus öferlemnade detta till ägodelnings Rättens bestämmande: anmärkande så wäl han som Eric Jansson, att halfwa graderingen wore i flera delar oriktig, hwarigenom hwarjehanda missförhållande grannarna emellan uppkommit.

I anledning af Eric Janssons framställning. Öfverenskommo han och förre Nämdemannen Zetterberg om det enskildta ägoutbytet dem emellan. Att Eric Jansson till Zetterberg afstår sin andel till hemmanet Lit A af ägofiguren 217, nitton kappland emot det att efter graderingswärde Zetterberg lemnar ersättning af sin teg till hemmanet Lit E af ägofiguren 179 närmast Eric Janssons mark 180.

I öfvrigt öfwerlemnades målet till ägodelnings Rättens afgörande under yrkande att Herr Ingeniören Christiernin måtte åläggas godtgöra de kostnader som hans slarfaktiga förhållande föranledt, hwaröfver kostnads förteckningar äfwen ingåfwas af Kumla byamän, men någon sådan räkning war af Herr Commissions Landtmätaren Bowallius icke uppgjord, utan förbehöll han sig att framledes få densamma aflemna till den, som kan blifwa känd skyldig godtgöra Herr Commissions Landtmätaren.

Ägodelnings Rätten tog målet i öfwervägande och afsade följande

Utslag

Som någon klagan öfwer den för Laga skiftet i Kumla werkställde ägogradering och skiftesutläggning icke blifwit anförd inom den tid 18 Cap 13§ i Kongl Stadgan om Skiftenswerket i Riket den 4 Maj 1827 bestämmer och detta decret således wunnit laga kraft, kan ägodelnings Rätten icke bifalla det af Eric Johansson här inlemnade framställande yrkande, men wid den emellan honom och Carl Zetterberg träffade öfwerenskommelsen angående utbyte af deri hemmanet Lit A tillagda mark af ägofiguren 217 emot den Zetterberg tillskiftade ägan af 179, efter taxeringsbeloppet låter Ägodelnings Rätten bero så att den wid omläggningen, på Eric Janssons bekostnad, af Landtmätaren werkställas.

Och emedan det befunnits att Herr Ingeniören Christiernin i uträkningen öfwer det af honom hållne Laga Skiftet i Kumla, gjort icke mindre än tjugusex större och mindre fel hwilket föranledt upprättandet af nya uträkningar och delning, pröfwar Ägodelnings Rätten rättwist förklara den jemkning böra werkställas i ägolotterna som är behöflig för till bringande deraf att enhwar undfår hwad honom enligt Herr Commissions Landtmätaren Bowallius för delning tillkomma bör, och i följd deraf hemmanet Lit C ersättas af ägofiguren No 41 från hemmanet Lit D hwad det wid förra delningen för ringa bekommit.

I öfrigt kännas Herr StadsIngeniören Christiernin skyldig att ersätta icke allenast Herr Commissions Landtmätaren Bowallius för af honom i Kumla, i följd af Christiernins förfarande werkställde och företagande Landtmätare förrättningen samt inställelse wid ägodelnings Rättens sammanträden så wäl den 16 sistlidne Juli som denna dag, äfvensom för Ägodelnings Rättens sammanträde den 16 Juli; till Ordföranden Tretton Riksdaler 24 Skilling; Herr Löjtnanten Palmer Twå Riksdaler 52 Skilling, Hemmansägare Procheus en Riksdaler 18 Skilling, Nämdemannen Eric Jansson i Sundby En Riksdaler 12 Skilling och Herr Secreteraren Hjertson En Riksdaler 24 Skilling samt för Rättens sammanträde denna dag till Herr Löjtnanten Palmer Två Riksdaler 32 Skilling, till Procheus En Riksdaler 18 Skilling till Nämdemannen Eric Jansson En Riksdaler 12 Skilling, Herr Secreteraren Hjertson En Riksdaler 24 Skilling och Fjerdingsmannen Ekström 24 Skilling, så ock till Kumla byamän, nemligen Eric Johansson Sex Riksdaler 32 Skilling Banco, samt de öfriga hwardera Twå Riksdaler Banco, om uttagande af hwilka medel Konungens Befallningshafware skall anmodas.

Den som med detta utslag icke åtnöjes, äger deröfwer hos Kung. Majt i underdåninghet anföra beswär i twefalte skrifter hwilka böra till Ägodelnings Rättens ordförande aflemnas inom trettio dagar härefter. Denna oräknad. Eller den Tjugoförsta nästkommande October tillika med de handlingar klaganden kan wilja fästa. År och dag som förr skrifwet står.

På Ägodelnings Rättens wägnar

J Ekeroth

Utdrag af Färentuna Härads Ägodelnings Rätts protocoll, hållet i Kumla den 16 Juli 1839.

S.D. Sedan Herr Commissions Landtmätaren, nu mera StadsIngeniören M.O.W. Christiernin år 1835 förrättat Laga Skifte i Kumla by, LandtJägaren Elg derstädes blifwit wid skiftesförrättningens slut af byamännen utsedd att, å Skifteslagets wägnar, emottaga alla skiftet tillhörande handlingar och å dem meddela skiftesmannen qvitto till den kraft och werkan Kongl Skiftesstadgan förmår, samt efter det Elg, enligt betyg den 19 april 1836 erhållit skifteshandlingarna sig tillställda, skiftet blifwit den 22 September 1838 af Ägodelnings Rätten förklaradt lagakraftwunnet och fastställdt; så hade Hemmansägaren Eric Johansson i Kumla den 24 april detta år till Ägodelnings Rättens Ordförande inlemnat en så lydande ansökning:

"Det lidande som mig wederfarits genom förrättade Laga Skiftet till Kumla by är större än att jag detsamma med fördragsamhet kan förtiga, utan nödgas härmed, efter den anvisning som 3§ uti 15 Cap. Kongl Skiftes Stadgan lemnar, hos hoflige Ägodelnings Rätten söka den jemkning uti ägolotterne till mitt hemman No 1 Kumla, hwartill begångne fel eller oförstånd wid förrättnings handläggningen, nu kunna påkalla. Genom de af skiftesmannen Christiernin på åtskilliga ställen begångna grofa felaktigheter wid af honom handlagda förrättningar, har jag nu först blifwit uppmärksam derpå att fel af slarf, illvilja eller oförstånd, äfwen uti Laga Skiftet till Kumla möjligen kunde wara begångna, hwarigenom mitt märkeliga lidande af Landtmäteri åtgärder torde sig härleda, och äfven blifwit öfertygad derom att ägotrakterna No 23, 48, 65. 70, 93 och 205, äro oriktigt uppskattade i Taxeringslängden, äfwensom att uppskattningen af No 65 uti delningsbeskrifningen till No 1. Eric Janssons hemman är oriktig, och slutligen att ägotrakten No 65 som tilldelats Herr Lieutnanten Lagus hemman är i delningsbeskrifningen utdelad efter 9de graden, och finnes efter taxeringslängden åsatt med 30de graden. Denna sista felaktighet inkomst förorsakar alltså en minskning i ägor på något öfwer 4 kappland fullgradig jord.

Äfwen äger jag största anledning förmoda att flera graverande felaktigheter i uträkningen måtte wara begångna wid sjelfwa utdelningen af ägorna, hwilka jag icke nu kan uppgifwa; emedan det Christiernin ännu ej lemnat Charta till byn öfver laga skiftet, men förbehåller mej att wid den undersökningsförrättning som hofl ägodelnings Rätten tänks utsätta få af dentill kallad opartisk landtmätare undersökt om en eller annan delägare skulle äfen wid sjelwa ägodelningen hafwa erhållit mer eller mindre, än honom med rätta tillkomma borde.

Altså nödgas jag med anledning af de ofwan bestämdt uppgifna felaktigheter i uträkningen wid Kumla skiftesförrättning hos hofl Ägodelnings Rätten söka den rättelse i skiftesläggningen till Kumla hwartill nu uppgifne och möjligen ännu flera oupptäckta begångna fel kunna föranleda, äfwensom att Ägodelnings Rätten täcker medgifna rättighet att få ännu Landtmätare till rättande af Christiernins begångna misstag och att Christiernin må dömas skyldig ersätta alla härigenom uppkomna kostnader.

Det skulle wara öfwerflödigt anhålla om den möjligaste summa handläggning i detta mål, enär hofl Ägodelsnings Rätten nogsamt tänkes inse nödvändigheten häraf. Kumla Skå socken den 11 Mars 1839. E Johansson

I anledning häraf hade, på sätt Skiftesstadgan den 4 Maj 1827 föreskrifwen, wederbörande Byamän blifwit kallade att inför Ägodelnings Rätten denna dag sig infinna äfwensom anstalt fogad om kallelse på Stads Ingeniörens Christiernin och förordnande dels för Kronoombud att bewaka det i byn belägna Landtjägare boställets rätt, dels ock för någon Landtmätare att Rätten tillhandagå och då Ägodelnings Rätten nu sammanträdt, inställde sig följande Kumla bymän; Innehafwaren af Landtjägarebostället Anders Elg, biträdt af tillförordnadt kronoombud Kronolänsmannen Secreteraren A Hjertson, Herr Lieutnanten G.R. Lagus för 5/8 dels mantal, Carl Zetterberg för 135/392 dels mantal, Eric Jansson i Uppgården 70/392 dels mantal, Jan Eric Nessling för 10/392 dels mantal, Jan Ersson för 10/392 dels mantal, Johan Berggren, gift med en af Carl Lennartssons döttrar för 10/392 dels mantal, hwaremot den andra af Carl Lennartssons döttrar 10/392 dels mantal nu mera är inköpt af Carl Zetterberg.

Från Herr StadtsIngeniören Christiernin hade ankommit en skrifwelse hwaruti han anmäldte sig wara af tjenstgöromål hindrad sig infinna, hwilket han ock styrkte genom ett bilagdt utdrag af Stockholms Stads Politie, Ämbets och Byggnings Collegie Protocoll för den 9 Juli detta år, innefattande Collegie afslag på hans ansökning om tjenstledighet denna dag för att Ägodelnings Rättens sammanträde Öfwerwara.

Att Ägodelnings Rätten tillkändagå inställde sig efter wederbörligt förordnande Herr Commissions Landtmäter Bowallius.

Wid jemförande af Skifteshandlingarne och Chartan, som genom Konungens Befallningshafware blifwit Herr Ingeniören Christiernin utformad, befanns att flera af de utaf klaganden anmärkte misstag uti uträkningen i sjelwa werket ägt rum, i anledning hwaraf klaganden äskade, att skiftesförrättningen i hela dess widt måtte undergå en fullständig och noggrann granskning, äfwensom Eric Johansson förmente felaktigheter uti graderingslängden hafwa kunnat i så måtto förelupit, som att gradtalet annorledes antecknats än af Landtmätaren och Gode Männen i sjelfwa werket blifwit bestämdt, hwilket Eric Johansson icke kunnat närmare utreda i saknad af Charta för Taxeringslängdens jemförande dermed; I öfwrigt hemställde Eric Johansson om icke, för beredande af större beqwämlighet för honom med kreaturens wallgång och stängselförminskning, läggningen af hans åkerskifte kunde så förändras, att han erhöll åkermarken No 111 och 112 emot afstående i åker uti trakten omkring 139, 140 och 141 till Bostället deremot lemnandet Lit E fick ersättning af hemmanet Lit D och detta åkern af Lit C i trakten omkring No 41, 42, 43 och 44 samt widare uppåt rågången emot Swartsjö: så ock att hans ängsstycke af No 219 kunde förbytas emot äng af No 169.

Eric Johanssons meddelägare i byn bestridde på det högsta de af Eric Johansson föreslagna omläggningar af skiftena samt öfwerlemnade i öfrigt till Ägodelnings Rätten huruwida Eric Johanssons påstående om jemkning i skiftet för fel i uträkningen kunde äga rum.

Efter öfwerläggning afsades som den af Eric Johansson påstådde granskning, hwilken destomindre kan förwägras som åtskilliga af anmärkningarne om fel i uträkningen befunnits riktiga är af den widlöftighet, att Landtmätarens åtgärd derwid icke kan under Ägodelnings Rättens sammanwaro medhinnas, aktar Ägodelnings Rätten skäliget uppskjuta widare handläggningen af målet till sammanträde i Tingshuset wid Svartsjö den 21sta nästkommande September, klockan 8 förmiddagen; och warder Herr Commissions Landtmätaren Bowallius förordad att derförinnan werkställa granskning af uträkningen och fördelningen af all den mark, som uti ifrågavarande laga skifte ingått med hwad i öfrigt hörer till ett fullständigt utredande, huruwida några felaktigheter blifwit begångna af sådan art, att de kunna hänföras till det änne, som nu mera kan blifwa föremål för Ägodelnings Rättens årgärd; Blifwande derföre Concept Chartan och Concepthandlingarna Herr Commissions Landtmätaren Bowallius tillställde. År och dag som förr skrifwet står.

På Ägodelnings Rättens wägnar

J Ekroth

No LandtJägare Bostället Elg 5/8
No Mellangården Lagus   5/8
No Nedergården Zetterberg
                 Mose   5/8
No Uppgården   Mose   5/8

År 1839 den 7de November inställde sig undertecknad Commissions Landtmätare uti Kumla by, belägen uti Stockholms Län, Färentuna Härad och Skå socken för att till följd af Färentuna Härads Ägodelnings Rätt den 21te September detta år, fattade beslut, verkställa bestämda ändringar uti ett af Herr Commissions Landtmätaren Christiernin öfver nämd by år 1835 förrättad Laga Skifte, inställande sig, efter derom förut gången Kungarike och utfärdade kallelse Bref jordägarna Herr Lieutnanten Lagus, LandtJägaren Elg betrodd af Kronolänsmannen Herr Secreteraren Hjertson,, Nämdemannen Zetterberg, samt hemmansägaren Eric Jansson.
I egenskap af Gode Män infann sig hemmansägarna Procheus ifrån Stockby samt Anders Andersson ifrån Sockarby.
Som något jäf emot förrättningsmannen eller de biträdande hade männen icke var att anföra, företogs genast med ut och rörläggningen af de bestämda 21 Kast tagna af Ägofiguren No 41 från Herr Lieutnanten Lagus hemman och till LandtJägare Bostället laggde äfvenledes ändringen emellan Eric Jansson och Nämdemannen Zetterbergs, hvarefter och sedan jordägarna uppå gjord frågan medgifvet att förrättningsmannens handläggning af skiftet i alla delar är enlig med det upplästa Laga Kraft Utslaget, förklarades förrättningen afslutad, men som några åtgärder af skiftesmannen hvaröfver besvärs anvisning kan medelas icke förfallet, kan sådan ej lemnas.

152

Efter emellan Herr Lieutnanten Lagus och LandtJägaren Elg träffade aftal, tillades den ifrån Lieutnanten Lagus mark den 9<u>de</u> September 18... kommande således ingen ersättning derför att utgå. Hvilket på begäran uti protocollet intages.

Något vidare var ej att tillägga; Betygar Datum ? på Embetets vägnar

       Bowallius

Uppläst, justerat och erkänt. Kumla den 7<u>e</u> November 1839

G.R. Lagus Carl Zetterberg ? E Johansson Anders Elg

Närvarande och biträdande hade

And: Procheus Anders Andersson

Bilaga 3a Hemmansklyvning Kumla nr 4 1863

År 1863 den 16de junii inställde sig undertecknad Landtmätare hos hemmansegaren Eric Wilhelm Bolin i Kumla by i Skå socken Färentuna Härad af Stockholms Län för att till följe af Konungens Befallningshafwandes i Länet dertill meddelte, härefteråt intagne förordande, verkställa utbrytning af förrättningsförkantens 60/392 dels mantal utur 5/8 dels mantal nr 4 i nämnde by, hwarvid efter derom i laga ordning kungjord termin för utfärdade kallelser sig infunno: Såsom delegare i Mantalet Nr 4 i Kumla by anmälte sig:

Gustaf Carlsson egande 145/392 delar
Er. Wil. Bolin egande 60/392 delar
C.J. Nessling egande 30/392 delar
J. Berggren egande 10/392 delar, den sistnämnde dock ej vid sammanträdet närvarande.
Såsom Godemän hade på kallelse sig infunnit Jan Carlsson ifrån ÖsterNibble och Eric Carlsson ifrån Mörby.

§1
På tillfrågan om något jäf vore att anmärka emot förrättningsmannen eller Godemännen, svarades – nej; Ej heller visste förrättningsmännen sig stå i jäfsförhållande till någon af parterna. – Gode männen tillkännagåfvo att de den föreskrifna Godmans Eden aflagt.-

§2
För vederbörande upplästes det för undertecknad till denna förrättning utfärdade förordnade så lydande: (Se bil. Litt: A)

§3
Samtliga delegare uppgåfvo nu att de önskade få äfven sina andelar å samma hemman Nr 4 frånskilda och sig tilldelade, hvarför kartan öfver förrättat Laga Skifte i Kumla by, upprättad af framledne Landtmätaren M.O.W. Christiernin Gustafsson med rättelse af Commissions Landtmätaren U Bowallius af år 1839, tillika med beskrifning öfver Laga Skiftes delningen företeddes, och innehöll kartan fastställelse bevis af den 22dra September 1838.

§4
Som nämnde karta var uppklistrad på papp och omöjlig att renowera, och som dessutom genom uppodling, nu nästan all inrösningsjord var upptagna till åker och Cirkulationsbruk, så för att få nuvarande skiljagtligheter åt marken upptagna, vore nödigt att inegorna ånyo uppmättes och å karta lades, hvilket vederbörande med det första önskade, och beslöts att mätningen skulle företagas i morgon bittida. Något vidare förekom nu ej, utan förståndigades vederbörande att med nödigt antal handtlangare beräknadt efter hemmanets storlek, biträda under mätningen.
Sålunda förelupet, betygar förrättningsstället Kumla, dag som ofvan

På Embetets vägnar Esaias Betulander
Uppläst, justerat och erkändt, attesteras af oss under
förrättningen närvarande Gode Män: Jan Carlsson   Eric G Carlsson

§5
Den 19de och 20de junii 1863

Dessa dagar förrättades gradering i alla egorna till mantalet Nr 4 i Kumla by, sedan inägorna kunnat uppmätas och i ny karta blifvit lagda, tillika med transportering af afrösningsjordens areal från gamla kartan till den nya, men vid hvilket tillfälle, efter det att Godemannen Jan Carlson i ÖsterNibble anmält sjukdomsförfall, i hans ställe sig infann Edsvurne Godemannen Carl Jansson i Eneby i Färentuna socken, emot hvilken ej något jäf anfördes.

§6

Wid graderingen gjordes wederbörande uppmärksamma på det författningsenliga sätt som följdes, att, då den bästa och bördigaste marken åsättes 1a graden, den sämre erhöll deremot $1_{1/16}$, $1_{1/8}$, $1_{1/4}$, $1_{1/2}$, 2, 3 och så vidare grader, allt efter jordarternas naturliga godhet och beskaffenhet.

§7

Härefter förrättades besigtning och värdering af de inom mantal Nr 4 varande odelade hus, som efter uppgift skulle höra till 2/3 delar Er. Wilh. Bolin och 1/3 del C.J.Nessling, på sätt, akten bifogade Besigtning (bil. Litt. B), närmare utvisar.

Sålunda förrättadt, betygar Kumla den 20de Junii 1863.

På Embetets wägnar Es Betulander

Under förrättningen närvarande tjenstebiträdande Godemän   Eric Carlsson   Carl Jansson

§8
Den 22, 24 och 25te Julii 1863

Sedan sista sammanträdet har undertecknad Landtmätare gjort sig underrättad om likheten af Kumla Laga Skifteskarta, med den fastställda Laga Skifteskartan öfver Kumla by som förvarats i Kongl. General Landtmäteri-Kontoret i hvad angår gårdstomten för Mantal Nr4 och som nämnda kartor öfverstämma med hvarandra så väl i Tomtskillnaderna som öfvriga rågångar, så och då ej någon rågångsrättning här äskades, blef sammanträde med angränsande rågrannar ej af nödw.

§9

Efter det nu egorna till Mantal Nr 4 i Kumla by blifvit å karta lagda, och beskrifvning deröfver, upptagande egarnes och egornas namn, samt gradering med dervid skedda urskiljande af In- och afrösningsjord blifvit verkställd och delningsgrunden bestämdes af delegarna efter det af dem uppgifvna hemmantalet, företogs nu till afgörande fråga om underlag af mark, hvarvid bestämdes att

1. Afloppsdike öfver gärdet ifrån Edeby egor och egofiguren Nr 22 fram till vägen från byn och äfven densamma till ängen och egofigur Nr 130, såsom kartan utvisar, skulle afräknas till en bredd af 2ne fot
2. Afloppsdike ifrån Litt B skifte i Kumla by, utefter södra sidan af byvägen utefter egofig Nr 123 öfver vägen, till skillnaden emellan egofig Nr 120 och 121, samt 124 och 125, och derifrån till Svartsjö Ladugårds egor möter. Någon Häfvdebeskrifning kunde ej upprättas emedan delegarna egde hemmanet gemensamt.

§10

Till detta sammanträde har undertecknad Landtmätare uträkndt provisionell plan till skiftesläggningen, hvilken nu utvisades, hvarefter och sedan C.J.Nessling begärde att för sin lilla gård få ett enda skifte, bestämdes att skiftesläggningen skulle blifva som följer:

Litt Ea 145/392dels förmedlat mantal å Nr4 Gustaf Carlsson skulle erhålla 3ne skiften, neml.
1. Ett skifte med gårdstomten. Bolins tomt, åker samt skogsskifte till gräns i nordost, öster och sydost, samt i vester. Litt A och B egoskiften samt Bolins 2dra skifte
2. Ett skifte vester om Landsvägen, med Landsvägen och Berggrens skifte till gräns i öster och söder. Tuna rågång i Söder, Bolins skifte i skogen i wester och Svartsjö Ladugårds rågång i Norr.
3. Detta eller Litt E hemmans andel å Kumla Holmar som med ? delen af största Holmen.

Litt Eb, E W Bolin får för 60/392 dels förmedlat mantal i Nr4, 3ne skiften.
1. Ett skifte med tomten åkern samt skogsmarken med gräns i norr, sitt egandes 5/8 förmedlat mantal Litt D i Kumla by, Nesslings skifte i Öster och Gustaf Carlssons skifte i Vester samt Edeby rågång i Söder
2. Ett skifte utmed östra gränsen för sitt skifte Litt D med Gustaf Carlssons skifte till gräns i Öster Svartsjö Ladugårds egor i Norr och Edeby egor i Söder
3. Ett skifte utmed östra gränsen för sitt skifte Litt D i hagarne med Tuna rågång till gräns i Söder, Gustaf Carlssons skifte i Öster och Svartsjö Ladugårds skifte i Norr.

Litt Ec, C J Nessling får för 30/392 dels förmedlat mantal i Nr4 ett skifte med gräns i nordost till Litt A skifte i Kumla by i Söder, Edeby rågång och i vester Bolins åker och skogsskifte.

Litt Ed, Johan Berggren får för 10/392 dels förmedlat mantal i Nr4 ett skifte med gräns i Söder Tuna rågång i Wester och Norr Gustaf Carlssons skifte samt i norr och öster Litt D skifte i Kumla

Hvarefter skiftena utstakades och rörlades, och delegarna tillfrågades om tillträde deraf hvilket de menade bör ske nu på hösten

§11

Efter den här ovanför beskrifvna skiftesplan skulle alla hus som tillhöra C.J.Nessling flyttas till backen Nr 130, hvarest är en rymlig och torr plats till gårdsplan, äfvensom att nedanför backen kan utan alltför stor kostnad brunnställe fås, ej längre än circa 300 fot derifrån. Af de övriga hus ska Er Wilh. Bolin bortföra 2ne neml. Lada samt stall och fähus, och Gustaf Carlsson 1, neml. sin lada.

Närmare upplysningar häröfver vinnes i Besigtnings och värderings samt Husflyttnings Instrumentet som åtföljer handlingarna (se bil Litt C).

§12

Uträkningen af Skogsliqviden utföll så att E W Bolin skulle vid skogens tillträdande lösa af Nessling en famn ved, värderad till 12 Rd

§13

Uträkning af Stomningsersättning i följd af Hemmansklyfningen i Kumla by å mantal Nr4 utvisande huru stort belopp i Spannmål skall erläggas af den som vid skiftets tillträde bekommit mer öppen åker än han lemnat, är uträknadt och åtföljer handlingarna (Se bil. Litt D). Stomningsersättningen skall utgifvas till den 15de Nov. nestkommande år 1864, med 1 Tunna, helften råg och helften korn för hvarje Tunnland.

§14

Tiden för husflyttningens verkställande bestämdes till trenne år, på hvilken tid alla i Husflyttnings Instrumentet upptagna hus böra vara förda från nuvarande platsen och uppsatta på det nya skiftet, såvida fulla husflyttningsbeloppet kan utgifvas (Se bil. Litt C). För hvarje hus utbekommes halfva summan då det är nedrifvet och den andra halfvan då det är uppsatt på nya platsen.

Johan Berggren skulle ej deltaga i någon husflyttningskostnad, af den orsak att han eger ej några hus till sitt hemman.

§15

Handlingarna och kartan till denna Hemmansklyfning skola förvaras hos Bolin, som för dem ansvarar.

§16

Arfvodesräkningen öfver förrättningen företeddes nu, öfver Godemännen utgifva det utlåtande att de funno detsamma öfverensstämma med Kongl. Majts nådige Taxa på arfvode för Landtmäteri förrättningar af år 1857.

§17

Något vidare förekom nu ej utan förklarades denna förrättning afslutad, med tillkännagifvande att den dermed missnöjde eger att deröfver anföra besvär hos Herr

Ordförande vid Färentuna Härads Egodelnings Rätt inom sextio dagar härefter, vid förlust af vidare talan.
Förrättningsstället Kumla den 25te Julii 1863. På Embetets vägnar Esaias Betulander

Att alla de under denna förrättning förda protokoller och beskrifningar äro för vederbörande upplästa och justerade, äfvensom att de blifvit underrättade huru de i händelse till missnöje sig förhålla skola attesteras af oss under förrättningen på en gång närvarande tjenstebiträdande Gode män, Kumla dag som ofvan.　　Eric Carlsson　　　Carl Jansson

Bilagan 3b

Besigtning och wärdering af alla åbyggnaderna till 90/392 dels mantal i Nr4 i Kumla by af Skå socken och Färentuna Härad, upprättad vid Hemmansklyfning derstädes af undertecknad Landtmätare med biträde af Godemännen Carl Jansson i Eneby och Eric Carlsson i Mörby den 20de Juni 1863.
Förestående hemman och åbyggnader eger till 60/392 delar af Er. Wilh. Bolin och till 30/392 delar af C.J. Nessling, och befanns som följer:

1. Westra stugubyggnaden med utbyggd förstuguqvist 24 fot lång,
   16 ½ fot bred, vägarna 13 hvarf, och röstena 9 hvarf höga under
   brädtak och något tegel, inredd med kök och kammare, samt
   en kammare på vinden. Köket med 2ne fönsterlufter spis med
   bakugn, golf och trossbotten med underpanel, kammaren på
   vinden obrukbar. Hela byggnaden värderas till:　　　　　　Ränte Rd　　300:-

2. Östra stugubyggnaden med utbyggd förstuguqvist 25½ fot lång
   19 fot bred, under tak af tegel och bräder, väggarna 15 hvarf och
   röstena 8 hvarf höga, inredd med kök och kammare, köket med
   fönster, golf och trossbotten med underpanel, spis med bakugn,
   kammaren med en mindre spis, fönster, golf och trossbotten med
   underpanel. Hela byggnaden värderad till:　　　　　　　　Rd　　600:-

3. En källare under nyss beskrifna stugubyggnad, med gråstensmurar
   och träd böhle, värd:　　　　　　　　　　　　　　　　　　　50:-

4. En källare med öfverbyggd bod 10½ fot lång 12½ fot bred, väggarna
   9 hvarf höga, under tegel och brädtak, källaren värd:　　　　10:-
   Den öfverbyggda boden värd:　　　　　　　　　　　　　　40:-

5. En lada med loge och golf, samt stall och fähus i samma räcka under

159

halmtak, alltsammans af dålig beskaffenhet 59 fot lång 17 fot bred värd: 75:-
inredningen i logen och stallet, samt fähuset med dörrar och
bottnar värd: 10:-

1. Ett svinhus af bräder samt ett hemlighus af samma ämne värt tillsammans: 5:-

2. En loge med 2ne golf, 44 fot lång 15 fot bred under halmtak med 15
hvarf timmer i logen och 10 hvarf i röstena, men sämre ifyllnadsämne
i golfväggarne värd: 70:-
logkistan värd: 8:-

Transport Rd 1168:-

3. Stall och fähus under halmtak 29½ fot lång 17 fot bred
med skullvirke och inredning, väggarna 10 hvarf och
röstena 10 hvarf höga, värd;   65:-
Inredningen i stallet och fähuset värd: 15:-

4. Del i en stensatt brunn   5:-

5. Plantering af åtskilliga bärbuskar värde   12:-
Ett päronträd, värd   10:-
En förtorkad apel, samt 2ne aspar utan värde
Summa   1275:-

Sålunda befunnet och värderat, intygar Kumla dag som ofvan
På Embetets wägnar   Es. Betulander
Under besigtningen och värderingen på en gång närvarande tjenste
Biträdande Gode män: Eric Carlsson   Carl Jansson

Fördelning af ofvanstående åbyggnader
Enligt förestående värdering, skall Er. W. Bolin för sitt egande 60/392 mantal,
erhålla hus för   Rd 850:-
C. J. Nessling för sitt egande 30/392 mantal erhålla hus för   Rd 425:-
Summa   1275:-
Och fördeltes åbyggnaderna följande att C.J. Nessling skulle erhålla:
1. Westr stugubyggnaden värd: 300:-
Af 4e Den öfverbyggda boden värd: 40:-
5e Lada med loge och gplf samt stall och
fähus i samma räcka värd: 75:-
Inredningen derstädes värd   10:-   425:-

Och tillfaller Er. W. Bolin alla öfriga hus och planteringar m.m.
Som här ofvan i besigtningen och värderingen äro upptagna och
Befinnas till gården, sedan som sagt är, Nessling bekommit sin andel.
Husena tillträdes på samma gång som nya skiftena.
Sålunda öfverenskommet, intygas af Kumla den 20de Junii 1863 E.W. Bolin   C. J. Nessling

Att Er. Wilh. Bolin och C. J. Nessling egenhändigt underskrifvit sina namn under förestående
dem emellan ingångna förening och fördelningen af husena m.m. intygas af oss på en gång
närvarande Gode män   Erik Carlsson   Carl Jansson

Bilagan 3c

År 1863 den 22 Juni förrättades af undertecknad Landtmätare med biträde af Godemännen
Eric Carlsson i Mörby och Carl Janssoni Enby Husflyttningsvärdering vid Kumla by, å de hus,
som genom Hemmansklyfningen af 5/8 dels förmedlat mantal i Nr 4, komma att ifrån
nuvarande platsen fflyttas, och hvarvid följande priser för dagswerken och rudi-materialier
uppgåfvos gällande för orten, neml.
En karls dagverke – 1 R. 50 öre, -En kördagsverke med ett par hästar och lämpliga fordon
samt en karl 5 Rd. -En tolfteplank= 5 Rd 50 öre. –En tolfte Bräder 4 R. -1000 st Tegel (mur) =
46 R, -1000 st spik 5 R 75 öre. 1 Tunna kalk = 2 R.

Hemmansegaren E.W. Bolins åbyggnad för 60/392 dels mantal i Nr 4
hvilka heraf här nedan upptagas til beräkning endast de hus som skola
flyttas från nuvarande platsen.

1. En lada med loge och 2ne golf, beskrifna i Husbesigtningen af
    den 20 Juni 1863 7 punkt

Takets nedtagning	2 karl.d	3:-	
Väggarna och inredningen nedtagen	4 Do	6:-	
Stenfots anbringande på nya platsen	6 Do	9:-	
Uppsättning af väggar och inredningens inpassande	12 Do	18:-	
Takets påläggning	4 Do	6:-	42:-

2. Takets nedtagning på stall och fähus i samma hus, beskr. I
    Husbesigtn. 8 punkt

Takets nedtagning	1½ Do	2:25
Väggarnas och inredningens nedtagning	4 Do	6:-
Stenfots anbringande	2 Do	3:-
Upptimring af väggar och inredning samt måsses		
Anskaffande	8 Do	12:-

Takets påläggning	3 Do	4:50	27:75
	Summa		69:75

Hemmansegaren C.J. Nesslings åbyggnader för 30/392 dels
Mantal i Nr4 hvilka skola från nuvarande platsen afflyttas
Och till backen Nr 161, utgörande en väglängd af 1300 fot

1. Stugubyggnaden, beskrifven i Husbesigtningsprotokoll
   af den 20de Juni 1863 1 punkt

Takets nedtagning å stugubyggnaden och förstuqvisten	2 karl.d	3:-
Panelningens och väggarnas nedtagn	8 Do	12:-
Inredningens nedtagning	2 Do	3:-
Rifvning av murn och kakelugnen	3 Do	4:50
	Transport	22:50

Forsling af alltsammans till nya platsen	5 kör.d 5 karl.d	32:50	
Stenfotens anskaffande	2 Do 2 Do	13:-	
Do läggning		10:-	
Väggar och panelningens samt förstuqwistens			
Uppsättande	25 karl.d	37:50	
Takets pååggning	2 Do	3:-	
Måssas anskaffande	1 kör.d 2 karl.d	8:-	
Fyllnings Do	1 kör.d	5:-	
Inredningens inpassande	4 Do	6:-	
2 tolfter bräder för det som går förloradt		8:-	
½ tolfter plank		2:75	
1000 st spik		5:75	
4 Tunnor kalk		8:-	
Hemforsling deraf	1 kör.d	5:-	
Do af ler och sand	2 kör.d 2 karl.d	13:-	
200 st murtegel 3 R 20 ö samt hemforsling	3 kör.d 3 karl.d	23:30	
Till syllar 4 st stockar a 4 ?=16 R, hemforsling		26:-	
Uppsättning af muren i ett för allt		30:-	259:30

2. Lada och stall samt fähus i samma räcka beskrifven i Husbesigt. 5 punkt

Takets nedtagning	4 karl.d	6:-
Tunets nedtagning	6 Do	9:-
Inredningens Do	1 Do	1:50
Forslingen af hela huset till nya tomtplatsen	4 kör.d 4 karl.d	26:-
Knutstenars anskaffande	1 Do 2 Do	8:-
Upptimringen af hela huset	20 karl.d	30:-

162

Måsses anskaffande	½ kör.k	2:50	
Takets påläggning	4 karl.d	6:-	89:-

1. Boden beskrifven i Husbesigtn. 4 punkten

Takets och väggarnas nedtagning		1 karl.d	1:50
Forslingen af hela huset	½ kör.d	1 karl.d	4:-
Uppsättning af allt sammans		2 Do	3:-
Takets påläggning		1 karl.d	1:50 10
		Summa	358:-

Hemmansegaren Gustaf Carlssons åbyggnad som kommer
Skiftet att förändra plats, består af en lada med loge och
2ne golf och värderas i flyttnigskostnad lika med E.W.Bolins

Lada eller till		42:-
	Summa	42:-

Sammandrag af hela utflyttningskostnaden

Gustaf Carlssons åbyggnad		42:-	
E W Bolins	Do	69:75	
C J Nesslings	Do	259:30	371:05

Repartition af Utflyttningskostnaden

Gustaf Carlsson deltager i utfl.kostn. för 145/392				228:95	
E W Bolin	Do	Do	för 60/392	94:73	
C J Nessling	Do	Do	för 30/392	47:37	371:05

			Gifva	Få
Gustaf Carlsson skall således			186:95	
E W Bolin	Do	Do	24:98	
C J Nessling	Do	Do		211:93
			Summa 211:93	211:93

Rätteligen uträknadt intygar   På Embetets vägnar Esaias Betulander

Närvarande Gode män: Erik Carlsson   Carl Jansson

Bilagan 3d

Uträkning af stomningsersättningen i följd af Hemmansklyfningen av Mantalet Nr 4 i Kumla by, upprättad af undertecknad Landtmätare med biträde af Gode männen Eric Carlsson i Mörby och Jan Carlsson i Eneby den 23dje Julii 1863.

Hela mantalet N4 eller Litt E har 72 qv ? 50q ? eller 12 Tunnland 30,3 kappland öppen åker. Deraf har

Gustaf Carlsson vid Hemmansklyf. bekommit 63 qv ? 92 qv ? eller 11 Tld   13,2 kpl

Er W Bolin	Do	Do	8	48	1 Do	16,5 Do
J Berggren	Do	Do		10		0,6 Do
	Summa		72	50	12 Do	30,3 Do

Hwaraf belöper på, enligt hemmansdelarna storlek.

Gustaf Carlsson	42	qv ?	90	qv ?	
E W Bolin	17	Do	76	Do	
C J Nessling	8	Do	88	Do	
Joh Berggren	2	Do	96	Do	Således skall:

	Gifva för			Få för			
	Qr	q?	Td Kpl	Qr	q?	Td	Kpl
Gustaf Carlsson	21:02		3:24				
E W Bolin				9:28		1	21,0
C J Nessling				8:88		1	18,7
J Berggren				2:86			16,4
Summa	21:02		3:24	21:02		3	24,1

Rätteligen uträknadt intygar På Embetets vägnar Esaias Betulander

Närvarande Gode män Erik Carlsson   Carl Jansson

Bilaga 4

Besiktnings- och värderingsinstrument öfver de åbyggnader som äro gemensamma för delägarna inom 5/8 mantal Kumla No 3 litt D uti Skå socken, Färentuna härad och Stockholms län. 1911

No 1 Manbyggnad af timmer i två våningar under tak af tegel, utvändigt panelad, på hvälfd källare af sten. Bottenvåningen innehåller 3 rum och öfre våningen 2 rum, alla med eldstäder, värderad till kronor   1 800:-

No 2 Tillbyggnad af timmer under tak af tegel, panelad utvändigt, inredd till rum med kök, värderad till kronor   250:-

No 3 Flygelbyggnad af timmer, utvändigt panelad och invändigt rappad, inredd till rum och kök med bakugn på nedre botten samt därofvanpå vind utan inredning, tak af tegel, värderad till kronor   300:-

No 4 Skjul af bräder under tak af tegel, värderad till kronor   10:-

No 5 Bodbyggnad af timmer under tak af tegel, inredd till 1 rum, värderad till kronor   150:-

No 6 Afträdeshus af bräder, värderat till kronor   5:-

No 7 Spannmålsbod af timmer med tak af tegel, därunder vind, värderad till kronor   400:-

No 8 Lider af bräder med tak af rör och halm, därunder foderskulle, förfallen, värderad till kronor   25:-

No 9 Byggnad af timmer med tak af rör och halm, inrett till får- och svinhus, ofvanpå foderskulle, värderad till kronor   100:-

No 10 Stall- och ladugårdsbyggnad af timmer med tak af rör och halm, foderskulle, värderad till kronor   400:-

No 11 Loge af bräder , med stolpvirke, 2 logkistor af timmer under tak af rör Och halm, värderad till kronor   800:-

No 12 Stugbyggnad af timmer med tak af tegel, inredd till rum och kök, Invändigt rappad värderad till kronor   250:-

                                                                                Summa kronor   **4 490:-**

Kumla den 5 maj 1911.
På tjänstens vägnar
Sven Kullman
Vik. Landtmätare

J.L. Andersson   C.A. Andersson
God man   God man

Af förestående till kronor 4 490:- värderade åbyggnader skall

Litt Da, J.A. Johansson erhålla hus för kr.   2 779:53
Litt Db Hustru Hilma Wallin erhålla hus för kr   1 496:67
Litt Dc   J.R. Sörlanders arfvingar erhålla hus för kr____213:80
                                Summa kr   4 490:-

Kumla den 5 maj 1911
På tjänstens vägnar
Sven Kullman
Vik. landtmätare

166

Bilaga 5

Utdrag ur Brogårds arkiv:

"1844-10-02, 1844-05-03 och 1844-01-26 tre utdrag ur Bro Härads Domböcker angående mål mellan änkan Berggren och dottern och mågen Sörlander angående bouppteckning efter Eric Andersson.

(273) 1844-01-26 upptogs i parternas närvaro det uppskjutna målet mellan änkan Berggren i Låssa socken på ena sidan och hennes måg och dotter, torparen Johan Eric Sörlander och han hustru Sophia Ericsdotter på Smedjeön (Smidö) å andra sidan, angående oriktig uppgift vid den efter änkan Berggrens avlidne man, torparen Eric Andersson hållna bouppteckning. Vid bouppteckning den 20 februari förra året upptogs kvarlåtenskapen till ett värde av 128 riksdaler 18 skilling 6 runstycken. Utom bouppteckningen fanns 13 bräder till ett värde av 1 riksdaler 32 skilling och 4 tunnor potatis till ett värde av 5 riksdaler 16 skilling Förklarade änkan Berggren, att hustru Sophia Ericsdotter fastän hon, som bouppteckningen utvisar inte uppgivet boet, dock efter dödsfallet haft kvarlåtenskapen om hand, borde åläggas att med ed uppge bouppteckningens riktighet. Änkan uppgav att dottern vid bouppteckningstillfället okvädat henne med benämningar som "skojarmärr" och "tjuvkona". Hustru Ericsdotter förklarade sig villig att begå eden, men bestred helt och hållet att hon okvädat sin mor. Därefter fick hustru Ericsdotter och Johan Eric Sörlander framträda och med två fingrar på bouppteckningen vid Gud och Dess heliga ord betyga, att inget i bouppteckningen blivit dolt med deras vetskap och vilja, utan allt riktigt uppgivits. Änkan Berggren vidhöll sitt stämningspåstående och förklarade att hon inte kunnat erlägga lösen till Klockaren Brodin efter auktionen och därför inte hade något protokoll. Med anledning härav kunde ingenting göras åt saken utan den uppsköts till andra rättegångsdagen av nästa Häradsting. Parterna ålades att infinna sig. Ett vite utsattes på 3 riksdaler 16 skillingar för änkan, som skall medföra så väl bouppteckningen som auktionsprotokollet. År och dag som ovan På Rättens vägnar Kjellberg ....

1844-05-03 upptogs det uppskjutna målet mellan änkan Maria Elisabeth Berggren i Tibble, Låssa socken å ena, och hennes måg och dotter Johan Eric Sörlander och hans hustru Sofia Ericsdotter på Smedjeön å andra sidan, angående oriktig uppgift vid bouppteckningen av den kärandes avlidna man, torparen Eric Andersson. Änkan hade som rättegångsbiträde Skräddaren Carl Fredric Lindberg vid Fagerlind. Hon fullgjorde vad Häradsrätten förelagt henne och inlämnade Instrumenten efter hennes avlidne man Eric Anderssons, vid den 20 februari 1843 på Smedjeön hållna bouppteckning. Där upptogs hans skulder på 30 riksdaler 16 skillingar för omkostnader vid begravningen, 10 riksdaler till mågen J E Sörlander med en revers, 2 riksdaler 24 skillingar till Inspektor Apelgren i Tibble samt 1 riksdaler 26 skillingar 8 runstycken för två kannor brännvin. Hon uppvisade också protokollet vid auktionen, som förrättades den 22 mars, där summan uppgått till 333 riksdaler 13 skillingar. Änkan förklarade, att hon, trots att svaranden begått boupptecknings eden, ville fullfölja käromålet även i de delar som angick förmenta oriktiga uppgifter till bouppteckningen och anmälde, att hon hade till upplysning i avseende på den delen av käromålet, liksom vad gäller okvädandet inkallat som vittnen: Statsdrängen Eric Lindwall vid Stora Säbyholm, torparen Eric Ericsson vid Lilla Lund, Lars Björkström vid Kåtte, Jan Persson vid Smidön samt dennes hustru Anna Maria Jansdotter och sonen Jan Fredric Jansson. Alla vittnena var närvarande och befanns ojäviga. De fick nu framträda för att avlägga vittneseden. De erinrades om edens vikt och hördes var för sig. N:o 1 Lindwall menade sig inte veta något i saken. Han hade förra året efter auktionen hjälpt Sörlander att lägga upp några furubräder och binda 6 knippor hö, som lades i en bod. Lindwall visste inte om dessa persedlar var upptagna i Eric Anderssons bouppteckning. Sörlander förklarade att bräderna inte sålts på auktionen, utan var hans enskilda egendom, vilket bestreds av kärandesidan. N:o 2 Eric Ericsson berättade, att när han förra året blivit anmodad av änkan att göra en likkista till hennes avlidne man, hade han fått 3 bräder av Sörlander och en kont hö. Senare hade han gjort ett hjul åt Sörlander och fått virke till ekrar och lötar, men Ericsson visste inte vem virket tillhörde. N:o 3 Björkström berättade, att både vid bouppteckningen och auktionen hade änkan och dottern varit i häftig ordväxling, utan att han kunde komma ihåg hur de uttryckt sig N:o 4 Jan Persson sade, att han varit närvarande både vid bouppteckningen och auktionen, där han hört svarande hustrun tilldela käranden åtskilliga okvädningsord, som "tjuvkona", "skojarmärr" m m. Hon hade också yttrat till sin mor, då hon haft vissa påminnelser att göra angående boet – "tag då, ni vet väl vad ni har kommit ihop" Han berättade vidare, att han kort efter att den kärandes man avlidit, men innan begravningen lånat Sörlander häst och åkdon samt skickat sin son, för att på Sörlanders vägnar inforsla åtskilliga varor till Stockholm. Han kände dock inte till vilken mängd eller beskaffenhet varorna hade eller vem som ägde dem. Björkström tillade nu till sitt vittnesmål, att han följt Jan Fredric Jansson till Stockholm och varorna hade varit 1 tunna potatis och ½ tunna blandsäd. N:o 5 Anna Maria Jansdotter berättade, att svarande hustrun både vid bouppteckningen och auktionen sagt åtskilliga okvädningsord till sin mor, som "tjuvkona" och "skojarmärr" och "rymmerska" och även yttrat – "tag då vad ni kommit ihop". Änkan Berggren hade vid något tillfälle frågat efter två nya grynsåll, som skulle funnits i visthusboden och fått till svar av Sörlander och hans hustru att de redan avlämnats. Vittnet hade också efter auktionen sett en bleckkanna hos svaranden, men visste inte vem den tillhörde. N:o 6 Jan Fredric Jansson berättade, att han en dag innan begravningen för Sörlanders räkning kört 1 tunna potatis och ½ tunna säd till Stockholm. Han hade hört Sörlander säga att potatisen hämtats ur sterbhusägarnas gemensamma potatisgrop. Dessa berättelser upplästes och godkändes av vittnena. De begärde ersättning för att de inställt sig och käranden lovade dem 32 skilling var. 222 Uppräknades ytterligare en mängd persedlar, som svaranden skulle undanhållit och uteslutet från Bouppteckningen. Kärandes rättegångsbiträde förklarade, att den skuld som var upptagen i bouppteckningen på 10 riksdaler inte kunde godkännas. Käranden hade aldrig hört att hennes man i livstiden lånat Sörlander summan och skrivit ett skuldbrev. Man yrkade att skuldbrevet skulle uppvisas. Vad angick skulderna på 2 riksdaler 24 skilling till Inspektor Apelgren och 1 riksdaler 26 skilling för två kannor brännvin, hade Sörlander redan gottgjort sig dessa poster, då han upptagit dem i räkningen för begravningen. Kärande äskade rättelse och ansvar för att fordringarna tagits upp två gånger. Sörlander bestred dessa kärandes påståenden och uppgav att hans avlidne svärfader blivit skyldig honom 10 riksdaler och han var beredd att vid nästa Ting uppvisa både denna skuldsedel samt vederlägga kärandens uppgift om de andra två posterna genom att visa både räkningen och begravningskostnaden. Häradsrätten ansåg att inget vidare kunde göras i saken förrän skuldsedeln och räkningen visades och att svarande hustrun borde höras närmare om okvädningsorden. Därför blev målet uppskjutet till andra rättegångsdagen nästa Ting då parterna skall återkomma. Hustru Sofia Ericsdotter personligen, då ett vite var henne förelagt på 3 riksdaler 16 skillingar samt Sörlander med lika vite och medförande de utlovade handlingarna. År och dag som skrivet På Häradsrättens vägnar Strandberg. 1844-10-02 upptogs det uppskjutna målet mellan änkan Maria Elisabeth Berggren i Tibble, Låssa socken å ena sidan och hennes måg och dotter, torparen Johan Eric Sörlander och hans hustru Sofia Ericsdotter i Smedjeön å andra sidan. Målet gällde oriktiga uppgifter i samband med den kärandes avlidne mans, Eric Anderssons, bouppteckning m m Änkan Berggren och hennes tidigare rättegångsbiträde, skräddare Carl Fredric Lindberg vid Fagerlind och Sörlander infann sig. Hans hustru Sofia, som trots ådömts ett vite på 3 riksdaler 16 sk för att inställa sig personligen, infann sig inte. Hon anmälde inte laga förfall, varför allmänna Åklagaren yrkade att hon skulle fällas för vitet. Sörlander medföre en skuldsedel och en räkning av följande innehåll: "Undertecknad tillstår mig vara skyldig till drängen Johan Eric Sörlander på Stora Säbyholm en penningsumma, stor 10 riksdaler, som betalas vid anfordran utan ränta, som försäkras. Smedsön den 14 februari 1840 Eric

Andersson Som vittnen Magnus Apelgren, A M Apelgren Reversen var senare överkorsad med tillägget "Avskrift. Utbetalt skulder för Sterbhusets räkning efter avlidne torparen Eric Andersson i Smedjeön, Låssa socken år 1843D E B E T Begravningskostnader 30, till Johan Eric Sörlander enligt revers 10, för klockare och listor :16, utbetalt för Eric Anderssons död 2 kannor brännvin 1:26 1842 års kronoutskylder 1:30.11 Till nämndeman Johan Malmberg för värdering :16. För mathållningen under auktionsdagarna och vid bouppteckningarna 5:16. Till Sörlander för resa till Stockholm och Sigtuna 1:37.8. Utlöst en svart kohud enligt kvitto 2:10.8, Lön till Sörlander den 24 oktober för 2 dagar i veckan á 16 skilling 20. Till hustrun 10, Till roparen Eric Andersson i Härnevi vid auktionen 2:32. Till Smeden Björkman 1:28. Till Jan Persson för 5 dagar 1:32, Till Björkström för 4 dagar 1:16. Till Jan Janssons hustru i Ekeby :32, Till Jan Perssons hustru :32. Till Carl Lilja i Hebbo :16 S U M M A 98 riksdaler 17 skilling 1 runstycke, intygar Jan Persson, Lars Björkström J E Sörlander. K R E D I T Uttagit från sterbhuset 4 tunnor potatis, som sålts i Stockholm för 2 riksdaler med avdrag för forlön 32 skilling per tunna, behållning 5 riksdaler 16 skilling, vilken skuldsedel och räkning Sörlander menade var de av Häradsrätten infordrade handlingarna. Han talade om att han själv överkorsat skuldsedeln vid ett tillfälle för att uppgöra likviden, men han menade att det inte kunde göra skuldsedeln kraftlös, eftersom han innehade den och inte fått gottgörelse för den. 223 Vad angick räkningen, innehöll den lön för arbetsbiträde och utgifter Sörlander haft för Eric Andersson och sterbhuset. Begravningskostnaderna var allt för ett beräknade till 30 riksdaler, där den tredje posten borde inbegripas, den om klockare och listor på 16 skilling, som genom misstag blivit särskilt beräknat. Käranden bestred att skuldsedeln skulle gälla. Hon menade att om skulden vore betald, så kunde Sörlander strukit den och då borde den funnits i Eric Anderssons efterlämnade handlingar. Detta kunde hon dock inte påstå, då hon efter sin mans död varit skild från nästan all befattning med boet och således inte i tillfälle att få kännedom om vilka handlingar där fanns. Vad beträffar Sörlanders inlämnade räkning, som enligt hans mening skulle vederlägga uppgiften, att hon i bouppteckningen två gånger tagit upp två poster, förklarade kärandes rättegångsbiträde, att denna uppgift inte blivit vederlagd eller att begravningskostnaderna inte kunde bedömas, då de var tagna i ett sammanhang. Han ogillade posten på 5 riksdaler 16 skilling för mathållning under auktions- och bouppteckningsdagarna som en onödig utgift för sterbhuset, halva beloppet på 20 riksdaler som lön för Sörlander, som var för högt beräknad. Sörlander påstod att den i bouppteckningen och nu ingivna räkningen som en skuld till honom på 2 riksdaler var för 2 kannor brännvin, som han för egna medel köpt till Eric Andersson en tid före hans död av inspektor Apelgren och aldrig fått betalt för. För att ytterligare bestyrka käromålet anmälde Lindberg, att han inkallat Inspektor Magnus Apelgren och hans son Anders Magnus Apelgren vid Tibble samt torparen Jan Persson på Smedjeön, Låssa socken, vilka nu var närvarande och befunnos ojäviga. De fick avlägga vittneseden och berättade: N:o 1 Inspektor Apelgren berättade att Eric Andersson för några år sedan kommit till vittnet och talade om att han var skyldig Sörlander 10 riksdaler och bett vittnet skriva en skuldsedel, eftersom han inte kunde skriva själv. Vittnet lät sin son uppsätta skrivelsen, som Eric Andersson undertecknade med sitt bomärke och Vittnet och sonen skrev sina namn under. Vittnet kände nu igen den uppvisade skuldsedeln. De 2 riksdaler 24 skillingar som han hade att fordra vid boupptecknings tillfället, gällde ett lispund lake, som Sörlander strax före begravningen fått köpa och som skulle användas till detta tillfälle. Betalningen hade Sörlander erlagt långt därefter liksom betalningen för de två kannorna brännvin. Om de köpts före eller efter begravningen visste han inte. Beträffande bräderna hade vittnet sett 5-6 stycken som tillhört Eric Andersson och legat vid Smedjeön. Dessa hade Sörlander tagit för sin räkning till en ökstock. N:o 2 Anders Magnus Apelgren avlade fullkomligt lika berättelse som förra vittnet. N:o 3 Jan Person berättade att Sörlander en kort tid före Eric Anderssons död yttrat att han hade en fordran hos sin svärfar på 10 riksdaler, varpå skuldsedel inte var skriven. *Sörlander verkade angelägen att det blev gjort och hade samma dag Eric Andersson dog, kommit till vittnet och ytterligare förklarat att det inte fanns något skiftligt. En tid därefter hade han berättat att han i sin svärfaderns efterlämnade papper hittat en revers. Han berättade vidare, att Sörlander för egen räkning använt några granbräder till en ökstock, som tillhört Eric Andersson, men han hade sagt till vittnet att han istället köpt bräder till Eric Anderssons likkista. Vid försäljningen av kvarlåtenskapen hade även ingått kreatur, men att tre kalvar blivit osålda och behållits av Sörlander. Dessa berättelser upplästes och erkändes av vittnena Sörlander uppträdde högljutt och störde med överflödigt prat Domstolens förhandlingar. Han ålades ett vite på 3 riksdaler 16 skilling och skulle hålla tyst. Då han ändå fortsatte blev han fälld till vitet. 224 Nämndeman Eric Andersson i Hernevi, som hade varit närvarade vid auktionen, fick nu efter gjord begäran stiga ur Rätten och under ed berätta, vad han kände till från detta tillfälle. Han hade hört hur änkan varit i ordväxling med sin dotter, som yttrat " ni bär er åt som en skojarmärr". Änkan hade också okvädat dottern, men inte med så hårda ord. Kärandes rättegångsbiträde menade att Sörlander även undanhållit ett par stövlar, vilket bestreds av svarande. Han förklarade att i avseende på kalvarna var han beredd att lämna igen dem, fast de vid köpet av kokreaturen medföljt och ingått i priset. Vad beträffar den i bouppteckningen upptagna skulden på 2 riksdaler 24 skilling till Inspektor Apelgren, medgav han att han köpt ett lispund lake till begravningen. Nu avstod Lindberg från påståendet om stövlarna med yrkade ansvar för okvädningsorden. Sörlander visades en kostnad på 11 riksdaler 28 skilling och åklagaren åberopade 14 kapitlet 3 § i Missgärnings Balken samt yrkade ansvar för hustru Sofia Ericsdotter. Därefter meddelades att rättens utlåtande skulle lämnas vid Tingets slut. Efter överläggningar avsades den 28 oktober 1844 följande U T S L A G Eftersom hustru Sofia Ericsdotter inte blivit hörd, angående hennes smädeord till styvmodern, käranden änkan Maria Elisabeth Berggren och att hon trots vitesföreläggande på 3 riksdaler 16 skilling inte infunnit sig i Rätten, kommer saken att åter uppskjutas till nästa Häradsting, då samtliga parter skall infinna sig. Eftersom Sofia Ericsdotter fälls till vitet, kommer det nu att höjas till 10 riksdaler, vilket beslut käranden har att lämna henne. Kärande skall också visa en fullständigare redovisning för begravningskostnaderna, där varje särskild utgift är upptagen för sig. På Härads Rättens vägnar efter förordnanden E C Schenson".*